지방기자의 종군기
地方記者　從軍記

윤 오 병 지음

地方記者의 從軍記

지방기자의 종군기

초판 1쇄 발행 2018년 11월 1일

지은이 윤오병
발행인 권선복
편 집 윤인배
디자인 윤인배
전자책 서보미
발행처 도서출판 행복에너지
출판등록 제315-2013-000001호
주 소 (07679) 서울특별시 강서구 화곡로 232
전 화 0505-613-6133
팩 스 0303-0799-1560
홈페이지 www.happybook.or.kr
이메일 ksbdata@daum.net
값 25,000원

ISBN 979-11-5602-658-7 (03910)

단신 월남한 소년병,
반세기 종군기자의 이야기

지방기자의 종군기
地方記者 從軍記

윤오병 지음

도서출판 행복에너지

목차

제4부 영남지방의 새마을 운동과 주요사건 • 201

제5부 도약하는 대한민국 • 329

제6부 100세 시대 시니어의 이모저모 • 369

기자정신으로 똘똘 뭉친 일대기에 고개 숙여져

박 정진
| 문화인류학박사
(세계일보평화연구소장)

대선배의 일대기에 추천사를 쓴다는 것은 참으로 송구스럽기 짝이 없는 일이다. 그럼에도 불구하고 요청에 쾌히 응한 것은 선배가 베풀어준 은혜에 조금이나마 보답하기 위해서였다. 필자가 처음 윤오병(尹五柄) 국장을 만난 것은 (주)문화방송경향신문 지방기자공채 시험을 거쳐 대구지사에 발령을 받고서이다. 당시를 회고해보면 햇병아리 기자에게 윤 국장님은 취재반장으로서 큰형님 같은 존재였다. 전형적인 미남형에다 인심 좋아 보이는 그가 한때 '판문점 출입기자'로서 휴전선 일대에 명성을 날린 무용담의 소유자라는 것을 알게 된 것은 함께 근무한지 한 달쯤 되어서였다. 매사에 적극적이고 솔선수범하는 모습, 신문사 깃발을 휘날리면서 취재현장을 누비던 모습은 지금도 눈에 선하다. 대구서문시장(1975년 11월 20일)에 큰불이 났을 때 신출내기 기자였던 필자도 함께 뛰어다녔던 기억이 주마등처럼 스쳐지나간다. 동에 번쩍, 서에 번쩍, 신출귀몰하는 선배의 모습은 신기할 따름이었다. 그로부터 은연중에 기자의 여러 모습을 배우려고 애썼던 자신을 회고하면 입가에 미소가 번진다.

이번 일대기 원고를 보면서 선배님이 6.25 때 '소년병'이었다는 사실을 처음 접하고 놀랐다. 제1부 화보에 따르면 "윤오병은 101사단 103연대 소속 문서통신 연락병(messenger)으로 임진강 북방서부전선 고랑포 104고지 전투에 참전하여 6 · 25종군기장(이종찬 육군참모총장)을 수령했다. 휴전되기 직전 연령 미달로 귀가조치 됐다. 소년병 윤오병은 왼쪽 가슴에는 6 · 25종군기장을 달고 왼쪽 팔에는 문서통신연락병 완장을 차고 있다."고 설명하고 있다. 그가 후일 판문점, 종군기자가 되는 것은 운명처럼 느껴진다. 아, 타고난 기자였구나! 요즘 총알이 비 오듯 하는 전장에서, 휴전선 일대에서 위험을 무릅쓰고 취재경쟁을 벌일 기자들이 몇이나 될까를 생각하면 "나는 참 훌륭한 선배를 두었구나."를 되새기지 않을 수 없었다. 그가 수많은 특종의 소유자라는 것을 여기서 거론할 필요도 없을 것이다.

박정희 대통령을 살해하기 위해 남파된 무장공비 김신조(金新朝) 일당의 1.21사태(1968년 1월21일)를 비롯하여 휴전선과 서울북부 일대는 항상 북괴병의 기습이나 무장공비 · 간첩 사건으로 남북이 하루도 편안한 날이 없었다. 미함(美艦) 푸에블로호 납북사건(1968년 1월 23일)도 빼놓을 수 없다. 판문점 북한군 도끼만행사건도 있었으며(1976년 8월 18일), 가장 최근의 사건으로는 판문점 JSA 북한군 귀순사건(2017년 11월 13일)이 있다.

윤 국장이 일대기의 제목을 '지방기자의 종군기'로 정한 것과 함께 본문에 해당하는 제3부 '판문점, 서부전선, 그리고 1.21사태'를 정한 까닭은 아마도 기자생활에서 가장 추억에 남았기 때문일 것이다. 또 '영남지방의 새마을운동과 주요사건'을 제4부로 정한 것은 새마을운동이 전후의 대한민국을 새롭게 만들어가는 전기를 마련하였기 때문으로 여겨진다.

새마을운동은 그가 대구경북취재팀장을 하고 있을 무렵에 가장 활발하게 전개된 일이었다. 새마을운동의 발상지는 경북 청도 신도리이다. 박정희 대통령은 1969년 8월 수해복구 확인차 부산으로 가던 중 청도 신도마을 주민들의 제방보수 현장을 보고 열차를 세워 살핀 후 1970년 4월 22일 전국지방장관회의에서 지붕을 개량하고 안길들을 잘 가꾼 신도1동을 본보기로 '새마을 운동'을 구상하게 되었다고 전해지고 있다. 신도리에는 '새마을운동발상지 기념관'이 있다. 지금 한국은 국민소득 3만 달러로 세계 10위권의 잘사는 나라이다. 5.16 때인 61년도만 해도 한국이 국민소득 80달러, 북한이 2백 40달러, 필리핀이 8백 달러였다.

그 후 필자는 문화부전문기자로서 서울에서 기자생활을 하게 되었고, 경향신문에서 세계일보 문화부장으로 자리를 옮겼고, 한동안 대학에서 학생들을 가르치는 등으로 해서 윤 국장님과 소원하게 되었다. 윤국장님은 대구, 부산 취재 반장과 경기일보 정경부장, 중부일보 편집국장을 4번이나 역임하는 등 타고난 기자로서의 본분에 충실한 삶을 영위하였음을 알 수 있었다.

황해도 옹진군이 고향인 그는 누구보다도 평화와 통일을 바랄 것이다. 지금은 남북한이 평화무드 속에서 화합과 통일을 향해 나아가고 있지만, 이 시점에서 그가 종군기자로서의 삶의 일대기를 화보를 곁들여 발간하는 것은 북한에 대한 어떤 경각심과 함께 만전을 기할 것을 촉구하고 웅변하는 듯한 울림으로 다가오고 있다. 100세 시대의 인생 3모작을 위해 노력하는 모습을 보면서 다시 한 번 훌륭한 선배님을 모셨다는 자부심으로 필을 놓는다.

머리말

어느덧 새해가 또 시작됐다.

눈보라가 휘날리고 살이 에일 듯 차디찬 바람이 닥치는 산 능선을 오르내리던 從軍記者의 취재 활동이 주마등처럼 어렴풋이 생각난다.

청와대를 쳐부수고 요인 암살을 하겠다고 남파된 북괴 124군부대 金新朝 일당 31명이 서울 자하문 고개를 넘었으나 경찰 검문에 걸려 총격전이 벌어지고 鐘路警察署長 故 崔圭植 警務官 등이 전사한 1 · 21사태.

記者는 1 · 21사태 하루 전인 1968년 1월 20일 오후 武裝 怪漢들이 나무꾼 4명을 인질로 삼고 숙영하던 坡州군 泉峴면 法院리 초리골 삼봉산 정상에 올라가 현장 취재하여 송고했으나 報道管制.

土曜日 오후 3판 마감을 준비하던 京鄕新聞 編輯局 데스크는 "무장공비 30명이 넘어왔다"는 전화를 받고 깜짝 놀라 記者의 前任 鄭志園 記者에게 전화를 넘겼으며 鄭 선배는"야! 3명도 아니고 30명이 어떻게 넘어올 수 있느냐. 왕년에 西部 戰線 취재 안 해본 사람 없어!"하며 우격다짐하여 공비들의 인질에서 풀려나 신고한 나무꾼 禹 모 씨(20) 형제와 현장을 답사하고 신고할 때까지의 경위를 상세히 설명했으나 믿지 못하는 눈치.

결국 30명을 20명으로 줄여서 마감했지만 특종은 물 건너가고....

1.21사태를 전후하여 臨津江 북방 板門店 부근과 西部戰線 非武裝地帶(DMZ) 내에서의 北傀 蠻行은 날로 늘어나고 있었다.

무장공비 소탕작전을 진두지휘하던 陸軍 第1師團 15聯隊長 故 李益秀 將軍이 전사한 노고산 전투와 京鄉新聞 사진부 周弘行 記者가 총상을 입은 坡平山 토끼몰이 작전 현장에도 記者는 함께 종군 중이었다.

그리고 공비토벌작전이 끝나 일상을 되찾으려 애쓰는 基地村 분위기로 마무리하기도 했다.

30대 겁 없이 날뛰던 젊음이 이제 80대 늙은이로 경로당 신세가 되어 주마등처럼 어렴풋이 생각나는 반세기 전 그때 그 시절 그 사연을 엮어 보았다.

이름하여『地方記者의 從軍記』는 60연대 臨津江 북방 西部戰線 非武裝地帶와 板門店에서 일어난 北傀 蠻行과 큰 사건들을 중점으로 다루고. 70연대 嶺南地方의 새마을운동과 主要事件, 그리고 先進國 대열에서 당당하게 발전하는 20세기 세계 속의 우뚝 선 大韓民國. 附錄으로 "記者가 만난 사람들"의 사진과 짤막한 소개를 넣어 보았다.『地方記者의 從軍記』를 펴 낼 수 있도록 도와 준 京鄉新聞과 京畿日報, 京仁日報, 中部日報 그리고 出版社 행복에너지에 감사드린다.

글 솜씨 없는 事件記者가 보고 느낀 점을 미련하게 생각대로 펴낸 점 이해해 주시길 바란다. 그 때 그시절, 중앙지 8면 시대 북한을 북괴, 만행 등 거칠게 한 일부표기와 발간이 늦어진 점도….

尹　五　柄

제1부

화보

※이 책의 수익금 전액은 노인 복지를 위해 쓰여집니다

윤 오 병 (尹 五 柄)

황해도 옹진군 출생(1936.1.21.)
e-mail ohbyongyoon@naver.com

6·25 때 소년병으로 서부전선 고랑포 104고지전투에 참전(6·25종군기장)
강원지구. 서울지구 병사구사령부(현 병무청)에서 만기제대
단국대 부공고 졸업
경기대학 상경과 졸업
경향신문 기자(1964년 7월 1일)
문화방송 경향신문 대구·경북취재 팀장(70년 6월 1일)
서울대학교 신문대학원 기자재교육 수료
문화방송 경향신문 부산 취재 팀장
경기일보 정치·경제부장(88년 8월 8일)
경기일보 편집부국장
중부일보 정치·경제부장·부국장.
중부일보 편집국장
현대일보 편집국장
중부일보 이사 겸 편집국장
중부일보 상무이사 겸 편집국장
경향신문 사우회 회원(현)
(사)경기언론인클럽 회원(현)
(사)대한노인회 서수원자이아파트경로당 회장(현)
저서 『지방기자의 종군기』

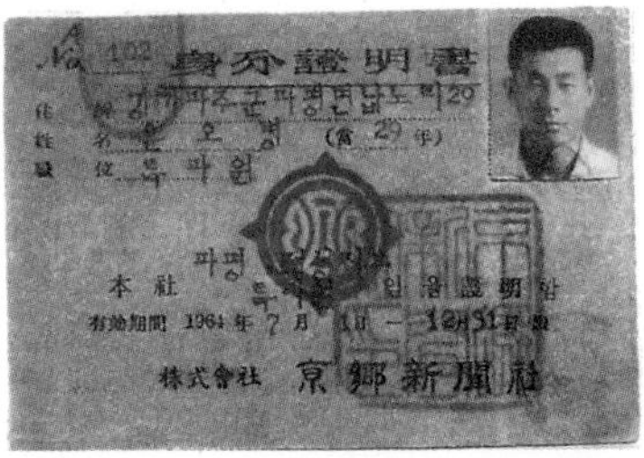
No. 102 身分證明書
本社
有効期間 1964年 7月 1日 - 12月31日
株式會社 京鄕新聞社

| 경향신문사 신분증명서 |

◇ 1964년 윤오병 기자의 신분증. 직위가 특파원으로 되어있으며 조선일보, 동아일보 등 타 중앙지에서도 특파원제가 운용된 것으로 기억된다.

제 11052
보도전보 보도무선전보 발신증표
발신인 윤오병 귀하
64년 5월 22일
서울체신청장

| 보도전보, 보도무선전보 발신증표 |

◇ 1964년 5월 22일 서울체신청장은 윤오병 기자에게 서울 경향신문에 보내는 보도전보 또는 보도무선전보(사진전송)를 발신할 수 있도록 발신증표를…….

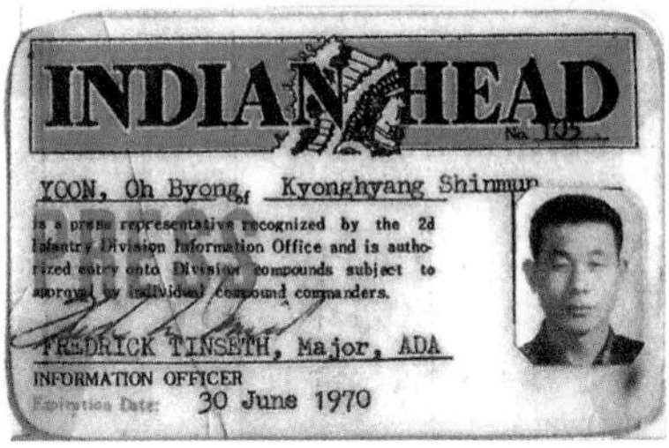
INDIAN HEAD
No. 105
YOON, Oh Byong of Kyonghyang Shinmun
is a press representative recognized by the 2d Infantry Division Information Office and is authorized entry onto Division compounds subject to approval by individual compound commanders.
FREDRICK TINSETH, Major, ADA
INFORMATION OFFICER
Expiration Date: 30 June 1970

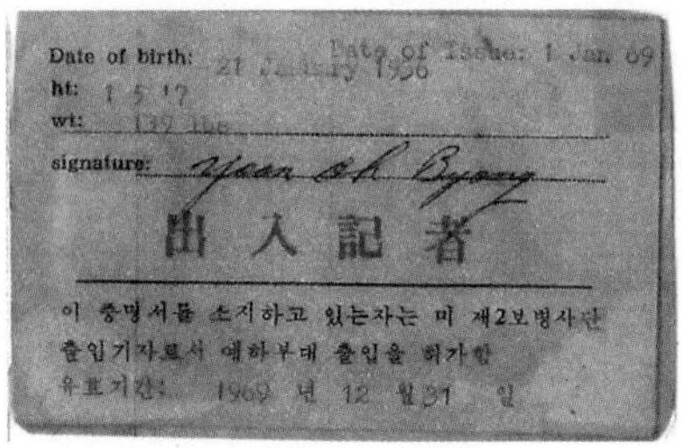
Date of birth: 21 January 1936
Date of Issue: 1 Jan 69
ht:
wt: 139 lbs
signature: Yoon Oh Byong
出入記者
이 증명서를 소지하고 있는자는 미 제2보병사단 출입기자로서 예하부대 출입을 허가함
유효기간: 1969 년 12 월 31 일

| 출입패스 |

◇ 미 제2보병사단은 경향신문 윤오병 기자에게 서부전선 전역에 주둔하고 있는 산하 미군 부대 출입을 할 수 있도록 출입 기자증을 발급해 주었다.

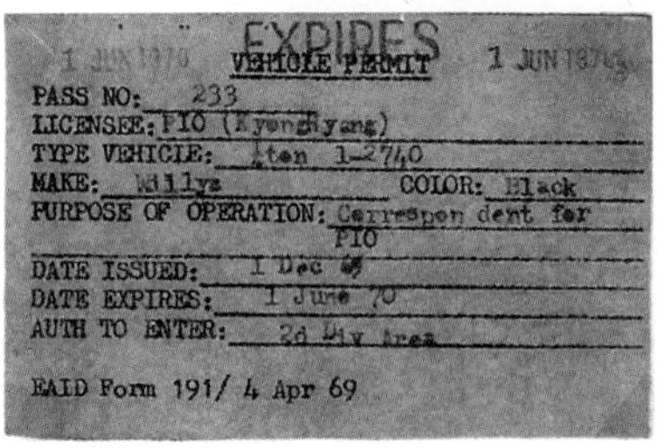
EXPIRES 1 JUN 1970
VEHICLE PERMIT
PASS NO: 233
LICENSEE: PIO (Kyonghyang)
TYPE VEHICLE: ¼ton 1-2740
MAKE: Willys COLOR: Black
PURPOSE OF OPERATION: Correspondent for PIO
DATE ISSUED: 1 Dec 69
DATE EXPIRES: 1 June 70
AUTH TO ENTER: 2d Div Area
EAID Form 191/ 4 Apr 69

| 카-패스 |

◇ 미 제2보병사단은 윤 기자 소유 윌리스 지프의 산하부대 출입증을 발급하여 기자가 차를 타고 서부전선 미군부대를 자유롭게 출입하여 취재할 수 있는 유일한 카패스를…….

| 백선엽 장군 |

◇백선엽 장군은 6·25전쟁 때 제1사단장, 제2군단장, 육군참모총장을 지내고 한국군 최초의 4성 장군(대장)으로 전쟁영웅이 됐다.

| 제1사단장 백선엽 장군의 작전 설명 |

◇ 6·25 때 평양 탈환을 지휘한 1사단장 백선엽 장군. 평양 입성 직후인 1950년 10월 19일 밀번 미 제1군단장에게 평양 탈환작전을 설명하고 있는 국군 제1사단장 백선엽 장군. 〈제1사단 제공〉

| 맥아더 장군 동부전선 시찰 |

◇ 1951년 4월 3일 더글러스 맥아더 원수가 리지웨이 중장을 대동하고 동부전선 (양양지구)을 시찰하고 있다.

| 소년병 윤오병 |

◇ 황해도 옹진군 북면 최일리 204번지 평범한 농촌의 3남 1녀 4남매의 막내로 태어난 윤오병. 윤오병은 101사단 103연대 소속 문서통신 연락병(messenger)으로 임진강 북방 서부전선 고랑포 104고지 전투에 참전하여 6·25종군기장(이종찬 육군참모총장)을 수령했다. 휴전되기 직전 연령 미달로 귀가조치 됐다. 소년병 윤오병은 왼쪽 가슴에는 6·25 종군기장을 달고 왼쪽 팔에는 문서통신연락병 완장을 차고 있다.

◇ 윤오병의 졸업사진

| 소년병 윤오병의 학창시절, 군생활 |

◇ 교정에서 학도호국단 군사훈련을 받고 배곯던 고교 시절. 그래도 소년병 경력자 윤오병은 중대장 완장을 차고 있다.

◇ 춘천 강원지구 병사구 사령부 근무할 때 윤오병 상병과 전우들

◇ 인공기가 있는 판문점 정전위원회 회의장 북측 대표석에 앉은 경향신문 윤오병 기자와 조선일보 김상만 기자.

◇ 판문점 북측 경비초소 앞에 서 있는 윤오병 기자와 동아일보 박정원, 한국일보 변해진, 조선일보 김상만, 중앙일보 임병돈, 서울신문 여종현 등 출입기자들.

◇ 서부전선 미제2보병사단에서 사단장과 동아일보 박정원, 한국일보 변해진, 조선일보 김상만, 중앙일보 임병돈, 서울신문 여종현, 경향신문 윤오병 기자 등 출입 기자들.

1965년 서부전선에서
경향신문 윤 오 병

◇서부전선 판문점 부근 임진강 북방 비무장지대(DMZ) 야산, 하얀 눈 속에 묻혀있는 역전의 탱크 앞에 선 경향신문 윤오병 기자. 탱크 윗부분에 "미합중국의 재산이란 흰 페인트 글씨가 선명하다. 1965년에 기자가 서부전선 최전방에 들어갈 때 지뢰폭발에 대비하여 지프 안 바닥에 모래포대를 깔고 승차하였으며 임진강 자유의 다리 미군헌병검문소에서 "사고 시 미국에 책임을 묻지 않는다" 즉 "보상을 요구하지 않는다"는 내용의 각서에 서명하던 기억이 난다.

◇ 판문점에서 조선일보 김상만, 한국일보 변해진, 경향신문 윤오병 기자.

◇ 윤오병 기자는 경향신문 깃발을 달고 있는 윌리스 지프를 타고 서부전선과 기지촌 일대를 누비며 취재활동을 했다.(뒤에 단종된 3륜 차가 보인다.)

◇"독도는 우리땅" 윤오병 기자는 동해 울릉도 오징어잡이를 취재하려고 동해에 갔다가 잠시 독도에 올라가 바위벽에 새겨진 한국령 앞에서.

| 1·21사태 때 전사한 고 최규식 경무관과 고 이익수 장군 |

1·21 사태 때 청와대를 쳐부수려 남파된 북괴 124군 특수부대를 저지하다 제일 먼저 전사한 종로경찰서장 고 최규식 경무관과 노고산 토벌 작전을 지휘하다 전사한 육군 제1사단 15연대장 고 이익수 장군.

◇ 1·21사태 때 청와대로 쳐들어오던 북한 124군부대 유격대원들을 저지하다 제일 먼저 전사한 고 최규식 경무관.

◇서부전선 노고산전투에서 북한 유격대원 섬멸작전을 진두지휘하다 전사한 고 이익수 장군. 〈사진 아시아경제 제공〉

| 서울에 온 무장공비 박재경 |

◇ 2000년 9월 11일 북한 김용순 당 비서를 수행하여 서울에 온 북한군 총정치국 부총국장 박재경 대장이 바로 그 사람이다. 그는 1·21사태 때 유일하게 살아서 월북한 공비.

◇ 1·21사태 때 서울 종로구 자하문 밖 고개에서 무장공비를 저지하다 제일 먼저 전사한 종로경찰서장 고 최규식 경무관 동상. 종로재향경우회 최광순 회장, 양재승, 이준규 고문이 경찰 고위급 간부들과 참배 후 기념촬영을 했다. 〈관련기사 본문에〉

◇ 육군 제1사단은 2010년 3월 10일 파주 통일공원에서 백선엽 장군을 초청. 장군의 전승과 공적을 기념하는 비석 제막식을 가졌다. 〈제1사단 제공〉

◇ 육군 제1사단(사단장=백선엽 준장)은 6·25전쟁 때인 50년 10월 19일 평양에 선봉으로 입성하여 완전히 정복하는 쾌거를 올렸다. 다음날인 10월 20일 평양 선봉입성 공적으로 1사단 전 장병은 1계급 특진했으며 이승만 대통령은 사단 표창과 동시 전진 휘호를 내렸다. 이때부터 1사단은 전진부대가 됐다. 〈제1사단 제공〉

서울에 武裝間諜

蔡治安局長 발표 5명射殺·1명生捕

어젯밤 紫霞門에 31명침투

警察과 交戰後에 逃走

崔鍾路署長殉職, 民間人5명도

◇殉職한警察官

◇負傷한警察官

現場

◇희생된民間人

◇重傷民間人

모두 25세가량青年

灰色코트에 까만籠球靴

間諜 人相着衣

坡州·高陽 7時 通禁

朴大統領報告

國防委서 브리

◇ 경향신문 1968년 1월 22일자 1면 톱

美艦 푸에블로號 拉北

어제下午 東海上40킬로 公海서

北傀艇·미그機의 威脅받고

將兵등 83명 元山으로

核航母 「엔」号 現場에

―越南出動길 回航…機動艦隊 이끌고

東海被拉現場에 急行하는 「엔」號

"事態매우

존슨, 國家安保

美, 蘇側에

◇ 경향신문 1968년 1월 24일자 1면 톱

◇ 북한 대동강에 정박되어 있는 미 해군 정보수집함 푸에블로호.
북한은 이 푸에블로호를 반미 사상과 북한체제 홍보에 활용하고 있다. 대동강 건너편에는 평양시가지의 고층 건물이 보인다. 〈경향신문 제공〉

판문점 JSA에서 북한병 탈북 귀순

판문점 공동경비구역(JSA)에서 북한 병사가 군사분계선을 넘어 탈북 귀순했다. 북한군 오청성 씨(25)는 2017년 11월 13일 오후 3시 반쯤 지프를 운전해 '72시간다리' 검문소에서 멈추는 듯했다가 달려 판문점 JSA에 도착했으나 차가 도랑에 빠지는 바람에 내리뛰어서 군사분계선(MDL)을 넘어 극적으로 탈북, 자유의 땅으로 넘어왔다. 북한군 추격조의 무차별 총격으로 팔꿈치와 어깨등에 총상을 입고 남으로 남으로 달려 쓰러진 오 씨는 JSA 경비대대장 권영한 중령 등 한 미 장병들이 목숨을 걸고 구출하여 헬기로 수원 아주대병원까지 후송했으며 이국종 교수팀은 2번의 수술 끝에 오 씨의 목숨을 살리는 데 성공했다. 아덴만의 영웅 석해균 선장의 목숨을 살린 "올해의 인물" 이국종 경기남부권역외상센터장(아주대 의과대학 교수)은 또다시 화제의 인물로 매스컴의 중심에 섰다.

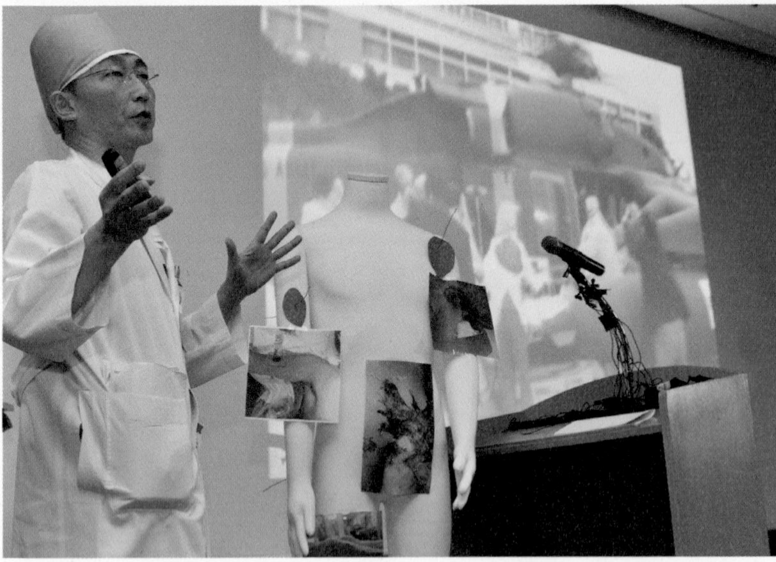

◇북한 병사 오청성을 살린 아주대병원 이국종 교수 브리핑 장면 〈경인일보 제공〉

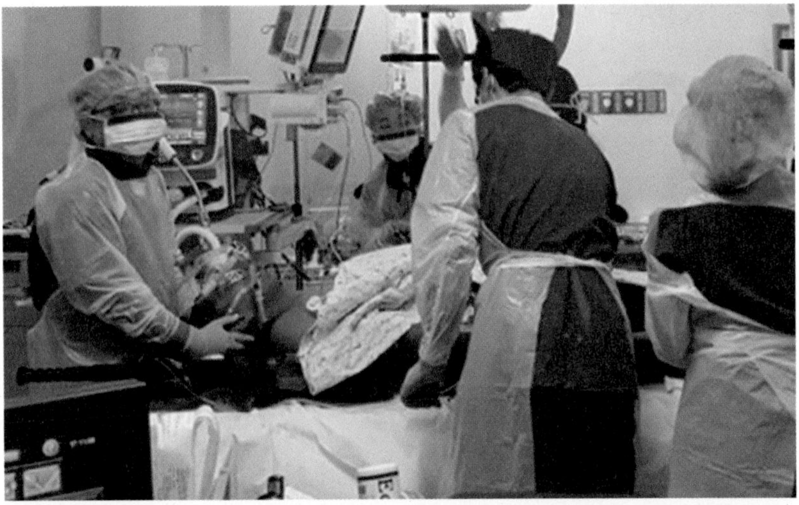

◇아주대병원 이국종 교수 팀이 오청성 병사의 수술을 하고 있다. 〈경인일보 제공〉

◇ 보건복지부는 판문점 JSA에서 총탄을 맞으며 넘어온 북한 귀순병사 오청성 씨와 아덴만의 영웅 석해균 선장을 살린 아주대학병원 남부권역외상센터장 이국종 교수에게 닥터 헬기를 지원키로 했다. 사진은 서해 최북단 백령도까지 운항되고 있는 인천시 닥터 헬기 〈경향신문제공〉

◇경주 불국사 스님들의 새마을 운동으로 새 단장을 한 불국사의 가을 단풍.

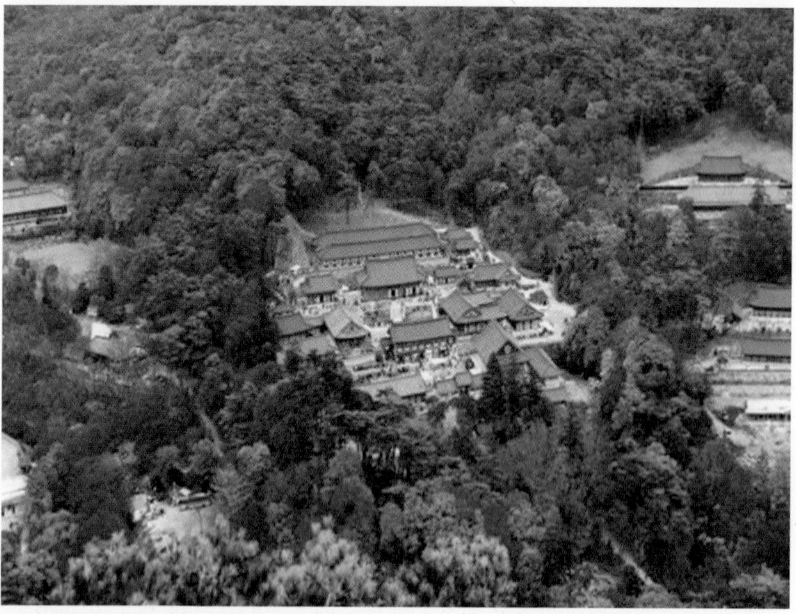

◇경남 합천 해인사의 가을

| 판문점 북한군의 도끼만행 사건 |

1976년 8월 18일 미군 장교 2명과 사병 4명, 한국군 장교 1명과 사병 2명 등 11명이 남쪽 국제연합국 측 미루나무 가지치기 작업을 하던 중 북한 장교 2명과 사병이 나타나 작업중지를 요구했다. 그러나 작업을 계속하자 북한군이 트럭을 타고 몰려와 도끼로 미군 장교 2명을 죽이고 9명에게 중경상을 입힌 뒤 사라졌다.

◇북한군의 만행으로 희생된 미군 두 명의 영결식.

◇가지치기한 문제의 미루나무

◇판문점 북한군의 도끼만행 사건

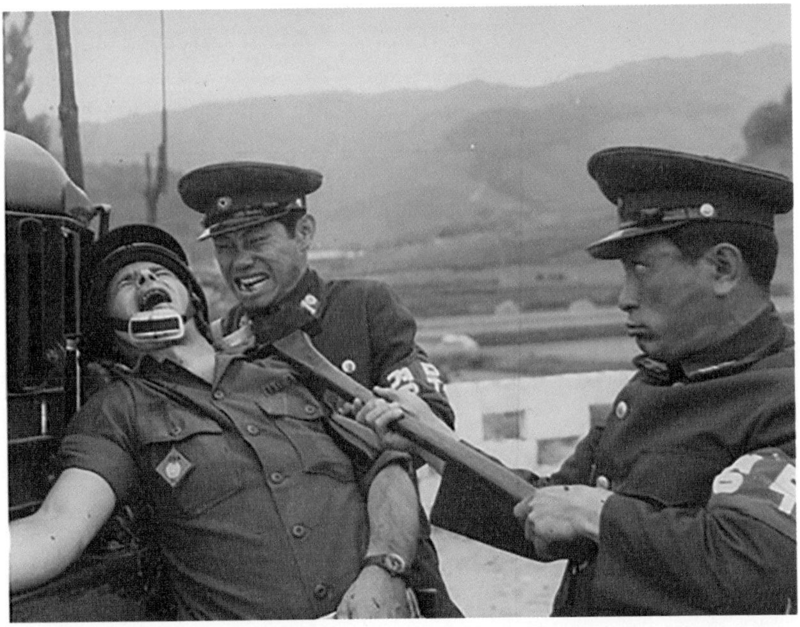

◇도끼로 미군을 내리치는 북한군의 눈빛

◇살려달라고 애원하는 미군을 사정없이 내리치고 있다.

◇경북 금릉군 직지사의 가을단풍

| 성류굴 |

◇ 울진군 근남면 구상리에 있는 성류굴은 63년 5월 7일 천연기념물 제155호로 지정되었다. 주굴은 길이가 약 470m, 전체길이는 800m나 된다. 굴 입구는 선유산 절벽 밑 왕피천 가에 있는 좁은 바위 구멍이다. 사방의 경치가 아름다워서 선유굴 또는 선유산 밑에 성류사가 있어서 성류굴이라고 불렀다. 기자는 대구 근무할 때 경북도청 출입기자단 일원으로 성류굴을 들어가 보았다. 왕피천이 맑아 은어가 많이 서식하고 있어 은어 튀김이 관광객들에게 인기가 높고 유명하다. 〈울진군 제공〉

제2부

윤오병 기자가 만난 사람들

※이 책의 수익금 전액은 노인 복지를 위해 쓰여집니다

◇김종필 국무총리가 경북도청에서 윤오병 기자와 두 번째 만나 악수하고 있다. 김 전 총리는 6월 23일 숙환으로 별세했다. 향년 92세. 명복을….

◇경향신문 윤오병 기자는 해군 OO기지에서 해군함정에 승선하고 있다.

◇노태우 대통령과 윤오병 기자

◇경기일보 신선철 회장과 윤오병 기자.

◇눈의 고장이며 여름날씨에도 계곡마다 흰 눈이 쌓여있는 미국 유타주 스노우 버드에서 임사빈 경기도지사와 윤오병 기자 등 방문단 일행.

◇임사빈 경기도지사와 윤오병 기자.

◇김영삼 대통령과 윤오병 기자.

◇이재창 경기도지사와 윤오병 기자.

◇이옥선, 엄언년 등 서울 홍제동 옛 친구들이 싱가포르, 타이베이, 방콕, 홍콩, 마카오 등 동남아 여행을 다녀왔다.

◇기자의 손녀 윤인배, 진배 자매가 할머니와 같이 용인 에버랜드에서 즐거운 놀이기구를 타고 또 타고 하다가 지쳐서 잠시 휴식하고 있다. 이 꼬마들이 어느새 대학을 졸업하고 직장 생활을 하면서 틈틈이 『지방기자의 종군기』를 집필하는 할아버지를 도와 노트북의 에러를 바로잡아주고 원고와 사진을 프린트 해주고 있다.

◇尹世達 경기도지사와 岳岐峰 랴오닝성장이 자매결연 조인식을 하고 있다.

◇윤세달 경기도지사와 윤오병 기자 등 중국 랴오닝성 방문단 일행이 만리장성에 올라

◇중국 랴오닝성 聞世震 성장이 자매결연을 맺은 경기도를 예방. 윤세달 지사와 윤오병 기자 등 도청 간부들과 함께.

◇중국 톈안먼 광장에서 윤오병 기자

◇네덜란드 헤이그 서쪽 외곽 시립공동묘역에 있는 李儁 열사의 묘역(기념관)을 찾은 윤오병 기자. (이준 열사의 묘역은 서울 수유동으로 이장)

◇경기도 내 농촌 지도자들이 네덜란드, 프랑스 등 유럽 5개국 연수를 마치고 귀국. 경기일보를 방문하여 기념 촬영했다.〈경기일보 제공〉

◇경기도 양인석 공보관과 국민일보 유재원, 기호일보 김창진, 인천일보 김연안, 중부일보 윤오병 등 경기도 출입기자들이 93대전엑스포를 찾아.

| 김용선 경기도지사 |

김 지사는 61년 국토건설본부에서 공직생활을 시작. 33년 만에 수도권 웅도 도백에 오른 관운 좋은 행운아. 경기도 내 6개 시장을 거친 '경기 맨'으로서 지방일선행정에 밝은 정통내무관료로 기획 분석과 판단력, 업무추진능력이 뛰어나다. 김 지사는 지난 7월 경기도 부지사로 부임. 반년 만에 도백이 되었다.

◇김용선 경기도지사가 지난 95년 2월 12일 전통한복인 두루마기를 입고 기자의 차남 윤희석 군의 결혼식에 참석, 방명록에 서명하고 축하해주었다.

◇김대중 대통령이 방북, 북한 김정일 국방위원장과 손을 잡고.

◇김대중 대통령이 2000년 12월 10일 노르웨이 오슬로에서 노벨평화상을 받고 있다. 〈연합뉴스〉

| 연평해전 |

1999년 6월 15일과 2002년 6월 29일 2차례에 걸쳐 북방한계선(NLL) 남쪽의 연평도 인근에서 대한민국 해군 함정과 북한 경비정 간에 발생한 제2해상 전투에서 우리 해군 6명이 전사했다.

◇북한의 포격을 받고 불바다가 된 연평도.

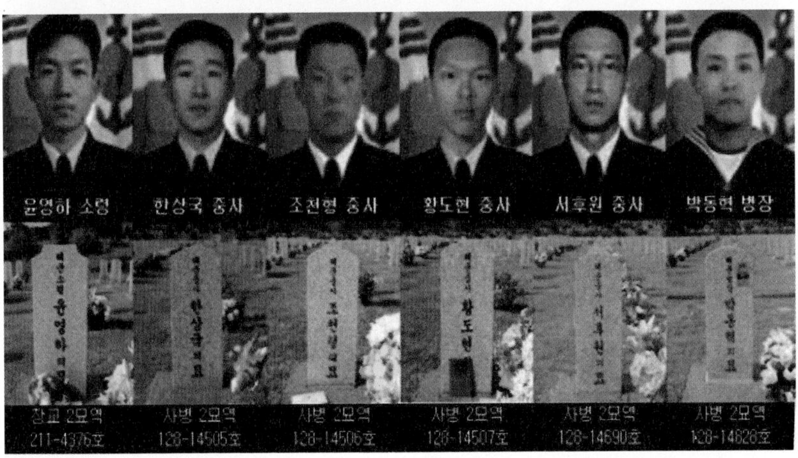

◇연평해전에서 전사한 6용사

◇연평해전 승전비에서 추모행사를 갖는 장병들

◇연평해전 6용사를 추모하는 유정복 인천시장.

◇연평해전 6용사의 부친들이 명예정장으로 위촉 임명되었다. 〈인천시 제공〉

◇금강산의 가을

◇京畿道모범공무원으로 구성된 金剛山 관광단 일행이 꽁꽁 얼어붙은 구룡폭포를 뒤로하고 구룡정각에서 포즈를 취하고 있다.

◇북한 김정일 국방위원장의 초청으로 방북한 노무현 대통령 내외분이 김 국방위원장과 건배하고 있다.

◇북한 김정일 국방위원장과 노무현 대통령 내외분

| 천안함 폭침 |

우리 해군 초계함 천안함에 대한 2010년 3월 26일 밤 9시 22분경 북한 잠수함의 어뢰 공격으로 46명의 젊은 용사들이 희생되고 구조과정에서 한주호 준위가 순직했다. 살신보국정신… 국민 가슴속에 젊은 장병들이 나라를 지키다 안타깝게 산화했다.

◇천안함 46용사 합동 안장식

◇천안함 분향소 찾은 이명박 대통령

◇천안함 묘역 찾은 이명박 전 대통령

◇박근혜 대통령, 천안함 폭침 우리에게 많은 상처 줘…

◇ 윤오병이 중부일보 편집국장 발령을 받은 날 여기자의 축하 꽃다발을 받아 들고 홍순달 정치부장 등 편집국 기자들에게 인사 말을… 〈중부일보 제공〉

◇ 중부일보와 대한여약사회, 해외도서보급운동본부, 경기방송은 카자흐스탄 Bolatk Nurgaliyev 대사의 중부일보사 방문을 환영하고 기념촬영했다.

◇ 중부일보가 제정한 제7회 중소기업 경영대상 시상식에서 영예의 수상자들과 기념사진 을 촬영하는 상무이사 편집국장 윤오병 〈중부일보 제공〉

◇ 캐나다 벤쿠버에서 투자유치활동을 하고 있는 임창렬 경기도지사와 백성운 투자관리실장

◇ 캐나다 벤쿠버 Pan Paoific 호텔 정원에서 비행선이 내리고 뜨는 바다를 배경으로 백성운 실장과 윤오병 기자가 포즈를 취하고

◇ 윤오병 기자가 뉴욕에서 헬기투어를 마치고

◇ LA 바닷가에서 임창렬 지사와 조선일보 이효재, 중부일보 홍순달, 윤오병 기자는 함께 비치셔츠 차림으로 주말을 즐기고 있다.

◇ 경기언론인클럽(이사장 신선철 경기일보 회장) 창립 제15주년 기념 제14회 경기언론인상 시상식에서 유연주 경인일보 교열부 부장. 조성범 OBS경인TV 경기총국 차장. 김장선 경기신문 경제부 차장. 권혁준 경기일보 사회부 기자. 배태호 티브로드 수원방송 보도제작팀 기자 등이 수상했다. 〈경기일보 제공〉

◇ 이만수 전 SK 와이번스 감독이 17년 5월 31일 경기언론인클럽 초청강연을 하고 신선철 이사장(경기일보 회장) 등 언론인들과 기념촬영을 했다.

| 유정복 안행부장관 특강 |

◇유정복 안전행정부 장관이 13년 5월 14일 경기언론인클럽에서 초청특강을 했다. 〈경인일보 제공〉

| 南景弼 京畿道知事 |

南景弼 京畿道知事는 90년대 초 京仁日報 記者로 재직했을 때 필자가 이웃에 있는 中部日報에 근무하면서 처음 만났다. 南 知事는 2004년 수원시 팔달구에서 15대 국회의원에 당선되어 16, 17, 18, 19대까지 5선 의원으로서 2014년 7월 京畿道知事에 당선, 웅도 京畿道政을 맡게 됐다. 南 知事는 취임 첫해부터 소통과 화합의 도정실현을 위해 "미래를 만드는 경기도 연정"이란 슬로건을 내걸고 적극 추진하였다. 이는 12월 4일 야당 인사인 이기우 사회통합 부지사 취임으로 현실화됐다. 大韓民國 政治史에서 전인미답(前人未踏)이란 말이 어울리는 누구도 해보지 못했던 聯合政治가 京畿道에서 시작된 것이다. 南景弼 장학회장과 수원 노인 무료급식 후원회장을 맡아 地域社會 發展과 봉사활동에 앞장서 온 南 知事는 지난 15년 韓國언론인 연합회 大韓民國 地方自治 發展大賞과 일자리창출 종합 大賞을 수상했으며 16년 4월 11일 불공정거래 분쟁조정협의회 위원에 위촉되었다. 南 知事는 경복고와 연세대 사회복지학과 그리고 美國 예일대 경영대학원(석사)을 졸업했다.

◇ 남경필 경기도지사가 필승결의 대회에서…

◇ 남 지사는 연천군 육군 00사단 수색 대대를 방문, 장병들을 위문하고 군인 처우개선에 대한 견해를 밝히고 있다. 〈연합〉

◇ 남 지사가 미얀마 정부 주요장관 만나 교류 · 협력 논의

◇ 남경필 지사가 캐나다 BC주 클락 수상과 교류 방안 논의 〈경기도 제공〉

◇ 제46회 재이북 부조합동경모대회

| 통일대교 |

◇남북통일의 관문 임진강 통일대교는 사업비 7백 62억 원을 들여 길이 900m, 6차로 현대식으로 착공 4년 6개월 만인 98년 6월 15일 완공 개통했다. 국도 1호선 통일로와 자유로가 임진각 부근에서 만나 임진강 자유의 다리 상류 1km 지점의 통일대교를 건너 이날 함께 개통된 유엔사령부 공동경비구역까지 6km, 4차로 도로와 판문점을 거쳐 북한 개성과 평양으로 달리게 된다. 소 떼를 몰고 방북한 정주영 현대 명예회장도 개통 다음날 이 통일대교를 통해 방북했었다. 〈사진은 밀가루를 싣고 북으로 가는 트럭들〉

|李弼雲 安養市長|

◇李弼雲 安養市長은 안양에서 태어나 안양초등학교와 양정중, 고등학교를 거쳐 성균관대 행정학과와 美 아메리칸대학교를 졸업하고 경기대 대학원서 행정학 박사 학위를 받았다. 78년 제21회 행정고시에 합격한 李 시장은 94년에 여주군수와 청와대 행정관을 거쳐 2001년에 경기도 자치행정국장과 경제투자관리실장을 지내면서 기자와 만났다. 그리고 평택시와 안양시 부시장 등 지방자치행정에서 중앙을 오르내리며 행정베테랑으로 인정받아 2007년 민선 제6대 安養市長에 당선됐다. 그리고 14년 민선 제8대 안양시장 재선에 성공, 토박이 시장이 됐다. 〈안양시 제공〉

◇첨단 산업예술의 도시 안양 평촌 중앙공원 분수대

◇정이 넘치는 안양. 이틀간 5천 3백 63만원을 모아 안양시 저소득층 3백 87가구에 따뜻한 겨울나기를 위한 난방비 전달식.

◇안양 병목안 시민공원에 설치한 인공폭포

◇안양시는 인도에서 5천 6백만 달러 수출계약을 했다. 〈안양시 제공〉

◇안양시는 37개 주요 의료기관과 사회공헌 활동협약식을 가졌다.

◇안양시 제21기 여성지도자 양성과정 입학식. 〈안양시 제공〉

| 성 빈센트병원 조현민 교수 |

◇가톨릭대학교 조현민 교수는 17년 4월 19일 필자가 가톨릭대 성 빈센트 병원에서 대장암 진단을 받으면서 주치의와 환자로 만났다. 성 빈센트 병원 대장암센터 조현민 교수(대장항문외과)는 필자의 사전검사와 입원, 대장암 수술, 퇴원 그리고 사후관리를 맡아 9월 11일 완쾌판정 될 때까지 주치의 책임을 완벽하게 다했다.

성 빈센트 병원 대장암센터는 명의급 의료진의 체계적인 협진 시스템을 자랑하고 있으며 건강보험 심사평가원이 실시한「대장암 적정성 평가」에서 4년 연속 만점을 받았다. 〈京鄕新聞 참조〉

80평생 입원치료 경험이 전혀 없는 필자에게는 생명의 은인이다.

◇필자의 주치의가 되어 대장암 수술을 맡은 조현민 교수

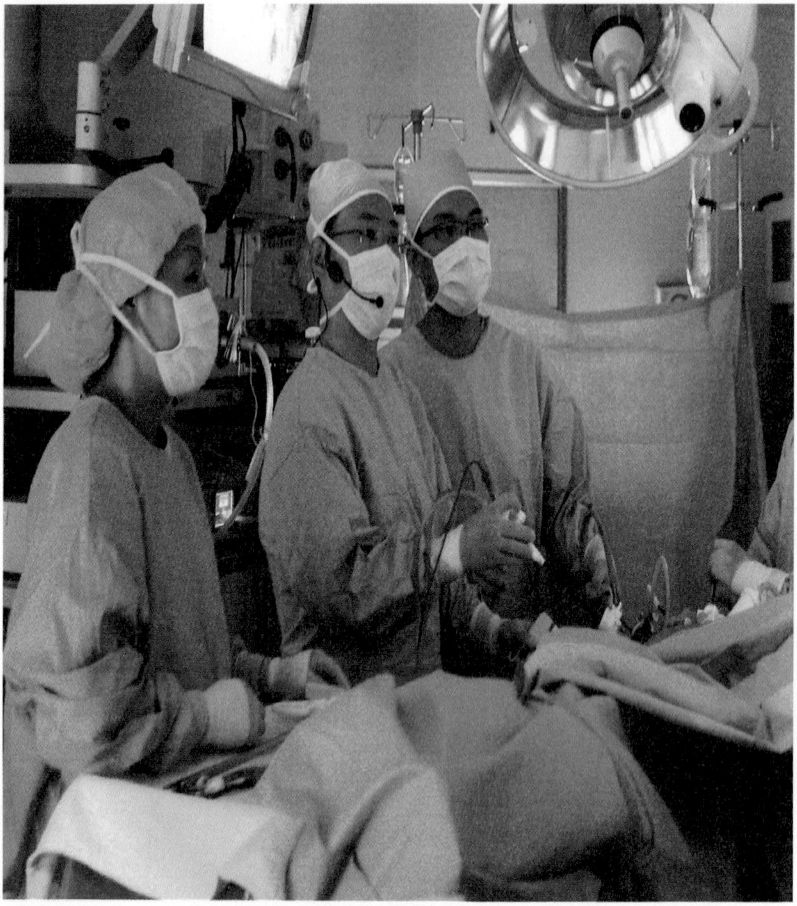

◇성 빈센트 병원 대장암센터에서 대장항문외과 조현민 교수팀이 최초 침습 수술을 하고 있다. (성 빈센트 병원 제공)

제3부

판문점, 서부전선, 그리고 1·21사태

※이 책의 수익금 전액은 노인 복지를 위해 쓰여집니다

◇백령도 사곶 천연 비행장은 간조 때 백사장이 길이 4Km, 폭 150m에 달해 비행기, 헬기의 이착륙장으로 이용됐다.

◇백령도 고봉포 갈매기

◇서해 최북단 백령도 비석

◇ 인천~백령도 간 운항하는 H해운 하모니 플라워호(2070톤=카페리)가 대청도와 소청도를 경유하며 운항하고 있다. 〈옹진군 제공〉

◇인천 아시안게임 때 마스코트였던 점박이 물범 서식처

〈1964년 11월 28일자〉

客船 銀河號 취항식

【白翎島에서 尹五柄記者】 28일 상오 10시 백령도 용기포 부두에서 인천~백령도간을 운행할 銀河호(2백 3톤. 선장=玄昌烈.43) 취항식이 도민(島民)들의 열광적인 환호 속에 거행되었다.

백령도에 慰問편지 傳達

【白翎島에서=尹五柄記者】 지난 29일 상오 11시쯤 서해바다 최북단에 위치한 백령도 해병대 도서경비부대(부대장=조의정 대령)에서 참모들과 장병들이 참석한 가운데 파주지역 위안부들과 초등학교 아동들이 모아 보낸 위문편지 전달식을 가졌다. 서해바다 도서지구를 경비하고 있는 해병장병들을 위해 파주경찰서 장파출장소(소장=최운직 경사)와 웅담출장소(소장=김운형 경사)는 지역 자치회에서 모은 수건, 비누, 치약, 칫솔 등 2백여점의 위문품을 전달했다. 또 파산국민학교 등 5개 초등학교 어린이들이 쓴 위문편지 6백여 통을 전달했으며 玉朝南의원(공화당)은 돼지한마리(싯가 5천원)를 전달했다.

白翎島에 여객선 은하호 첫 취항

태양은 하루종일 섬을 돌아 수평선 하늘에 축복의 노을을 만들고…

(백령도의 일요일-백준찬 中)

西海 최북단 白翎島의 아름다운 이야기를 전하고자 記者가 민간인 여객선으로는 처음으로 인천~白翎島 간을 운항하는 銀河호(2백 2톤. 선장=玄昌烈. 43)를 타고 白翎島 용기포항에 도착한 것은 1964년 11월 28일 상오 10시쯤.

그 당시 白翎島에는 海兵隊 도서경비부대(부대장=조의정. 대령) 소속 군용차량 외에는 영업용이든 자가용 등록차량이 1대도 없을 때라 여객선이 입항하니 섬마을 주민들은 열광적인 환호 속에 잔치 분위기였다.

銀河호가 부두에 접안하면서 최전방이라 승객들에 대한 軍 警의 검문이 있었고 記者는 보안대 金 모 대위의 안내로 무적차량인 스리코터 운전석 앞자리에 金 대위와 함께 타고 玄昌烈 선장 등은 뒷자리에 태우고 海兵隊 전망대에 올라갔다.

버려진 軍用 스리코터 차를 수리하여 유일한 교통수단으로 활용하고 있는 白翎島 섬마을 사람들에게는 바닷물의 염도로 인해 후렘 등 차량 외부는 녹이 슬고 삭아서 흐늘 흐늘하고 기관(엔진)은 보링을 못 해 힘이 없어 얕은 언덕도 올라가지 못하고 멀리서 부터 탈력을 받아야 겨우 올라갈 수 있을 정도.

전망대에서 海兵隊의 白翎島 방어태세의 중요성과 현황 설명이 있은 후 記者는 두고 온 山河, 나의 故鄉 甕津半島(북한 황해도)를 보는 순간 감회가 남다르다.

金 대위의 안내로 여관에 들었다.

觀光客이 전혀 없을 때라 여관이 온돌 단칸방에 미닫이 창문으로 방풍과 방범이 전혀 고려(考慮)되지 않은 그야말로 옛날 어촌의 문간방이지만 다음 날 아침에 모닝커피를 들고 들어온 아가씨는 서울에서 왔다는 멋쟁이 아가씨.

우체국에 가서 송고하려고 서울 경향신문사 전화를 신청하니 5분도 안 되어 데스크와 무선전화가 연결되어 이어폰을 귀에 꽂고『인천~백령도 간, 여객선 銀河호가 첫 취항했다』고 송고를 했다.

그리고 공화당 玉朝南 국회의원과 선주 회사 등 일행은 돼지 1마리(싯가5천원)를, 파산초등학교 등 5개교 어린이들이 쓴 위문편지 6백여 통과 파주경찰서 장파출장소(소장=최운직경사), 웅담출장소(소장=김운형경사)에서 모은 수건, 비누, 치약, 칫솔 등 2백여 점의 위문품을 海兵隊 도서경비부대에 전달하고 위문했다.

그러나 그때는 여러 가지 여건상 관광은 생각하지 못했다.

金대위는 記者에게 말 했다.

銀河호는 내일(30일) 출항, 인천으로 가고 군함도 내일 출항하는데 군함은 延平島를 거쳐 간다는 것. 그리고 비행기는 모레(12월1일) 있는데 烏山基地에서 내린다며 하루 더 쉬고 군용 비행기를 이용하라고 권했다.

金 대위의 친절(?)에 감사하지만 그의 업무상(기자에대한 감시?) 입장을 고려하여 銀河호 편을 고집하고 돌아 왔다. 金 대위의 친절함을 아쉬워하며…

그리고 26년이 지난 90년도에 경기도 내 각급 기관장들과 白翎島를 다시 찾았다.

그때는 경기도지사의 연두순시를 겸하고 있어 그 유명한 白翎島산 홍어도 맛볼 수 있었고 행정선을 타고 해안선 56.8km를 따라 서해의 해금강이라고 불리는 두무진의 비경, 멸종 위기의 천연기념물인 점박이 물범의 서식지, 세계적으로 나폴리와 白翎島에만 존재하는 천연비행장인 사곶해안 등 6개의 천연기념물과 명승이 펼쳐져 있는 천혜의 자연 생태계의 보고(寶庫)를 모두 둘러볼 수가 있었다.

그리고 해병대 도서경비부대의 방위태세 현황을 청취하고 탱크사격 훈련을 참관했는데 포신에 소총을 달아 놓고 포탄 대신 소총실탄을 사용하여 절약정신으로 군비예산을 대폭 절감하고 있어 일선 장병들의 나라사랑 아이디어에 참관인들을 감격하고 놀라게 했다.

즉 탱크사격 훈련에서 탱크포탄 1개 발사하는 것을 소총 1발로 대체하여도 훈련성과는 똑같다는 교관의 설명이 사실이라면 엄청난 예산절감이 된다.

그래도 탱크에서 발포한 소총 탄이 날아가는 적의 모형 항공기와 기어가는 모형 탱크를 명중시켜 박살내고 있었다.

白翎島 주민들은 6 · 25 전쟁때 피난을 갔었으나 1 · 4 후퇴 때에는 피난하지 않고 白翎島를 사수하여 미 극동사령부 소속 첩보기지로서 활용되었으며 사곶 천연비행장에는 한 미군용기가 뜨고 내렸는데 간조 때에는 매일 2~3대의 수송기가 대기하고 있었다는 것.

백사장의 길이가 4km로 비행기의 이착륙이 용이하여 단 한 번도 사고 없이 군 작전수행을 할 수 있었다는 것이다.

용기포항에서 시작하여 사곶해변을 바라보면 끝이 보이지 않는 듯하며 6 · 25전쟁 중에 맥아더 장군이 왔을 때 이곳에 착륙했었고 천안함 사건 때는 수십 대 헬기의 이착륙장으로 사용됐었다.

점박이 물범은 인천 아시안게임 마스코트로 유명했으며 하늬해변은 유독 이상하게 생긴 구조물들이 해안을 점령하고 있는데 이는 적의 침투방지를 위해 만들어진 분단의 상징인 구조물로서 갈매기들의 휴식터가 되고 있다.

지난날 보릿고개의 배고픔을 면치 못하여 외국의 구호를 받던 우리나라가 어려운 나라를 도와줄 수 있도록 경제발전은 물론 사회 문화 관광 레저 등 각 분야에서 세계 10위권 안에 들어감에 따라 白翎島도 놀라운 지역개발을 통해 관광지로 탈바꿈하고 있다.

특히 記者의 고향 甕津반도는 6 · 25 전쟁으로 대한민국에서 북한으로 넘어가 지척(咫尺)인데도 가 볼 수가 없으나 白翎島는 북한 黃海道 장연군이었으나 6 · 25 전쟁으로 大韓民國으로 넘어와 섬마을 주민들이 지금의 풍요와 영화를 누리고 일등국민이 된 것이다.

甕津군이 발간한「백령 흰나래길」에 의하면 백령도에는 그린파크 등 숙박업소가 76개소, 음식점이 1백 5개 업소, 4개 렌트카와 개인택시 8대, 그리고 버스가 운행되고 백령투어 등 11개 여행사가 있어 개인은 물론 단체 관광객 수용에 만전을 기하고 있다는 것.

현재 인천~백령도 간 운항하는 여객선은 두 종류로 H해운 하모니 플라워호(2070톤=카페리)와 고려고속 코리아 킹호(400톤=쾌속선)가 대청도와 소청도를 경유하여 운항하고 있다. 하지만 인천에서 4시간 밖에 안걸려 주말과 공휴일에는 선표 구하기가 어려울 정도로 관광객이 많다고 백령투어 김양임 실장은 말한다.

백령도는 동쪽으로 북한 장연군과 옹진군을 지척에 마주보고 있으며 인천에서 1백91.4km 떨어져 있는 서해의 최북단에 있는 섬마을이지만 인천과의 항로가 있어 큰 불편함이 없으며 면적이 56.08㎢로 국 내에서 8번째로 큰 섬이다.

〈白翎島=尹五柄 記者〉

◇코리아킹호에 몰려드는 관광객들. 〈사진, 자료 옹진군 제공〉

◇미국 유타주 스노보드 스키장에서 任仕彬 경기도지사 내외분. 한여름(7월 23일)인데도 산악 계곡마다 흰 눈이 쌓여 있어 눈길을 끌고 있다.

◇미국 유타주 파이오니어 트레일 주립공원 인디언 마차와 尹五柄 記者

◇유타주 제142주년 창건기념일 시가행진에서 오픈카를 타고 환영하는 시민들에게 손을 들어 답례하는 任 지사 내외분.

◇1847년 유타주 개척자들의 범선을 배경으로 선 中央日報 金泳錫 記者와 京畿日報 尹五柄 記者

美國 유타주 視察. 自由路建設 構想

任仕彬 京畿道知事는 美國 유타주 창건 제142주년 기념행사에 참석, 교류를 확대하고 韓·美 양국 간의 전통적 우호관계 증진을 위해 8박 9일간의 일정으로 22일 출국, 30일 귀국했다.

지난 1983년 9월 30일 京畿道와 자매결연을 맺고 있는 유타주는 美國의 西部山岳地帶에 위치하고 있으며 면적은 경기도의 약 20배가 되지만 인구는 경기도의 약 30%인 1백 98만명으로 주 수도는 솔트레이크(Salt Lake)시이며 인구는 70만 명이다.

유타주의 상징은 꿀벌통이며 종교는 몰몬교로 주민의 60%를 차지하고 있으며 수도 솔트 레이크시에 몰몬교 세계중앙본부가 있다.

유타(Utah)란 명칭은 유트(Ute)인디안의 말인 "Eutau"에서 유래된 것으로 "산 꼭대기의 住居者들"이란 뜻이라 한다.

또 유타주는 내륙지방으로 해마다 농작물이 메뚜기 피해로 흉작을 면치 못했는데 방망이 삽 등으로 메뚜기 죽이기를 해 보아도 허사였으나 주님께 기도했더니 갈매기가 몰려와서 메뚜기를 모두 잡아먹어 그 후부터 농사가 잘 되어 주민들이 잘 살게 됐는데 이를 주님의 은총으로 생각하여 갈매기를 주 새로 명명했다는 것.

바다로부터 800~1000마일이나 떨어진 농토까지 갈매기가 모여든 것은 주님의 은총이라 믿기 때문이다.

그런데 1847년 7월 24일 몰몬교 지도자 브리감 영이 영도하는 신도들이 와사치산맥 기슭에 자리를 잡고 원주민(인디언)들과 화합하여 생활하며 잘 살게 되었는데 이를 계기로 "開拓者의 날"로 제정했다는 것이다.

任 지사 일행이 로스엔젤레스(LA)를 경유하여 유타주 수도 솔트레이크시 메어리어트 호텔에 여장을 푼 것은 일요일인 7월 23일 오전 9시경.

몰몬교 대성전 시찰과 테버나클 합창단 공연을 보고 스키휴양지인 스노우버드 스키장과 유타심포니 연주회를 관람하며 스노우버드의 만찬을 즐겼다.

눈의 고장이라 하지만 이 여름(7월 23일) 날씨에 산악의 계곡마다 흰 눈이 쌓여 있어 눈길을 끌었으며 池文源 씨(교포 직원) 등 3명의 친절한 안내를 받았다.

7월 24일은 "1947 개척자의 날"기념식에 任 지사 내외와 일행 모두가 참석했다.

이날 행사에서 기수대와 기마대를 앞세운 시가행진에는 선두로 유타주 주지사 차가, "임사빈 경기도지사"란 현수막을 단 任 지사 내외분의 차가 두 번째로 서행하며 연도에 모인 시민들의 환영 박수를 받았으며 번화가 도로변 2개소에 VIP 사열대를 설치하여 주지사와 우리일행이 나란이 관전했다.

이날 행사를 중계방송한 유타방송은 2백m 거리 마다 아나운서를 배치하여 3,2km의 퍼레이드 구간을 달리는 30분 동안 任지사의 경력을 상세히 소개하는 등 내외분과 일행에 관하여 중점적으로 중계방송했다.

그리고 任 지사 일행은 이날 오후 솔트 실내체육관에서 마술경기를 관람하고 우리나라 민속촌과 같은 성격의 브리감 영의 최초 정착지인 파이오니어 트레일 주립공원에서 당시의 포장마차와 범선, 전통 멜로드라마를 관람하며 西部式 식사로 저녁을 해결했다.

유타주 주지사의 공식환영인사는 25일 오전 8시 30분 주지사 응접실에서 조찬을 겸해서 있었다.

유타주지사는 환영사에서 주한미군시절 양주군에서 근무했으며 지난 89년 5월 한국과의 경제교류를 위해 방한했는데 한국의 경제발전에 감명을 받았다며 경기도와의 경제, 문화, 체육 등 각 분야의 교류를 원하고 있다고 말했다.

유타주지사는 또 서울 올림픽 성공을 높이 평가하고 98년 솔트레이크시의 동계올림픽 준비에 대한 협조와 경제교류를 희망한다고 했다.

任 지사는 초청해준 주민들의 친절에 감사하다며 사막과 산악지대의 땅에 오늘을 건설한 유타주민들의 개척정신에 깊은 감명을 받았다고 했다.

任 지사는 또 한국경제와 경기도 경제현황을 설명하고 특히 안산시의 자동차 섬유 화학 기계산업의 발달은 한국경제발전에 큰 몫을 한다며 상호교류를 다짐했다.

任 지사 일행은 유타주 하원 및 상원회의실과 대법원, 유타대학교, 브리감영대학교, 그리고 유니버셜 촬영소를 시찰했다.

任 지사는 26일 오후 7시부터 고려정에서 교민초청 만찬을 마련하여 소수 인종으로서 단결이 필요하고 우리의 근면 성실 정직의 훌륭함을 과시하며 여러분 모두가 대한민국의 대사라는 자부심을 갖고 유타주와의 교류사업에 뜻을 같이해 주길 바란다고 당부했다.

이에 金형욱 한인회장은 이번 방문이 의례적이 아닌 실제적이고 실질적인 성과를 가져오기를 기대한다며 교류의 발전과 번영을 위해 기도하고 희망한다고 말했다.

任 지사 일행은 27일 LA로 이동하여 Radonde 비치와 헐리웃거리, 호반, 디즈니랜드, 그리피트천문대 등을 거쳐 29일 오후 5시 반 김포공항에 도착했다.

【美國 유타주=尹五柄 記者】

◇중앙에 예비 4차선이 있는 자유로

임진강 동남쪽 제방 한강 북쪽 제방 활용
공사비 줄이고 고양 일산 신도시 수해방지

한편 임사빈 지사는 미국 유타주는 南北戰爭의 중심지역으로 항공기 제작회사인「맥도널 더글라스」를 비롯하여 스노우버드 스키장, 에반스, 서더랜드 컴퓨터 그래픽회사 등의 시찰에서 실질적인 교류확대와 경제발전에 큰 역할이 기대된다고 말했다. .

우리나라 첨단산업의 메카로서 각종 제조업체가 시화. 평택국가공단에 있으며 골프장, 스키장 등이 전국의 약 30%를 차지하고 있어 중견 기업의 참여도 의미가 있다고 했다. 任 지사는 또 로데어 마술경기 관람과 파이오니어 트레일 주립공원을 둘러보면서 유타주의 도로상태에 관심을 갖게 되었으며 서울~ 板門店간 1번 국도인 統一路가 왕복 2차선으로 너무 좁아 새로운 도로가 절실하다며 가칭 '자유로 건설'을 구상(構想)하고 있다고 말했다.

그리고 가칭 '자유로'는 漢江하류의 북편(北便)과 臨津江 하류의 남동쪽을 따라 왕복 8차로의 도로부지를 확보하여 양쪽가 왕복 4차로는 포장하여 개통하고 중앙의 왕복 4차로는 잔디와 관상수를 심어 공원으로 활용하다가 통행차량이 늘어나 도로의 확장이 필요할 때 중앙의 부지를 활용한다는 것. 이 도로가 실현(實現)되면 한강의 범람으로 一山 신도시가 다시는 물난리 겪는 일은 없을 것이고 강뚝 국유지를 활용하여 토지보상비가 크게 절감되어 일석이조(一石二鳥)의 성과를 걷을수 있다고 任지사는 설명했다. 실제로 自由路는 임진각을 거쳐 板門店으로 가는 統一의 관문인 臨津江 통일대교와 연결되어 교통량이 크게 늘어나면서 철새들이 모여들어 관광객들의 시선을 끌던 중앙분리대인 공원은 도로 확장으로 이미 사라지고 있었다.

任 지사의 자유로 건설에 대한 先見之明(?)은 高陽군에서 행사를 마치고 기자들과 함께 귀청하는 소형 전용버스에서 농담처럼 이야기했는데 도청에 도착하여 관계국장에게 확인한 결과 예산과 도로 폭과 길이 등 사업계획이 추진되고 있음이 확인되었다. 다음 날 경기일보 1면 머리기사로 단독 보도한 기억이 난다.

任 지사가 지난 88년 말 새해 중점사업으로 추진한 새마을 운동 재점화와 자유로 건설계획은 크게 평가받을 만한 도정발전이었다. 〈尹五柄 記者〉

◇윤세달 지사가 중국 조어대에서 중국정치협상회의의 오합 겸 부주석 주최 만찬 전에 환담하고 있다. 〈경기도 제공〉

◇조어대 만찬에 참석한 이형구 전 의왕시장과 윤오병 기자.

◇윤세달 지사와 윤오병 기자 등 방문단 일행이 만리장성에서

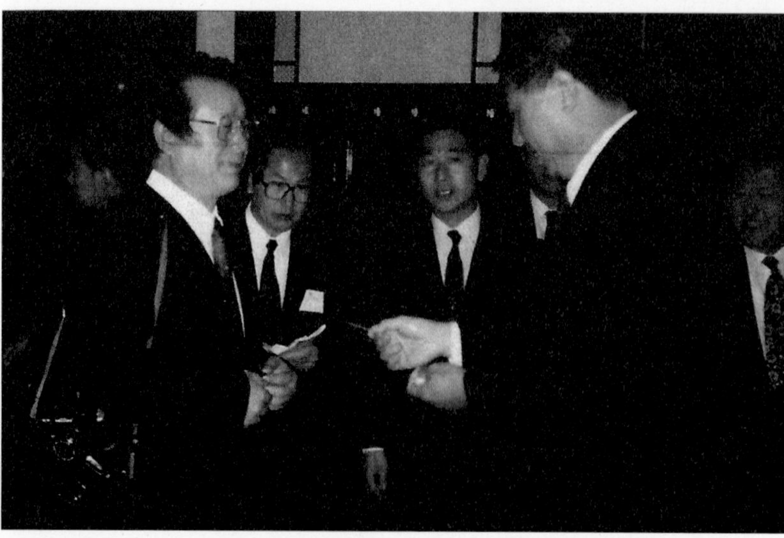

◇중국 聞世震 랴오닝 성장이 경기도를 방문. 윤오병 기자와 반갑게 인사하고 있다.

우의호텔(友誼賓館) 京畿道대표단 묵은 中國 요령성 영빈관

國賓들 迎接… "초 호화급"

경기도와 中國 랴오닝성은 韓中 수교가 이루어지면서 지난 1993년 10월 가장 먼저 자매결연을 맺었다. 이는 京畿道와 요령성이 상호 우의를 증진하고 교류협력을 도모하는 데 목적을 두고 있다. 尹世達 경기도지사를 단장으로 하는 "경기도 대표 랴오닝성 방문단" 23명은 1993년 10월 2일부터 8일까지 5박 6일간의 일정으로 中國을 다녀왔다.

공식 일정은 자매결연 조인식과 더불어 釣魚臺에서 中國政治協商會議 吳學謙副主席 주최 만찬을 제외하고는 거의 중국진출 우리나라 기업의 공장 시찰을 하였다. 그 외에는 安重根애국지사가 순국한 旅順감옥, 대련철강소, 그리고 자금성과 萬里長城 등 관광으로 일정이 채워졌다.

京畿道와 자매결연을 한 랴오닝성의 迎賓館으로 이용되고 있는 초호화 우의호텔(友誼賓館)은 북한의 金日成주석이 지난 90년 11월 등 세 번이나 묵어간 곳으로 유명하다.

랴오닝성 소재지인 瀋陽시에서 풍치가 가장 좋다는 북농공원 서쪽에 있는 우의호텔은 대지 58만㎡에 12개동 1백 50실이며 2백 50명이 동시에 숙박을 하면서 세미나 등 각종 행사를 진행 할 수있다.

우의호텔은 58만㎡가운데 10만㎡가 연못으로 되어 있어 금붕어, 잉어 등 각종 물고기가 떼지어 놀고 있으며 건물을 연결하는 도로를 제외하고는 온통 화단과 숲으로 되어 있어 체력단련을 위한 조깅코스로도 적격이다.

랴오닝성은 이 우의호텔에서 북한의 金日成 주석과 같은 국빈을 맞아 극진한 의전활동을 벌이고 있으며 이번에 자매결연차 요령성을 방문한 尹世達 京畿道知事를 비롯 企業人과 수행 記者 등 京畿道 代表團을 투숙시키고 국빈대우를 했다.

◇北韓의 金日成 주석이 세 번이나 묵어간 中國 랴오닝성의 영빈관 우의호텔에는 국빈을 위한 「벤츠」승용차가 언제나 대기하고 있다.

◇金日成 주석은 지난 90년 11월 등 3회에 걸쳐 랴오닝성을 방문하고 우의호텔 9동 901호에서 투숙했다. 金 주석이 사용하던 침실과 책상의 필구 등이 그대로 보전되어 있는 침대에 앉아 있는 윤 기자.

풍치 빼어나… 金日成 세번이나 묵기도

특히 金日成 주석이 자고 간 9호동의 901호실은 6백㎡나 되는 초호화판이다.

1백여㎡의 대 접견실을 비롯하여 4개의 접견실과 직무실, 침실, 욕실 등이 수입된 값진 자재와 가구로 잘 정돈되어 있으며 도자기와 피목으로 만들어진 말, 낙타, 고양이, 타조, 코끼리, 사슴 등 여러가지 동물이 진열되어 눈길을 끌었다.

또 직무실의 책상 위에는 매 모양의 괴목으로 만들어진 큰 새가 앉아 있고 여러형의 붓과 벼루 등 각종 필구가 준비되어 있다.

현관에는「벤츠」승용차가 늘 대기했다가 국빈을 영접하는 등 의전활동이 완벽하다. 물론 정문 등의 경비는 당연하다.

이처럼 엄청난 예산을 들여 운영되는 우의호텔은 2000년대를 지향하는 경제발전계획에 따라 개혁과 개발을 하면서 韓國을 비롯하여 美國, 日本 등 각국의 국빈들을 영접하는 데 활용하고 있다.

京畿道 대표단은 5일 大連시로 이동하여 大連철강의 생산시설 규모와 현황을 시찰해 보았다.

大連철강은 유명세에 비해 공장 자체가 너무 노후되어 볼품없이 검은 연기를 뿜어내고 있으며 주변환경도 현실에 뒤지고 있었다.

하지만 大連시 王有爲 부시장은 京畿道 대표단을 만찬에 초청하여 한반도와 가장 가까운 大連시와의 경제,문화 등 각 분야의 교류가 절실하다며 적극적인 협력을 당부했다.

다음 코스는 旅順 감옥이다.

安重根 의사는 1879년 黃海道 海州에서 태어나 1905년 乙巳보호조약 체결로 日本에 대한 적개심을 갖고 1907년 江原道에서 의병을 일으켜 일본군과 싸우다가 북간도를 거쳐 블라디보스토크로 망명, 1909년에는 李範允. 崔在亨과 의용군을 조직, 좌익장군으로 慶興에 들어가 일본군 50명을 사살했다.

그리고 1909년 10월 침략 원흉 이토 히로부미(伊藤博文)를 하얼빈 역에서 권총으로 사살하고 검거된 安 의사는 旅順감옥에 수감되어 다음해인 1910년 이 감옥에서 교수형으로 생을 마감했다.

京畿道 대표단은 旅順감옥에 들어서면서 누군가의 『묵념』하는 소리에 모두 숙연한 자세로 묵념을 하고 安 의사가 순국할 때 사용된 교수형틀을 만져보면서 安 의사의 옥중 자취를 되새겨 보기도 했다.

尹 지사 등 京畿道 대표단은 의정부시 장암동 羅田모방(대표=南在祐)이 중국 랴오닝성 심양에 설립한 瀋陽東羅모방유한공사(대표=南在祐)를 방문, 공장 가동 6개월만에 심양시 정부가 선정한 10대 우량합작기업으로 선정되는 등 흑자운영을 하고 있는 南在祐 사장의 성공담을 들었다.

東羅모방유한공사는 지난 92년 1월 29일 설립되어 27억 원(3백 40만 달러)을 들여 대지 2만 2천 평에 연건평 1만 3천 평의 공장을 건설하고 방적설비 6천 4백 추, 직기 32대, 소모설비기 2개, 그리고 동력 등 부대 설비를 갖추고 8개월 만인 9월21일 가동하기 시작했다.

東羅모방은 국내 파견직원 6명과 현지인 6백6명등 6백재12명을 고용하여 연간 소모직물 1백 68만 야드를 생산하고 있다.

瀋陽시정부가 처음으로 실시한 10대 우량합작기업은 심양지역에 진출해 있는 외국합작기업 1천 1백 여개 가운데 생산 및 경영관리 그리고 수출입관리 등 많은 부문에서 모범이 되는 업체를 선정한 것으로 미국이 3개사, 일본이 2개사, 그리고 한국과 대만, 홍콩, 싱가포르, 독일기업이 각각 1개 사씩이다.

中國대륙에 한국상혼을 심은 東羅모방은 설립1년만에 흑자경영을 하여 중국인들을 놀라게 했는데 이는 南在祐 사장이 외국인 근로자들을 가족처럼 대하여 노사 화합을 이루고 신기술 도입 등 현지 적응에 성공하여 소모사 월 55톤 생산을 이뤄냄은 물론 올해 5백만 달러를 수출했기 때문이다.

尹 지사 등 경기도 대표단은 東羅모방을 방문, 사옥 앞 국기계양대에 태극기와 五

星紅旗가 나란히 계양되어 있으며 3백 40만 달러를 들여 방적설비와 직기 설치를 하는 한편 6백 12명의 종업원들이 똘똘 뭉쳐 연간 모사 7백 20톤을 생산하는 등 흑자운영을 하고 있는 南 사장의 끈기와 노력에 경의를 표하고 자부심을 갖게 됐다고 흐뭇해했다.

서울대 법대를 졸업한 南在祐 사장은 75년부터 연세실업 대표이사로 취임했다가 83년 6월 현재의 羅田모방공업(주) 대표이사로 옮겨 82년 11월 30일 대통령 산업훈장(수출유공자)을 수여 받은 것을 비롯하여 대통령 단체표창의 날, 새마을 훈장 노력장(상공의 날), 근로청소년 대상 공로상(한국경총), 생산성대상(생산성본부), 우수섬유인상(상공부) 등 많은 상훈을 받은 모범경영자이다.

京畿道 대표단은 7일 세계적으로 장엄하기로 유명한 萬里長城(八達嶺)에 올랐다.

진의 황제가 흉노의 침입을 막기 위하여 크게 증축했다는 萬里長城은 보는 사람마다 웅장함에 입을 벌릴 정도.

대표단 모두가 기념촬영은 물론 끼리끼리 장소를 바꾸며 카메라 셔터를 누르고 내려와 마지막 일정인 中國政治協商會議 吳學謙 副主席의 釣魚臺 만찬초청에 참석했다.

美國의 백악관, 우리나라 청와대격인 釣魚臺는 시설과 분위기 그리고 만찬 서비스가 최고로 萬里長城 등산에서 지치고 땀 흘린 우리들의 피로를 풀어 주는 데 충분했다.

【中國 瀋陽에서 尹五柄 記者】

◇장전항(長箭港) Jangjeonhang : 금강산에서 가장 가까운 항구. 한없이 푸르고 깨끗한 이 아름다운 항구에서 그리운 금강산을 만난다.〈현대그룹 제공〉

그리워라. 아! 金剛山

송나라의 유명한 시인 소동파(蘇東坡)는『고려국에 태어나서 금강산을 한 번 보는 것이 소원이다』라고 말했으며 일본인들은『금강산을 보기 전에는 천하의 산수를 논하지 말라』고 했다는 것.

이처럼 우리 民族의 명산으로 시인 묵객을 비롯 民族의 사랑을 받던 金剛山을 記者는 분단 半世紀 만에 京畿道 모범공무원 30명과 함께 1999년 2월 8일부터 11일까지 3박 4일간의 일정으로 다녀왔다.

韓澤洙 북부출장소 부소장을 단장으로 한 일행은 8일 오전 금호관광 버스 편으로 京畿道廳을 떠나 12시 30분에 東海시에 도착 중식에 이어 방북 교육을 받았다. 현대에서 마련한 배는 동해항을 출항하여 잠시 후 북한 고성군 장전항에 입항했다.

장전항은 금강산에서 가장 가까운 항구로 한없이 푸르고 깨끗한 아름다운 항구다. 그리고 북한의 해군기지라 한다. 그러나 연료난 때문에 군용 선박이나 일반 여객선의 운항은 보이지 않고 현대소속 선박만이 눈에 뜨인다.

북한 땅 장전항(長箭港)에 상륙하여 입국수속을 마친 후 현대버스(33인용)편으로 금강산 관광길에 올랐다.

現代에서 새로 낸 장전항~금강산 간의 비포장도로 양쪽에는 철조망이 쳐있고 무표정하게 서있는 경비병(인민군)이 안쓰럽기도 했다.

이 도로 신설을 위해 여러 채의 주택이 철거되고 이웃으로 이주했는데 신축된 이주민들의 주택들의 출입문(현관)과 창문이 모두 유리 대신 비닐을 사용해 엄동설한에 추위가 더해 보인다.

손을 흔들며 지나가는 어린이들의 모습은 고물트럭 적재함에 무질서하게 타고 가는 부녀자들과 대조를 이루고 있으며 멀리 장전에서 온정리 쪽으로 가는 손수레에 삽과 괭이를 들고 동원되는 10여 명의 주민들 모습이 시선을 끌었다.

金剛山 고갯길은 계곡마다 다리가 있으나 현대 관광버스(50인승)가 진입을 못 해 준비한 대형버스 10여 대는 휴게소 한쪽에 세워두고 소형버스로 대체 운행하고 있다.

구룡폭포와 비룡폭포, 관음폭포에서 쏟아져 내려오는 물은 옥류동을 거쳐 기암에 창파, 백사에 청송이 어우러진 천태만화(千態萬化)의 미관(美觀)을 자랑하는 海金剛으로 흐르는데 개천바닥은 작은 돌과 큰 바위까지 모두가 둥글둥글 닮은 채로 자연 그대로 보전되어 있어 탐이 날 정도다.

그러나 여기 저기 나붙은 붉은 글씨의 「위대한 장군님…」 선전용 현수막과 바위에 새겨진 비석문은 관광객의 눈살을 찌푸리게 하고 있으며 金剛山에 올라가는 전기(전주)는 생나무를 이용하기도 하여 보기에도 흉할 정도다.

설악산 대승폭포, 개성의 박연폭포와 함께 우리나라 3대 명폭의 하나인 구룡폭포(九龍瀑布)에는 옛날 금강산을 지키는 아홉 마리의 용이 살았다는 구룡연(수직깊이 13m)이 있으며 폭포의 상하 좌우 전체가 하나의 거대한 바윗덩어리로 이루어져 있다.

金剛山의 독특한 풍치와 힘찬 기상을 상징하는 九龍폭포(150m의 절벽에서 쏟아지는 폭포 184m)는 꽁꽁 얼어 붙었으나 구룡연 정각에 모여든 관광객들은 웅장함에 놀라움을 감추지 못하고 있다.

또 만물상(萬物相)은 어느 돌 바위 하나라도 바라보는 사람의 상상과 환상에 따라서 자유자재(自由自在)로 변하여 보이는 것이니 말과 글로 형용할 수가 없다.

그래서 만물상에 가 보아야 보는 사람의 천품(天稟)에 따라 볼만큼 보고 알만큼 알게 된다는 것이다. 만물상은 금강산 중에서도 가장 빼어나니 세계 제일의 대자연 조각 전시장이라 할 것이다.

만물상 입구에 있는 삼선암(三仙巖)은 창공을 찌르듯 세 봉우리가 서 있다.

삼선암 높이는 약 75m이며 각각 특색 있는 형태로 질서 정연한 배열과 잘 잡힌 구도가 실로 자연의 예술품이 아니고 무엇인가?.

민족 최대의 명절인 설날을 앞두고 金剛山 관광길에 나선 失鄕民들의 감회는 남다르다.

失鄕民들은 萬物相 앞에 있는 삼선암을 보려고 가파른 계단을 기를 쓰고 줄지어 올라가고 있다.

붉은 글씨의 비석이 있는 곳이면 북한 안내원이 보이는데 비석문을 기록하면 제지하기도 했으나 대체로 자유로운 관광을 할 수 있었다.

계곡과 등산길 사이에 고급 별장처럼 지어진 옥류관은 창문마다 커튼이 가려있고 인기척이 없어 누가 살고 있는지 관광객마다 궁금증을 더해주고 있다.

金剛山호텔과 온정리 사이에 있는 온정리 휴게소에는 북한산 술과 담배, 그리고 특산품이 있으며 현대백화점 직원들이 판매하고 있었다.

【金剛山에서 尹五柄 記者】

◇民族 最大의 名節인 설날을 앞두고 金剛山 관광길에 나선 失鄕民들의 감회는 남다르다. 金剛山 萬物相 아래 위치한 삼선암을 향하는 관광객들이 가파른 계단을 줄을 지어 오르고 있다.

◇금강산 주차장, 현대그룹 관광버스가 대기하고 있다.

◇비룡폭포 아래서 한택수 양평군수와 윤 기자.

◇금강산 명소마다 붉은 글씨로 새겨진 「위대한장군님…」

◇구룡,비룡,관음 등 3개 유명 폭포에서 쏟아지는 폭포수가 흐르는 개천과 금강산 등산길 사이에 있는 옥류관은 문마다 커튼으로 가려져 있다.

◇금강산 온정리 휴게소에서 잡은 북한 온정리 마을 전경

美洲지역 순회 투자상담

林 지사 단장 道 투자유치단 오늘 출국

林昌列 경기도지사를 단장으로 한 대 미주지역 투자유치단이 KE051편으로 11일 오후 출국한다. 林 지사를 비롯, 白성운 경제투자관리실장 등 투자유치단은 하와이, 샌프란시스코, 뉴욕, 시카코, 라스베이거스, LA, 벤쿠버 등 미국과 캐나다의 주요도시에서 투자 상담을 하고 오는 25일 귀국할 예정이다.

이번 대 미주 투자유치단에는 白淸水 시흥시장, 孫永彩 하남시장, 李종문 투자자문관 그리고 KOTRA, 京畿道 지방공사, 現代建設, ㈜ 한화 등 자치단체와 관계기관, 대기업들이 참여하여 외자유치에 대한 기대가 크다.

특히 林 지사는 뉴욕에서 광명 레포츠센터와 포천 유황온천 등 개발계획을 갖고 1000만 달러 규모의 부동산 투자상담을 하였으며 LA에서 3억 5000만달러 규모의 축령산 개발, 5000만달러 규모의 쓰레기처리시설, 벤쿠버에서 1억 달러 규모의 건설 및 골프장 투자 상담을 하는 등 다양한 투자유치 계획을 갖고 있다.

이밖에도 白 시흥시장은 포동 염전개발, 孫 하남시장은 미사동 개발계획을 각각 상담하고 京畿道 지방공사는 平澤시의 어현, 한산 산업단지 투자, 白 경제투자 관리실장은 孫병두 한화 이사와 함께 관광단지개발사업 등의 투자유치 상담을 하게 된다.

【尹五柄 記者】

본사 尹五柄 국장 출국

투자유치 활동 취재차

현대일보 편집국 尹五柄 국장은 경기도 대 미주 투자유치단을 동행 취재하기 위해 11일 오후 출국한다.

尹 국장은 임창열 경기도지사를 단장으로 하는 대 미주 투자유치단을 따라 하와이, 뉴욕, 시카코, 라스베이거스, LA, 밴쿠버 등 미국과 캐나다의 주요도시에서 실시하는 투자상담 등을 취재하고 오는 25일 귀국할 예정이다.

◇ 임창렬 경기도지사와 백성운 투자관리실장 등이 투자조인식에서 서명하고 있다. 〈경기도 제공〉

◇ 백청수 시흥시장과 윤오병 기자 등이 미국 라스베가스에서 경비행기를 타고 세계적으로 유명한 암벽계곡 관광을 했다.

美洲地域 投資유치단

林昌烈 京畿道知事를 단장으로 한 대 미주지역 투자유치단은 1999년 6월 11일 오전 9시 반 KE051편으로 호놀루루에 도착, Hale Kulani 호텔에서 여장을 풀었다. 호텔 측은 林 지사를 비롯하여 기업인과 동행 취재 기자에게 꽃다발을 안겨주고 환영했다.

첫날인 이날 오후에는 환경기술세미나 참관 및 음식물쓰레기 처리시설을 시찰한 후 호놀루루 총영사의 환영 만찬에 참석했다.

12일(토요일) 오전 LA를 경유, 14일(월요일) 뉴욕에 도착하여 투자의향 기업을 면담하면서 본격적인 외자 투자유치활동은 시작됐다.

뉴욕과 랄리(Raleigh), 그리고 시카고에서는 林 지사와 白成雲 경제투자관리실장이 두 팀으로 나누어져 투자유치 간담회, 투자의향 및 관심기업 면담, 투자조인식 등으로 바쁜 일정을 보냈다. 그리고 노스캐롤라이나 주지사 오찬 및 첨단연구단지 시찰을 하고 뉴욕탑과 뉴욕근교 관광코스의 헬기투어로 오후를 즐겼다.

국제(세계)적 도박도시 라스베이거스에 도착하여 Mrage Mirage호텔에 투숙한 것은 17일 오후 10시.(17~19일)

라스베이거스는 호텔마다 카지노를 비롯하여 슬롯머신, 그리고 카드놀이 등이 성행하고 있어 세계 각국의 도박사들이 모여들어 각종 도박을 즐기고 있는데 대박이 터지면 호텔측은 그 순간부터 대박고객을 특실로 모시고 특별경호 등 VIP 대접을 하여 그가 귀국할 때까지 안전을 책임진다는 것.

대박고객에게 그렇게까지 해야 하느냐고 물었더니 호텔 측은 단골고객 관리 차원이라면서도 그분이 죽지 않으면 다시 와서 대박으로 얻은 돈을 모두 잃게 된다며『죽지만 말아 다오』가 유행어라 했다.

그런데 라스베이거스 호텔은 대규모 도박장의 중앙을 거쳐 걸어서 들어가야 로비가 되기 때문에 도박 전문가가 아닌 초보자들도 현혹되거나 호기심에서 한 번만 해

보려다 푹- 빠지는 경우가 많다고 40대 한국 여 딜러는 귀띔해 준다.
결국 본전생각이 나서 또 하고 또 하다 보면 패가망신까지 이어져 도박꾼(?)이 된다는 것.
記者도 이 여자 딜러에게 환전하여 앉아서 한번 당겨 보기도 했다.
그러나 백전백패를 면치 못할 것 이란 생각에 슬그머니 일어나 호텔로 들어갔다.
라스베이거스의 카지노산업은 연 65억 달러의 유통으로 컨벤션산업을 비롯하여 관광, 호텔, 물류유통, 항공, 컨벤션산업 등 10개 주요산업 중 하나이다.
라스베이거스는 또 세계적인 결혼의 명소이다.
결혼식은 30분 만에 해치워 간소한 추억을 만들어 주고 있지만 잠들지 않는 거리는 밤새도록 흥청대는 바람에 신혼 부부는 또 찾아오게 하는 매력이 있다는 것.
그리고 라스베이거스는 도시가 사막 위에 건설됐다는 점으로 세계적인 유명세를 받고 있다. 그래서 가로수와 정원수, 잔디, 꽃나무, 화단 등 모든 초목은 매일 물을 줘야 하는데 물은 자체공급이 안 돼 멀리서 끌어 와야 한다고 가이드는 소개한다.
주말이라 영화에서나 볼 수 있는 그랜드 캐니언. 물과 바람이 만든 예술 작품 같은 바위산과 협곡, 강물과 어우러져 신비를 더해준다. 지구의 역사가 살아 숨 쉬는 이곳 협곡에서 연간 5백만 명의 관광객이 찾는다는 유명한 암벽계곡을 가 보려고 8인승 경비행기를 타고 가는데 조종사가 20대라니 귀가 막히고 조바심을 감추지 못했다.
경비행기는 들판에 마련된 작은 활주로에서 미끄러지면서 이륙해 바위산을 저공비행하는데 내려다보니 험상스런 산악에 아찔하면서 『야! 이것 잘못 탔구나』며 공포에 떨어야 했고 강가 습지 를 지날 때 는 마음이 다소 안정되면서 『떨어지려면 이런 습지에…』 하며 식은땀을 흘렸는데 그래도 관광을 무사히 마치고 돌아와 활주로에 안착했다.
아마도 10년은 감수한 것 같다.
하지만 이번 미주 8개 도시 출장에서 가장 멋진 추억이라면 LA 산타모니카 해변에서 비치 셔츠를 걸치고 확 터진 바닷바람의 시원함과 자유의 나라 미국의 모습을 느낄 수 있었던 점과 20대 조종사의 경비행기에 목숨을 맡기고 암벽 계곡 위를 날던 최고 스릴러라 할까?

京畿道 투자유치단이 마지막 일정으로 캐나다 벤쿠버에 도착한 것은 20일 낮 1시쯤. 바닷물 위에서 뜨고 내리는 비행선을 처음으로 볼 수 있었고 바닷가 공연장 등 주변 환경이 최고로 멋있는 이 pan paoific 호텔은 金泳三 전 대통령이 캐나다를 예방했을 때 투숙했던 특급 호텔이다. 벤쿠버는 조용하고 평화로운 도시, 다시 오고 싶은 도시로 기억된다. 지사와 白 실장은 캐나다의 투자 관심 기업인들을 일일이 면담하고 한 캐나다 실업인협회와의 투자설명회에 이어 오찬을 함께했다.

그리고 林 지사 등은 캐나다의 투자의향 및 투자 관심 기업인들의 면담으로 이날 오후 늦게까지 이번 투자유치단의 일정을 모두 성공적으로 마무리했다.

京畿道 미주 투자 유치단 일행은 25일 오후 2시 25분발 KE072편으로 26일 오후 5시 35분 서울에 도착했다.

【캐나다 벤쿠버에서 尹五柄 記者】

◇ 라스베이거스 Mirage Hotel에서 한국인 딜러에게 환전하여 한 번 당겨보고 있는 왕초보 도박사 윤 기자.

汶山市街에 洪水

萬6千住民 대피소동

臨津江 범람으로, 汶山川제방 水門터져

汶山도 孤立
臨津江도 汎濫위기에

【坡州=鄭志園.尹五柄 記者】계속되는 호우로 파주군내 곳곳에서 막대한 피해를 냈다. 16일 새벽 5시 현재 臨津江하류와 연결되는 문산천이 범람하여 문산 시내가 완전고립되었으며 교통 통신망이 두절되었다.

또한 임진강 줄기와 접한 임진면의 문산천과 동문천, 교하면의 교하천, 파평면의 늘로천, 아동면의 금촌천 등이 범람, 전답피해만도 유실 3천여 평, 매몰 2만여 평, 침수 3백만 평이다. 16일 상오 9시 현재까지도 계속 비가 내려 각종 피해가 늘어나고 있다.

한편 파평면 늘로리의 늘로천 범람으로 4백여 가구, 주내면 연풍리 일대 1백여 가구, 임진면 선유리 일대와 하동 일대 3백여 가구, 천현면 법원리 일대 1백여 가구, 광탄면 일대 70여 가구, 적성면 일대 2백여 가구 등 도합 1천 1백 70가구가 침수되었다.

또 가옥 전파 20여 동, 반파 9동이나 되며 이재민은 3천여 명이다.

이 밖에도 파주군 금파교, 문산교, 늘로교, 두포교 등도 유실직전이며 금촌 문산을 제외하고는 파주군 내 교통, 통신망은 와전두절상태이다. 이 밖에도 8백 45m의 제방의 16개소가 무너졌다.

이번 호우로 겨우 심은 교하뜰과 임월평야가 완전히 물속에 잠겨 처참은 극에 달했다.

西紀1965年 1月 20日(水曜日)

7年間 盜伐 1,800萬才

臨津江 건너 民間人 統制線

軍射界 口實 長湍山主會 難民會서 競爭

【坡州에서=鄭志園. 尹五柄 記者】臨津江 건너 민간인통제선(DMZ) 구역 내에서 미 제1기갑사단 0연대와 0연대에서 사계청소라는 이유로 약 7년 동안 4백 50만㎡지역에 1천 8백 20만사이라는 어마어마한 나무(生木)가 벌채되고 있어 크게 물의를 일으키고 있다. 근 7년 동안의 이와 같은 벌채는 미군이 작전상 사계지역을 정리한다며 필요에 의해 벌채를 허가하여 일어났다. 특히 장단 산주회와 장단 난민회 간에 이권쟁탈을 둘러싸고 미군에게 향연을 베푸는 등 추잡한 추문을 일으키면서 생목 6년생에서부터 30년생 이상의 생목이 마구 벌채되고 있다. 이와 같이 마구 남벌되고 있는 나무는 파주군 임진면 마정리와 적성면 장파리 등지의 7개 사업장에서 처리되고 있다.

논 一部 徵發 해제

美軍서 長佐. 紫長리 農民 위해

【長波里=尹五柄 記者】16일 하오 3시 30분쯤 安제징 파주군수, 宋제근 파주경찰서장 미 제1기병사단 민사처장「워너」중령 등 관계자들은 坡州군 積城면 長佐리紫長리에서 미군훈련장으로 징발되어 농토를 잃고 딱한 실정에 있는 姜仁洙 씨(36.장파리) 등 1백 34가구(9백 24명)에 대한 구호대책으로 총 징발면적 1백 23만 2천 9백 26단중 논52만 7천 1백 43단의 일부를 해제할 것을 합의했다.「워너」중령은 논 일부지역에 3개의 도로를 내고 훈련에 지장이 없는 한 영농을 방해하지 않겠다고 밝혔다. 그런데 이 지역은 미군 훈련장으로 징발되어 있었으나 10년 동안을 영농하던 영세농민들은 계속 경작하고 있어 미군당국은 훈련에 지장이 있다고 지적하고 지난 4월 27일「불도저」로 경작지의 보리, 감자, 묘판 등을 무차별 갈아엎은바 있다.

農土 마구 갈아엎어

美軍서 보리밭 苗板 등 24萬坪

두달 돼도 補償 없어 農民 울상

【長波里=尹五柄記者】속보=美軍 훈련장으로 징발된 臨津江유역인 坡州군 積城면 장좌리 등 일대를 경작하던 영세농민들이 농토를 일었다. 즉 지난 4월 27일 미군「탱크」들이 보리밭, 묘판 등 무차별하게 갈아엎은 후 2개월이 가까워 오도록 아무런 대책이 없어 주민들의 비난을 받고 있다.

미 제1기갑사단이 훈련을 이유로 臨津江 유역의 1백 23만여 평(논 53만평. 밭 70만평)의 경작지 중 24만 6천여 평의 묘판, 보리, 감자밭을「탱크」로 무차별 갈아엎고 영농 출입을 막고 있다는 것.

하루아침에 농토를 잃은 姜仁洙 씨(35.장파리) 등 1백 34가구(9백 24명)는 1개월이 지난 31일 현재 구호대책을 받지 못하고 있으며 농번기를 맞아 출입금지 해제를 호소하고 있다.

한편 관계당국은 국방부장관과 미8군사령관에게 현 실정을 전달하고 해결책을 노력해 보겠다고 했다.

또 파주군은 이들 1백 34가구(9백2 4명)에 대한 양곡 구호를 경기도당국에 요청했으나 아직 영농자들은 받은바 없다고 했다.

▲ 국방부 실무관계자= 징발지역의 경작은 할 수 없으나 국방부장관과 8군사령관에게 이곳 실정을 전달하고 다시 영농할 수 있도록 노력해 보겠다.

北傀 小潛艇 노획

臨津江下流서 怪漢 1名 射殺, 3명은 逃走

【坡州=鄭志園 記者】5일 새벽 5시 반경 파주군 교하면 신촌리 앞 臨津江 하류에서 괴뢰 선박으로 보이는 소형 잠수정 1척을 발견, 인양했다.

육군과 경찰이 수색전을 벌인 끝에 5일 밤 10시반경 신촌리 5초소에서 근무 중인 보초병이 임진강을 건너려는 괴한 4~5명을 발견, 교전 끝에 괴한 1명을 사살했다.나머지 3명은 물속으로 헤엄쳐 도주했는데 생사는 알려지지 않고 있다.

諜報工作船 인듯

북한 괴뢰군의 장비로 보이는 소형 잠수함 1척이 휴전선 근방 임진강 하류에서 노획됐다. 길이 15피트, 높이 4피트에 중량 2톤쯤 되는 이 잠수함은 지난 5일 새벽 6시쯤 한강과 임진강이 맞닿는 지점에서 남방으로 약 1마일떨어진 곳을 순찰 중이던 한국군 제19독립연대 전투단 순찰대원에 의해 발견되었다.

2차 대전 당시 사용되었던 일본제 2인승 잠수함으로 보이는 이 잠수함은 발견 당시 간조 때의 진흙탕에 묻혀 있었고 승무원은 하나도 없었다,

이 잠수함은 현장에서 미 해군정보대「불르스 베일리」중위에 의해 수색되었는데「베일리」중위는 선체 내에서 다량의 수류탄, 탄환, 시량 등을 찾아냈고 또「탱크」속에 다량의「디젤」이 가득 차 언제든지 가동할 수 있어 전투태세가 갖추어져 있는 점으로 보아 첩보 공작선이 아닌가 보인다고 했다.

交替하는「터키」15中隊표창

【西部戰線00基地=尹五柄 記者】28일 상오 10시쯤 西部戰線 臨津江 남방에 주둔한「터키」15중대 연병장에서 주한「터키」군 교체에 따른 부대표창 및 중대장「캐말 이태크」대위의 근무공로훈장 수여식이 姜 국방차관,「오칸 그리저」주한「터키」대사, 육군참모차장 김중식 중장,「유엔」군 참모장「데이비스」중장, 6군단장 韓信 소장 등 인근 한미 지휘관들이 참석한 가운데 있었다.

이날 박정희 대통령은 강 국방차관을 통해 1년간 한국 근무를 충실히 마치고 귀국하는 주한15「터키」중대와 중대장「캐말 이태크」대위에 대해서 대한민국 근무 공로훈장을 수여했다.

열다섯 번째로 한국에 온「터키」15중대 장병들은 오는 7월 3일 육군사관학교 등을 견학하고 5일에 이한할 것이며 새로「터키」16중대(중대장=젠키스 소령)가 오리라한다.

◇떠나는「터키」군이 부대기를「유엔」군에인계하고있다

西紀1965年 3月 15日 (月曜日)

카투사兵 60餘 名
軍人들이 警察官暑 亂入
대낮에 集團으로, 坡州警察署熊潭出張所 전파

【坡州서 本社鄭志園. 尹五柄記 者發】 백주에 「카투사」병 60여 명이 동료사병이 얻어맞은 분풀이로 경찰관서를 점거, 곤봉등 몽둥이로 경찰관 출장소를 파괴(내부시설전파) 하고 위안부 등 민간인 4명에게 중상을 입히고 경찰관까지 구타한 불상사가 일어났다.

警官 등 5名負傷, 民間人에 뭇매

14일 낮 12시 35분경 坡州경찰서 웅담출장소에 미 제0기갑사단 0연대 1대대 소속「카투사」朴振浩(32) 중사와 洪昶源(25) 하사는「카투사」60여 명(경찰보고)을 인솔, 웅담출장소를 포위하고 몽둥이, 곤봉 등으로 약 1시간동안 동 출장소의 내부시설과 기물일체를 파괴했다.

또 이들은 이를 말리던 채명희 순경과 민간인 鄭基永(28. 웅담리). 李元吉(28. 웅담리), 방범대원 沈泰菌(23), 위안부 李光子(27) 씨 등 5명에게 폭행을 가해 민간인 3명은 법원리 沈聖求의원에 입원가료 중이다.

◇카투사병들이 경찰출장소를 전파했다. 원 내는 주범 박 중사.

慰安婦 희롱하다 매맞은 분풀이로

13일 상오 11시경 웅담리 새마을다방에서「카투사」鄭海秀(25) 상병과 李鎮和(24) 상병은 미군과 차를 마시고 있는 李光子 양을 희롱하다 鄭 씨와 李 씨 등 민간인에게 제지당하고, 싸움 끝에 매를 맞고 귀대했다.

그 후 14일「카투사」60여 명은 민간인에게 얻어맞은 분풀이로 새마을 다방 근처에 사는 李, 鄭 씨와 위안부 李 양을 끌어내어 폭행을 가한 후 웅담출장소에 연행, 경찰관에게『이 자식들을 잡아넣어라』는 등 입에 담지 못할 욕을 했다.

경찰관이『법대로 처리하겠다』고 답하자 그러면 이 자식들을 때려죽이겠다고 하면서 60여 명의「카투사」들이 난동을 벌였다는 것.

◇ 朴東彦 坡州署長의 말=철저히 배후관계를 조사, 엄중 처리하겠다.

또한 60여 명의 군인 중 그 반수는 외출증도 없이 부대를 이탈한 것으로 안다.

◇ 대대장「로레터 첼로줄」중령의 말= 대단히 유감된 일이다. 조사해야겠다.

◇ 主動者 朴振浩 중사의 말= 동료가 맞고 왔다기에 분이 나서 그랬다. 뒷 책임은 전부 내가 질테니 때려부숴라 했다.

◇ 현역 군인들이 난입 파괴한 경찰파출소와 주동자 朴 중사.

「카투사」兵 60餘名

【坡州서 本社鄭志園·尹五柄記者發】

警官등 5名負傷. 民間人에 뭇매

—대낮에 集團으로 坡州警察署 熊潭出

軍人이 警察官署亂

慰安婦 희

매맞은 분

警察官暑 습격주모자는 朴中士
軍, 檢, 警合同搜査, 背後動機 추궁

【坡州=尹五柄 記者】속보=「카투사」60여 명의 파주경찰서 웅담출장소 난동사건을 수사 중인 軍, 警, 檢합동수사반은「카투사」朴振浩(32) 중사를 주모자로 단정, 배후 사상관계를 검토 중에 있다. 이 난동이 군중심리에 의한 우발적인 일인지 또는 계획적인 일인지를 가려내기 위해 15일 하오 5시경 사고현장에 나온 朴英秀 치안국장은『법치국가에서 양식을 가졌다면 있을 수 없는 일』임을 강조하면서 사상적으로 검토조사중이라고 밝혔다. 그런데 주모자인 朴 중사는 약 1주일 전에 동 부대에 전속되었다.

警官人事조치 카투사 亂動사건

【坡州】속보=파주경찰서는 16일 하오 朴振浩(32) 중사 등「카투사」들의 웅담출장소 난동사건을 막지 못한 웅담파출소 근무 姜 보향순경을 적성지서로 전보시키고 소장 김운형 경사와 周병희 순경을 본서 대기발령했다. 웅담출장소는 16일 하오 경비전화가 복구 개통되고 난동「카투사」의 소속부대에서 가져온 야전용 책상 2개와 수리한 책상 1개를 비치했으며 본서 경무주임 李칠익경위가 임시 소장으로 근무하고 있다.

記者에 暴行 防諜단장이 記事에 不滿 품고

【坡州】방첩단장이 신문보도에 불만을 품고 취재기자 등 관계자에게 폭언과 폭행을 하여 말썽이 되고 있다. 27일 하오 8시쯤 파주군 임진면 문산리 경향다방에서 파주방첩단장 金容大 씨(51. 아동면 금촌리)는 26일자 본보 경기판에 보도된『벌목 하청계약 취소』란 기사에 불만을 품고 본보 尹五柄記者에게『너는 공산당이다』라고 폭언했고 장단군민회 고문 金慶權 씨(53. 파평면 늘노리)를 때려 김씨는 안면 등에 전치 2주간의 부상을 입고 김도협 병원에 입원 가료 중이다. 파주경찰은 방첩단장 김씨를 폭행, 상해 등 혐의로 입건 조사 중이다.

40분간 交戰 北傀軍. 美軍部隊 막사에 侵入

【汶山】 2일 하오 9시 40분쯤 미 제2보병사단이 주둔하고 있는 臨津江 북방 0000부대 막사에 수를 알 수 없는 북괴군이 침입했다. 이들은 40분간 교전 끝에 격퇴됐다.

굳건한 防衛態勢 零下의 西部戰線

【西部戰線 00基地=尹五柄 記者】 크리스마스를 앞두고 영하의 서부전선 방위태세는 완전 무결하다.

0 ... 臨津江북방 板門店을 동서로 18마일 西部戰線은 미 제2보병사단(사단장=아이젠아워 소장)과 육군제0000부대(부대장=남상호 대령)의 완전무결한 전투훈련에 숙달된 장병들이 방어와 간첩 수색작전을 하고 있어 후방국민을 안전하게 보호하고 있다.

0 ... 사단장 아이젠아워장군은 배속된 카투사병 처우에 관하여 미 병과 동일시하고있으며 장병들의 월동준비와 보급 및 건강상태는 대단히 양호하며 장병들의 사기는 높을대로 높아 출동명령만 기다리고 있다고 1일 밝혔다.

出入證 뺏고 强制 退去케 美 搜査官이 두 記者 取材 방해

【坡州】21일 하오 4시 30분경 동업 東亞日報 坡州特派員 朴 모 기자와 京鄕新聞 坡州特派員 鄭 모 기자가 요즘 곳곳에서 일어나는 미군들의 횡포를 취재키 위해 坡州군 州內면 연중리에 있는 한미합동수사대(CID)로 들어가려 하자「수위차」라는 미 민간수사관이 취재를 방해, 『즉시 퇴거치 않으면 불법 침입으로 고발하겠다.』는 등 협박과 모욕을 당했다.

민간 수사관 이라는「수위차」씨는 朴, 鄭 두 기자가 제시 하는 미 8군 사령관이 발행한 출입「패스」를 불신한다면서 잠시「패스」압수--, 강제적으로 퇴거시켜 취재를 방해했다.

한편 얼마 전에도 동 부대 내 기자들의 출입이 말썽이 되어 한국경찰과 미 헌병부 특파기자구락부 등의 3자 연석회의 석상에서 미 헌병부장「피어슨」중령은 미 8군 출입「패스」를 소지한 특파원에 한해서는 출입을 허용한다고 말한 바 있다.

1965년 7월 16일

中部一帶에 集中豪雨

死亡27. 罹災民 42732名 16일 11시 현재

서울, 京畿, 江原 水害非常警備令

汶山도 孤立　臨津江도 汎濫위기에

【坡州=鄭志園.尹五柄 記者】계속되는 호우로 파주군내 곳곳에서 막대한 피해를 냈다.

16일 새벽 5시 현재 臨津江하류와 연결되는 문산천이 범람하여 문산 시내가 완전고립되었으며 교통 통신망이 두절되었다.

또한 임진강 줄기와 접한 임진면의 문산천과 동문천, 교하면의 교하천, 파평면의 늘로천, 아동면의 금촌천 등이 범람, 전답피해만도 유실 3천여 평, 매몰 2만여 평, 침수 3백만 평이다.

16일 상오 9시 현재까지도 계속 비가 내려 각종 피해가 늘어나고 있다.

한편 파평면 늘로리의 늘로천 범람으로 4백여 가구가, 주내면 연풍리 일대 1백여 가구, 임진면 선유리 일대와 하동 일대 3백여 가구, 천현면 법원리 일대 1백여 가구, 광탄면일대 70여 가구, 적성면 일대 2백여 가구 등 도합 1천 1백 70가구가 침수되었다.

또 가옥 전파 20여 동, 반파 9동이나 되며 이재민은 3천여 명이다.

이밖에도 파주군 금파교, 문산교, 늘로교, 두포교 등도 유실직전이며 금촌, 문산을 제외하고는 파주군 내 교통, 통신망은 완전두절상태이다.

이밖에도 8백 45m의 제방의 16개소가 무너졌다.

이번 호우로 겨우 심은 교하뜰과 임월평야가 완전히 물속에 잠겨 처참은 극에 달했다.

1965년7월19일(월)

京畿道 水害 罹災民7만 7천名 死亡 66명, 7億여 원 被害

지난 15일부터 내린 호우로 경기도내에서 7만 7천 6백 76명의 이재민을 냈다. 19일 상오 9시 현재 도내에서는 66명이 사망하고 48명이 부상, 50명이 실종되었다.

그리고 건물 1만 천2백 91동이 침수, 전파내지 유실되었으며 선박 7척도 전파되었다.

경작지 전답 2천 5백 70만 1천 1백 28정보가 침수, 가축 1천 3백 72마리가 죽었다. 또한 도로 5백 25개소, 교량 1백 25개소, 철로10개소, 하천제방 1천 5백 5개소, 저수지 10개소 등이 붕괴되어 총피해는 7억2백41만여원에 달하고 있다.

늘노천 堤坊 5천 미터 流失

田畓 54萬坪이나 埋沒

【坡平=尹五柄 記者】작년 수해 때 가장 피해가 극심했던 파주군 파평면 주민들은 파주군 당국과 미 제2사단의 적극적인 후원으로 유실됐던 늘노천 복구공사가 거의 마무리되었는데 15일 다시 수마의 변을 당하여 살길이 막막한 실정이다.

파평산을 둘러 임진강으로 흐르는 늘노천은 작년 수해 당시 제방이 무너져 가옥 및 경작농지에 극심한 피해를 입었는데 작년 9월 1일부터공사비 44만 2천원과 양곡 1백 10톤으로 제방 6천 5백m(2천 9백m는 석축)를 6월 30일까지 복구 준공 했다는 것.

그런데 준공15일 만에 쏟아진 집중호우로 연장 5천1백m의 제방이 무너지고 유실됐으며 전답 54만 3천 9백 평이 매몰되어 늘노리, 덕천리, 금파리 등 3백 85가구 2천여 명의 영세민들은 금년 농사를 망쳐 살길이 막막한 실정이라 한다.

특히 늘노천의 제방이 터지면서 자갈과 토사가 농경지를 덮쳐 지적도를 놓고 경계측량을 하지 않고는 각자의 전답을 찾을수 없다고 한다.

李國會議長水災民들 慰問

救護의 손길 뻗쳐
各界에서衣類, 金品

【坡州=尹五柄 記者】李孝祥國會議長은 18일 상오 11시 파주 군내 문산, 주내, 연풍, 법원리 등 수해지구를 방문, 수재민들에게 금일봉을 전달하고 자립하도록 격려했다.

파주 군내는 지난 15일 집중호우로 임진강이 범람하면서 파평면 금파리 등지에서 1만 2천 1백 72명의 이재민이 발생했는데 각계에서 의류, 금품등 구호의 손길이 이어지고 있다. 미 제2보병사단 3여단장「샤프」대령은 18일 24인용 대형천막 4개와 모포 1백 장을 장파출장소장 최운직 경사를 통해 장파리수해대책위(위원장=한능우)에 전달했으며 미 제77포병대장「모우스」중령은 대형천막 2개를 정택호 파평면장에게 전달했다. 또 미 제2보병사단 민사처장「워너」중령은 모포 3백 30매를 임진면수해대책본부에 전달했으며 신윤창국회의원(파주. 고양)은 밀가루 2백 50부대와 의류 1천점을 파평면 등 5개면에 전달하고 수재민들을 위로했다. 장파리 번영회장 문유성 씨(52) 등 유지들이 성금 9천 2백원을 모아 쌀2가마를 사서 김제연 씨(43) 등 17가구에 나누어 주었으며 적성의원(원장=한영수)은 이재민들의 무료치료를 해주고 있다.

이밖에도 朴 경기도지사는 18일 하오 문산을 방문, 현금 10만 원과 천막 15개, 통조림 3백개, 의류 2백 점을 전달하고 위로했으며, 기독교 세계봉사회는 밀가루 9백 33부대, 옥분 9백 33부대, 압소맥 9백 1부대를 전달했다.

外面한 救護對策
白鶴면 水災民, 보리죽으로 延命

【白鶴面=尹五柄 記者】지난 15일 집과 가재, 농토를 잃은 임진강 북방 연천군 백학면 노곡리 등 3백 76가구 2천 33명의 수재민들은 22일 하오 현재 쌀 한 톨의 구호도 받지

못하고 학교, 교회 등에 분산 수용되어 굶주리고 있어 조속한 당국의 구호대책이 요망되고 있다. 白鶴면은 임진강 상류의 두일천과 백령천이 범람하여 2백 70만평의 전답이 매몰 또는 유실되고 두일리 농협창고에 있던 비료 4천 1백 45부대가 침수 되었으며 가옥 3백 76가구가 매몰, 유실, 파손되는 등 극심한 피해를 입었으나 임진강의 범람과 교통이 두절되어 구호품이 전혀 전달되지 못했다는 것. 노곡리 국민학교에 수용중인 김백용 씨(52)는 아무것도 받은 것이 없다면서 한숨지으며 보리죽으로 연명한다고 말했다. 한편 육군 제6566부대(부대장=이승우 준장) 장병들은 도로복구공사에 전력을 다해 22일 하오부터 버스가 운행됨으로써 8일 만에 백학~서울간의 교통이 임시 운행케 되었다.

自由의마을 臺城동 昨年에 22만 평被害

水害복구 시급

【自由의마을臺城洞=尹五柄 記者】臨津江 북방 비무장지대 남방한계선에 자리 잡고 있는 자유의 마을 대성동은 행정구역상으로 엄연히 京畿도 坡州군 臨津면 조산리(이장=朴昌秀. 52)에 속하고 있는데도 통행의 제한을 받기 때문에 행정당국의 뚜렷한 혜택을 보지 못하고 있다. 자유의 마을은 현재 37가구 2백 16명(남=1백 4명, 여=1백 12명)이 가옥 59동에 살고 있으며 공공건물로는 초등학교, 복지관, 발전소, 민정사무실, 창고, 목욕탕 등이 있고 논 25만 6천 2백 평과 밭 9만 6천 평을 경작하여 연간 벼 4천 가마, 감자 1천 3백가마를 수확했으며 농우 32두 등 각종 가축도 길러 대체로 넉넉한 생활을 하고 있었다. 그런데 작년 수해 당시 15개소 연장 3천여m의 제방이 유실 또는 붕괴되어 22만 5천 평의 경작농지가 피해를 입고 있어 수해복구가 되지 않는 한 금년의 농사는 폐농위기라는 것. 한편 파주군 임진면은 지난 1월 17일 현지답사결과 수해복구를 위해 연 4천 4백 명의 인력과 불도저 연 2백 60일 (제방 5백 29m), 자재비 88만원이 소요된다고 상부에 보고했다. 그리고 미공법480호 사업에 대한 혜택을 신청했다. 현재 자유의 마을은 민정관 張洙貞 대위의 지시를 받으며 1주 3회씩 금촌에 왕복 운행하는 트럭편서 농산물과 가축의 판매를 하고 생활필수품을 구입하고 있다.

前方에 武裝怪漢出沒

美軍部隊에 手榴彈

세 차례나, 油類 드럼 등 터뜨려

【西部戰線=尹五柄 記者】11일 밤 11시경부터 약 30분 사이에 臨津江 북쪽과 서부휴전선 사이에 있는 미 제0보병사단 0연대 0대대 영내에 3, 4명의 무장괴한이 나타나 세 차례나 수류탄을 투척하여 유류드럼 등을 폭파시키고 도주한 사건이 발생했다.

이날 밤 11시쯤 A중대 영화관 옆에서 수류탄이 터져 디젤기름 10드럼이 터져 흘러내렸고 약 20분 후에는 또다시 부근 연료창고 옆에서, 그리고 10분 후에는 A 중대 CP통신소 근처에서 폭발사고가 발생했으나 피해는 없었다,

미군 수사당국은 12일 상오 사건현장에서 수류탄 케이스와 파편을 수집하여 감정 의뢰했다.

미군은 이 폭발사건의 범인을 잡기위해 탐색전을 벌이고 있다.

또 漣川에 武裝怪漢

治安局서 打擊隊 조직

1965년10월14일(木曜日)

13 하오 연천에서 4명의 국군이 무장 간첩들에게 사살 됐다.

지난 주말에는 전방에서 3일 동안 6건의 무장괴한 피습사건이 발생했다.

북괴 간첩들은 가을에 접어들자 내륙 깊숙히 파고들어 양민을 살해하는 등 만행이 흉악해지고 있다고 관계자는 지적하고 있다.

군과 경찰은 이에 대비, 대대적인 대간첩작전을 펴고 있으며 국민들이 이에 협조해주길 바라고 있다. 군 관계당국은 최근 북괴의 만행이 전쟁을 유발시킬 도발적인 행위로 볼 수는 없다고 말했다.

西部戰線 防衛태세 萬全
카투사 指揮權 成果 커
美 차일즈 少將 言明

【서부전선00基地=尹五柄 記者】27일 하오 1시쯤 미 제0보병사단장「존. H. 차일즈」소장은 한국군 월남 증파에 영향 없이 18마일 서부전선 방위태세는 만전을 기하고 있으며 장병들의 보급 및 사기는 앙양되고 있다고 밝혔다.

「차일즈」장군은 이날 기자와 만난 자리에서 臨津江 북방 비무장지대(DMZ) 순찰을 언급하여 지난 4월 29일 처음으로「카투사」병에게 부여된 洪碩昭(23.A중대) 병장의 지휘권은 뚜렷한성과를 거두었으며 그 후 6명의 다른「카투사」병에게 지휘권을 부여했다고 하며 앞으로 계속 장려할것을 다짐했다.

現代式 博物館
古代武器 등 2千點 陳烈

【西部戰線00基地=尹五柄 記者】일선에 근무 중인 주한 미군들이 막대한 자금과 노력으로 2백 년 전 고대 무기를 비롯한 전리품을 진열할 수 있는 박물관을 세운다. 미 제2보병사단(사단장=「존. H. 차일즈」소장)은 작년 11월 12일 미화 2만 5천불(한화=6백 30만원)을 들여 파주군 주내면 여풍리에 있는 미 제2사단 제1휴양소(CCI) 영내에 건평 96평의 초현대식 박물관을 착공했다.

우리나라에서 처음으로 건립된 외국인 관리의 이 박물관에는 2백 년 전부터 전해내려온 유럽 및 동남아 각국의 무기와 제복 등 군사장비가 진열될 것이며 주한미군장병들은 물론 각국에서 오는 외래객들에게 개방 전시될 것이라 한다.

박물관은 오는 2월 8일 준공될 예정이다.

駐韓美軍 減縮없고 韓國軍 增派도 없다

비치 司令官 言明, 탱크는 美國서 再生

◇비치 장군

유엔군 사령관 겸 미 8군 사령관인「비치」대장은 3일 상오『주한미군의 감축도없으며 한국군의 증파도 없다』고 말했다.

이날 기자회견을 자청한「비치」장군은 오는 8월로 예정된 한국군 1개사단의 증파와의 증파는 없다고 잘라 말했다.

지난주 월남을 공식방문하고 귀임한 그는 주월한국군과 蔡明新 사령관을 격찬했다.

또한 그는 한국공군의 파월에 언급,『아는바 없다』고 가볍게 받아 넘긴 다음 이 문제는 한국정부에서 해결할 문제라고 설명했다.

특히 그는 최근 말썽이 되고 있는 M48탱크에 대해『이는 日本에서 재생된 것이 아니라 美國 유타주에서 재생된 것』이라고 해명했다.

오는 9월 1일자로 미태평양지구 육군사령관으로 영전하게된 비치장군은 태평양지구의 미군은 전부 M48탱크로 장비되어 있으며 나토 각국도 M48 탱크로 장비된 사실을 상기시켰다.

한편 동석했던 군사고문단장「스켈튼」소장은 군원물자의 폐품처리권에 언급,『원칙적으로 불하권은 미국에 있으나 매각된 자금은 한국국방부와 협의, 처분하게 될 것』이라고 말했다.

끝으로「비치」장군은 주월 한국군의 무기는 대(對)베트공 전투에 아무런 지장이 없다고 해명하면서 한국군은 아시아인이기 때문에 미군보다 월남인에게 인상이 좋다고「조크」까지 던졌다.

카투사兵 34명 集團脫營

차별대우 是正要求

美軍측 武裝하고 제지하는 등 소동

【坡州】미군부대에 배속 근무 중인 카투사병들이 처우개선을 요구하며 차별대우에 불만을 품고 부대를 집단 탈영한 사건이 발생했다.

19일 상오 7시쯤 미8군 21병기단 63탄약중대(중대장=오리스티 소위) 소속 金鐘完(24) 병장 등 카투사병 34명이 미군의 차별대우에 불만을 품고 아침식사도 하지 않고 부대를 나와 문산발 서울행 버스를 세워 타고 집단 탈영했다.

김 병장 등 카투사병들은 평소 인사계「틸러」상사 등 미군들의 차별대우를 받고 있었다. 특히 이날 아침 6시쯤 발이 아파서 일조 점호에 불참한 김성환(26) 상병을 나오라고 고집하여 선임하사 원성현(30) 중사가 업고나온 데 분개하여 소지품이 들어있는 야전백을 들고 집단으로 부대를 이탈했는데 제지하려던 중대장「오리스티」소위는 45구경 권총 3발을 공포하였다. 이들 카투사병들은 부대에서 약 5백m 떨어진 파주군 월용면 영태리 1번국도에 도착, 때마침 문산발 서울행 신신여객 소속 경기영 4201호버스(운전사=배경선. 33)를 세우고 승차했으나「달가로」소위 등 미군들이 버스를 가로막고 가지 못하게 하여 약 10분간 승강이를 벌이다. 버스가 출발하지 못하도록 무장한 미군들이 버스 앞범퍼에 발을 올려놓고 있는 모습을 카메라에 담고 이 사건을 취재하던 본보 파주지구 尹五柄 記者의 카메라를 빼앗으며 총검으로 위협하는 등 한때 험악한 분위기였다. 이 과정에서 윤 기자는 손에 찰과 경상을 입었다. 군 당국은 34명의 카투사들을 무더기 입건하고 진상을 조사 중인데 관계자들은 다음과 같이 말했다.

▲ 김 병장의 말=평소의 차별대우를 참고 참던 것이 폭발된것이다.

▲ 중대장「오리스티」소위의 말=아무런 말도 하고 싶지 않다. 돌아가라.

▲ 선임하사 원 중사의 말= 환자인 김 상병을 업고나오니 점호는 끝났으며 미군들은 나를 중대본부에 20분가량 연금했다.

카투사, 脫營소동
34명이 차별대우에 不滿품고
「카투사」34名 集團탈출 소동
「카투사」集團脫出
差別대우 反撥
「카투사」兵

북괴. 경향신문 윤오병 기자 중태.
카메라 뺏고 총검으로 찔러

현장 사진과 함께 특종기사로 사회면 톱에 올렸으나 역시 보도관제로 삭제되고 그 자리에는 마포상수도에서 지렁이가 나왔다는 기사가 실렸다.

그런데 미군들은 내 카메라를 빼앗으려 하고 나는 넘어지면서 결사항전 과정에서 손가락에 상처를 입었는데 버스를 타고 있던 경찰이 보고 상부에 보고했다. 이날 사건은 보도관제로 다음날 풀하여 중앙지 각사가 크게 보도했으며 이 사건을 취재하던 경향신문 윤오병 기자가 카메라를 빼앗기고 부상당한 것을 북괴는 즉시 인용 보도했다. 대공분실에서 보자고 하여 갔더니 라디오를 틀어주는데 북괴는『양키들이 국방군에게 인종 차별대우를 하고 못살게 굴어 집단 탈영했으며 이를 취재하던 경향신문 윤오병 기자의 카메라를 뺏고 총검으로 찔러 중태에 빠뜨렸다』고 엄청나게 과장보도를 하고 있었다. 윤 기자는 이렇게 멀쩡한데 중태라니---

1966년 6월 7일(화요일)

6.25때 西部戰線서 玉
英聯邦軍 孤魂 위로
顯忠日 맞아 충현비에 옛 戰友들 獻花
靑史에 빛날 遺勳 되새겨

0... 자유우방의 수호와 세계평화를 위하여 용감한 투기력을 발휘한 英연방사단의 영웅적인 공적을 찬양하여 세워진 연방군충헌비가 11회 현충일을 맞아 한아름의 화환을 받았다.

0... 6일 하오 1시쯤 국회 申允昌 의원을 비롯한 南相集 파주군수, 宋濟根 파주경찰서장등 가급기과장들과, 육군 제0000부대(부대장=郭哲鍾 준장) 장병들은 西部戰線 감악산 기슭에 있는 연방군 기념비에 헌화한 후 이국전선에서 고이 잠든 영혼을 위로했다.

0 ... 西部戰線을 방위하던 英연방부대 「글로스터쉬」 연대 1대대와 英포병178박격포대의 약 1개 대대 연방군은 1951년 4월 22일부터 25일까지 4일 동안을 거대한수의 적병에게 완전 포위되어 용감한 투지력을 발휘했으나 파주군 적성면 마지리 감악산 기슭에서 전멸되고 말았다는 것이다.

0 ... 8년 전 건립된 이 충헌비는 육군 제0000부대의 옛 전우들이 돌보고 있으며 이날(현충일)도 화환을 안겨주었다.

【西部戰線=尹五柄 기자】

一線將兵에 따뜻한 膳物

各界서 보내와 婦女會. 學生 등

【西部戰線=尹五柄 記者】눈보라치는 23일, 일선장병들에게 각계에서 보내온「크리스마스」선물이 전달되어 따뜻한 온정의 꽃이 피고 있다.

파주 군내 38개 부녀회는 지방 유지들과 같이 모은 떡 1백 24상자, 사과 1백 55상자, 생활필수품 2백 46점, 담배 70갑을 육군 제0000부대(부대장=尹興禎 대령) 등 西部戰線 주둔 각 부대에 전달하고 위문하는 한편 초소경찰을 방문하고 현금 1만 원과 내복 14벌을 전달했다. 또 파주여자상업고등학교 학생 30명은 육군 제0000부대(부대자=오일수 대령)를 방문하고 위문공연을 했고 이화여자대학교 학생 30명은 육군 제0000부대(부대장=박명응 대령)를 방문하고 위문공연을 했다.

이 밖에도 서울 명성여고에서는 육군 0000부대 장병들을 초청, 위문했으며 문산농고 학생들은 손수 만든 손수건 1백 20점과 위문편지 5백 40통을 육군 제0000부대에, 파주 적성초등학교 어린이들은 사과 1상자와 위문편지 30통을 육군 0000부대에 각각 전달했다.

◇박정희 대통령은 16년간 유엔군의 일원으로 우리나라를 지켜준 주한터키 16중대에 부대표창을 하고, 중대장 젠키스 아르팩 소령에게 훈장을 수여했다.

터키 部隊 표창식

西部戰線서, 姜國防次官등 참석

【西部戰線00基地=尹五柄 記者】5일 상오 10시 西部戰線 臨津江 남방에 주둔한 주한 터키 제16중대 연병장에서 주한터키군 철수에 따른 부대표창 및 중대장「젠키스 아르팩」소령의 4등 공로무공훈장 수여식이 강서룡 국방부차관, 「오칸」주한터키대사, 유엔군 참모장「데이비스」중장, 미 제2보병사단장「찰즈」소장 등 일선 한미지휘관 다수와 터키군 장병들이 참석한 가운데 있었다.

이날 박정희 대통령은 강 국방차관을 통해 유엔군의 일원으로 16년간의 주한근무를 마치고 철수하는 주한터키 16중대와 중대장「젠키스 아르팩」소령에게 대한민국 근무공로훈장을 전달했다. 터키16 중대는 7일 상오 10시 김포공항에서 군용기편으로 귀국한다.

터키軍 송별회 7일 金浦空港에서

한국을 떠나는 터키군 16중대의 송별회가 7일 하오 2시 반 김포공항 군용기 터미널에서 열린다. 이 송별회에는 오칸케저 주한 터키대사. 유엔군사령부 참모장 데이비스 중장과 한국연합참모 본부장 서정철 중장이 참석한다. ------------7일자 1면

自由와 피로얽힌

友情16年 고별

터키部隊

7百17戰友묻은 血戰도움안잊혀

한국전의 용사「터키」전우들은 1일 한국민과 한국전참전전우들에게 고별(告別)의 인사를 했다。 한국을 떠나기 엿새를 앞둔 이날 상오 서울「유엔」군사령부 광장에서 베풀어진「터키」부대이전식(移轉式)에서「터키」병사들은 한국의 산하에 피를 뿌리고 숨진 7백17명의「터키」전우와 한국의 평화를 생각하고 있었다。 자유와 그리고 피로 얽힌 우정 16년을 청산하는「터키」병사들이나 그들을 보내는 표정은 착잡했다。 [illegible]국방차관은『한국전선에 용맹을 떨친「터키」부대의 전공은 한국국민의 가슴에 영원히 지워지지 않을 것』이라고 말했다。 이 식전에는 한・土・미국의 많은 인사가 모였다。 오는 7일「터키」부대 제16중대(중대장=아르패 소령)는 한국을 떠나고 그 대신 5명의 연락장교단(단장=륵・카입주 한 터키대사관부무관겸인)이 오게된다。 이밖에 11명의「터키」군의장대가「유엔」군 의장대요원으로 새로온다。

◇떠나는「터키」군이 부대기를「유엔」군에인계하고있다

1966년 7월 1일(금요일)

自由와 피로 얽힌 友情 16年 고별 터키部隊 7百 17戰友 묻은 血戰 도움 안 잊어

한국전의 용사「터키」전우들은 1일 한국민과 한국전 참전 전우들에게 고별(告別)의 인사를 했다. 한국을 떠나기 엿새를 앞둔 이날 상오 서울 유엔군사령부 광장에서 베풀어진「터키」이전식(移轉式)에서「터키」병사들은 한국의 산하에 피를 뿌리고 숨진 7백 17명의「터키」전우와 한국의 평화를 생각하였다. 자유와 그리고 피로 얽힌 우정 16년을 청산하는「터키」병사들이나 그들을 보내는 표정은 착잡했다.

姜 국방차관은『한국전선에서 용맹을 떨친 터키부대의 전공은 한국국민의 가슴에 영원히 지워지지 않을것』이라고 말했다. 이전식에는 한. 土. 미국의 많은 인사가 모였다.

오는 7일「터키」부대 제16중대(중대장=아르팩 소령)는 한국을 떠나고 그 대신 5명의 연락장교단(단장=쿡 카임 주한터키대사관 부무관 겸임)이 오게 된다. 이밖에 11명의 터키군 의장대가 유엔군의장대 요원으로 새로 온다.

◇아듀 코리아 : 6 · 25때 유엔군으로 참전한 터키군들이 임무를 마치고 16년 만에 터키로 떠난다.

터키부대 마지막 떠나는 西部戰線 캠프

記者가 사진부 安承植 기자와 같이 西部戰線 터키군 제16중대(중대장=아르팩 소령)캠프에 도착한 것은 1966년 7월 1일 오전 9시 50분쯤.
터키군 264명은 며칠 전부터 유엔군기를 비롯하여 인계인수절차를 준비했으며 이날 오전 10시 귀국 식을 마치면 김포비행장으로 떠날 예정이었으나 이른 아침부터 비가 내려 행사가 늦어진 것.

경향신문 석간마감 시간은 오전 12시. 마감시간은 다가 오지만 터키군들은 행사를 진행하지 못하고 병영 막사 안에서 서성거리며 대기상태.
기자는 생각 끝에 막사입구에서 터키군들이 손을 흔들며"아듀! 코리아"를 연출하는 필름을 갖고 먼저 출발하고 안 기자는 남아서 행사사진을 찍기로 했다.

그런데 안 기자가 배차 받아 타고 온 차량이 신진자동차산 소형3륜차(1/2t)인데 파주군 적성면 마지리 터키군 부대에서 법원리와 광탄을 지나니 엔진이 꺼져 오도가도 못 하는 신세가 됐다. 기자는 비를 맞으며 지나가는 차를 기다리고 있는데 구세주처럼 달려온 미군용 쓰리쿼터가 정차했으나 앞자리는 운전병과 뚱보 상사 그리고 한국인 부인이 타고 있고 뒤에는 이삿짐이 가득차 포장덮개를 하여 난색.

결국 기자는 왼발만 걸치고 매달려 가기로 하고 출발했다.
비포장도로에 비가 쏟아져 기자의 오른쪽 부분은 흙모래를 뒤집어 써야 하는 처지에서도 이를 악물고 참고 또 참으며 1번 국도 고양 대좌리 검문소에 도착하여 고마운 미군과 더 갈 것인지 내릴 것인지를 의논하는데 경향신문 깃발을 단 꼬마 3륜차가 달려 왔다. 정말 반가웠다.

출고된 지 며칠 안된 꼬마 3륜차가 비오는 비포장도로에서 흔들림이 심해 배터리 연결선 간격이 벌어져 진흙이 전력을 차단시켜 고장됐던 것.

소공동 경향신문 정문에 도착하니 조규 사진부장이 조급한 표정으로 기다리고 있었다.

어쩌면 이 순간이 가장 기쁘고 기자로서의 보람있는 순간일 것이다.

터키군이 마지막 떠나는 사진은 1판 1면에 크게 넣을 수 가 있었다.

【西部戰線=尹五柄.安承植 記者】

◇터키 부대 제16중대장 아르팩 소령이 파주 자혜원(원장 이정숙)을 찾아 고아들과 석별의 인사를 하고 있다.

平壤탈환에 큰 戰功
惜別의 喜悲

아롱진 사랑의「보」二兵은 수박 들고 愛人찾아

알파욱 中隊長 전우의 죽음. 孤兒때문 못내 서운

0---서부전선에 자리잡은 주한「터키」제16중대 장병 2백 64명은 30일 한국에서 마지막 봉급을 받았다.

離韓(이한) 전야(前夜)의「터키」부대 주변은(00부락) 겉으로「쇼핑」나온「터키」병사로 붐볐지만 떠나고 보내는 석별(惜別)에 얽힌 희비(喜悲)가 아롱져 있다.

0---「바하리 보카데진」이병(21)은 한국근무 1년 동안 파주군 주내면 연풍리 송 모양(22)과 깊은 정이 들었다고 말했다.

그는 이날 받은 봉급(20불)으로 큰 수박 1개를 사 들고 16Km나 떨어진 송 양을 찾아왔다. 그들은 서로 헤어짐을 안타까워만 했다.

◇터키군「바하라」이병이 수박을 사들고 주내면 연풍리에 있는 애인 송 모 양을 찾아 이별을 아쉬워했다.

하지만 「바하리」 이병은 고향의 누이 「헤리데」양(8)과 어머니를 만날 수 있다는 기쁨을 감추지 못했다.
「바하리」 이병은 꼬마 누이 「헤리데」 양의 선물로 고무신과 인형을 샀다.
0---「터키」 군이 한국에 첫 상륙한 날은 1950년 10월 17일, 이 날「터키」 제1여단 5천 4백여 병력이 「타신 야스지」 준장의 지휘로 부산항에 상륙, 참전 16개국 중 미국 다음으로 큰 규모의 병력이다. 지금까지 한국을 다녀간 「터키」 군은 6만 6천 명,
한국전에서 7백 17명이 전사하여 부산 유엔군 묘지에 4백 62명이 안장되어 있으며 포로 2백 29명, 전상 5천 2백 47명, 실종 1백 67명이다.
0---부산항에 상륙한 「터키」 군은 바로 전선에 투입되어 북두칠성을 방향삼아 북으로 북으로 진격했다. 그래서 7개의 별을 수놓은 지금의 부대 「마크」를 갖게 되었다. 터키」 군은 용감하게 싸웠다. 휴전되기까지 3년 동안 평양 탈환작전에서 세운 빛나는 전과에서부터 군우리(軍隅里) 「베가스」 고지, 군포 등 전투에서 전사(戰史)를 빛나게 했다. 중대장 「아르팩」 소령은 전우의 주검을 한국에 남겨두고 모두 떠나게 되어 괴롭다고 말했다.
0---「터키」군 부대 한국종업원 25명(가족 1백여 명)과 위안부 13명, 34명의 고아(파주 자혜원장=이정숙) 그리고 2명의 혼혈아들의 장차 살아갈 길이 막연해졌다.
0---파주군 천현면 웅담리 「터키」 혼혈아 「사바시」 군(9.한국이름 이해동) 등 2명은 「터키」군이 떠난다는 소식에 크게 실망하고 있다.
「사바시」군의 엄마 이 모 씨(33)는 9년전 「터키」 군 7중대 소속 「오란 케스카」 중위를 알게 된 후 「사바시」 군을 낳게 된 것.
그후 「오란」 중위는 귀국하여 「사바시」 군은 아빠의 얼굴도 모른다. 또 집에서 불이 나 「오란」 중위의 주소를 적어놓은 종이를 태워버렸다는 것.
이 여인 모자는 4년 동안 「터키」 군이 주는 빵으로 연명했으나 앞으로 그나마도 없어졌다고 슬퍼하고 있다.

【西部戰線=尹五柄 記者】

66년 9월 26일 월요일

似而非 記者 등쌀에 못 살겠다

新聞 스스로 實態 파헤칠 수 없나
料理師까지 記者證 住民被害 막는 對策 필요
坡州군 基地村의 경우 80餘 支局에 百餘名들 끌어

0…자유당 정권 당시 공갈기자의 형태는 4 · 19후부터 더욱 심했으며 5 · 16 혁명이후 잠시 자취를 감추었던 것이 요사이 다시 고개를 들기 시작하여 사이비기자의 만능시대란 새로운 용어가 나올성도 싶다.

사이비기자 신문실태
요리사 기자 증파 주군기지촌 80여 지국에 백여 명

파주군내 38개 기지촌에는 중앙일간지, 지방지, 주간지, 월간지, 여론조사위 등 80여 개의 지사 지국에 종사하자가 무려 1백여 명에 달하고 있다. (모 기관원의 말) 그중 유급기자로서 한국기자협회에 가입된 회원은 불과 8명뿐이다.

0… 일간신문사 지사, 지국장을 제외한 주간신문 일부 종사원(자칭 기자)들은 사이비 언론인의 대상이 되고 있는데 이들은 거의가 어두운 부정업자 소굴에서 자라고 있다. 심지어 양담배 1갑과 양맥주 1깡통도 시비의 대상으로 삼고 있다.

상대방의 약점을 노리고 있는 이들은 차를 타고 가다가도 차장이 요금을 요구하면 당장 정원초과 운운하며 차를 세우고 승객의 머리수를 세는 등 졸렬한 행동을 한다.

0…지난 9월 초순 기자협회에서 시, 도 지부장 회의를 열고 사이비기자 단속 문제에 대하여 결의한바 있고 그동안 정부나 발행인협회 등의 사이비기자 단속에 따른 무보수 기자 제거조치로 많은 성과를 거두었지만 심지어는 술집 요리사까지도 기자증을 가지고 있는 판이니 한심스러운 노릇이다.

차를 공짜로 타고 부정업자를 찾아가 공갈협박하며 금품을 강요하거나 기관과 기업체를 찾아다니며 구걸행각을 하는 것을 기자로 알고 있는 이들 사이비기자들의 행패를 하루 바삐 없애야 할 것이다.

0…서부전선 기지촌에는 사이비기자들에 의한 주민피해가 더욱 심하다 는 것이다. 기지촌에서는 사이비기자 제거에 강경책을 쓰라고 갈망하고 있다.

【坡州 基地村=尹五柄 記者】

西紀1966年9月26日 (月曜日) 【6】

取材提議는 우편엽서를 해 本社編集部로 보내주시오

似而非記者 등살에 못살겠다

新聞스스로實態파헤칠수없나

坡州郡 基地村의 경우

料理士까지 記者證

80餘支局에 百餘名들끓어

住民 被害막는 對策필요

基地村에는 이렇게많은 言論機關이있다(사진은 關係記事와 관련없음)

◇기지촌에는 이렇게 많은 언론기관이 있다.(사진은 관계기사와 관련 없음)

15名 죽고 23名 重輕傷

廣灘市場 대장간 砲彈爆發事故 詳報

망치로 雷管 치자 터져

死亡者 늘 듯, 家屋 6棟도 飛散

〈15명이 죽고 23명이 부상한 비극의 사고현장〉

무지가 빚은 참사 광탄 폭발사고〈박스기사에 사진 있음〉

【坡州=尹五柄 記者】속보= 광탄 폭발물사건에서 터진 폭발물은1백 55mm 포탄이 아니고 2배에 달하는 20파운드짜리 항공용 포탄으로 20일 상오 미군 측의 감정 결과 밝혀졌다.

【廣灘事故現場=申光日.孫柱煥.鄭志園.李宗俊.尹五柄 記者】

無

○…이번사고의 장본인趙永來(30·泉峴면金谷리)씨와 全천안(28·〃)씨는坡州일원을 「리어카」를끌고 돌아다니며 고철도줍고 엿도파는친구지간이다。사고가난 16일상오10시경 全씨가趙씨집에와『오늘廣灘쪽에재비볼것이있으니 가자』고趙씨를데리고 나갔다한다。趙씨의부인 유영옥(25)씨는 뒤늦게 비보를듣고 17일하오에야 廣灘에도착、남편과全씨의 시체를인수해갔다。

○…趙씨는 약5년전 鎭海에서 유씨와결혼、고철장사를하며 이곳저곳 전전하다가 약1년반전에 金谷리

〃〃〃〃 부인이挽留、

事故原因

이날 낮12시쯤 崔씨대장간에서 포탄을 분해하려는 것을 부인具順姬(36)씨가 위험하다고말렸다。 이들은 2백「미터」떨어

◇비극의 사고현장 ↓표가폭발지점 ○표가대장간주인崔씨의 시체、×표가 엿장수趙씨의 시체

38名이 爆死傷

坡州廣灘面 砲彈폭발事故

屍体80미터까지飛散·家屋11棟파괴

대장간 主人이分解하려다

◇死亡者

◇重傷者

38名이 爆死傷

사체 80m까지 비산. 가옥11동 파괴

파주 광탄면 포탄 폭발사고 대장간 주인이 분해하려다

死亡者 늘듯, 家屋 6棟도 飛散

【廣灘事故現場=鄭志園,李榮培,尹五柄 記者,金鍾基支局長】16일 하오 3시 50분 坡州군 廣灘면 신산리226 廣灘시장 崔虎淳(38) 씨의 대장간에서 1백 55mm 포탄을 분해하다 폭발, 崔 씨 등 15명이 죽고 23명의 중경상자를 냈다. 사망자 중 8명은 현장에서 죽고 5명은 인근 미제44후송병원으로 이송, 가료 중 절명했다. 1명은 부평 제121 후송병원에 후송 도중 죽고 1명은 시체의 머리만 80m떨어진 개울가에서 발견됐다.

이 사고로 가옥6동이 전파 또는 반파됐다. 중상자 12명은 미44이동외과 부평121 후송병원에 각각 입원 가료중인데 사상자는 계속 늘어날 것으로 보인다. (一部地方重複)

사고는 엿장수 趙永來(30) 전천안(28) 씨가 주워온 포탄을 분해하려고 최 씨와 함께 뇌관을 망치로 치다 발생했다.

이 사고로 3식구를 한꺼번에 잃은 자도 있으며 4세 미만의 어린이 4명도 폭사했다. 치안국은 이 사건을 계기로 경기, 강원 일대의 고물상과 폭발물이 숨겨져있을 용의장소에 대한 일제수색에 나섰다. 치안국은 이 폭발물이 민간인출입금지 구역내에 들어가 파내온 것으로 보고 있다.

〈사고원인〉부인이 말리자 밖으로 나갔다 들어와 분해하다 터져

〈現場 24時間〉

모닥불 속에서 밤새

슬픔에지친 유족들 졸도

사망자15명의 신원 모두 판명

66년 11월 3일

北傀軍, 休戰線월경 蠻行

美軍 등7名이 被殺

巡察中 手榴彈 던져 1名 부상

【西部戰線=尹五柄 記者】 2일 새벽 3시 15분쯤 北韓 傀儡軍이 臨津江 리비교 북방 1km 지점 비무장지대 남쪽 8백m지점(板門店 근처)에 침입, 미군에게 공격을 가하여 미군 6명과 카투사 1명 등 7명이 죽고 미군 1명에게 부상을 입혔다.

어제 새벽 板門店 근처 非武裝地帶 침투

한편 유엔군사령부는 2일 밤 공식발표를 통해 미 제2보병사단 소속 순찰대가 2일 새벽 3시 15분쯤 비무장지대 남쪽 8백m 지점의 동 사단 지역내를 순찰하던 중 수명의 북한 괴뢰군의 수류탄 공격을 받아 미군 6명과 카투사 1명 등 7명이 피살되고 미군 1명이 부상했다고 발표했다. 「존슨」 미 대통령이 서부전선을 방문한 지 13시간 만에 적의 복병이 던진 수류탄 파편으로 부상한 미군은 치료경과가 좋은 편인데 『공격해온 괴한들은 북괴군복을 하고 있었다.』고 말했다. 〈현장 약도 있음〉

드러낸 侵略野慾 洪 公報,北傀 규탄

洪鐘哲 공보부장관은 3일 아침 북괴가 또다시 휴전선을 침범하여 순찰중인 유엔군을 살상한 데 대해 『공산주의자들의 치략적인 야욕의 발로』라고 비난하고 『이는 날로 발전하는 우리의 국력과 국제적 지위향상에 대한 노골적인 반발』이라고 지적했다.

즉각 停戰委 소집 유엔側 要求로

"존슨 訪韓과 無關" 美國務省 北傀軍 공격사건 重大視

1966년11월3일

武裝괴한 1名 射殺 非武裝地帶서 교전 끝에

【漣川=尹五柄 記者】 2일 상오 5시쯤 연천군 백학면 원당리 뒷산 비무장지대 무장괴한 수명이 남침하는 것을 경비 중이던 육군0000부대 수색중대 장병들이 발견, 교전 끝에 1명을 사살하고 도주하는 괴한을 추격중이다.

3명이 다발銃 등을 亂射 우리 士兵 4名 殺害

【漣川=尹五柄, 鄭鎭源 記者】13일 하오 4시 50분쯤 漣川군 白鶴면 頭峴리 휴전선 남방 분계선 7백m 근처에 무장괴한 3명이 출현, 30여 발의 다발총을 발사하고 수류탄 2개를 던져 경비 중이던 육군 0부대소속 사병4명이 사망했다.

이들 무장괴한은 북쪽으로 도주했다.

사망자들은 오는 16일 부대장으로 장례를 치르는데 그 명단은 다음과 같다.

▲ 윤태근(경북 월성군 대남면 기리13949)

▲ 정진상(충남 논산군 연산면 임지295

▲ 황호정(전북 완주군 구의면 광목336)

▲ 곽덕원(충남 당진군 송산면 당산리701)

-----------66년 10월 16일(토요일)자3판특종 다음날(일요일)호외발행

11월21字 號外

被拉漁民들 歸還

咸朴島 갯벌서 끌려간지 23日만에

百12名中 百4名만

어제 下午 板門店 거쳐

【板門店=孫忠武, 姜漢弼, 李鐘基, 尹五柄 記者】괴뢰에 납북되었던 서해의 어민 1백 12명 중 1백 4명이 20일 하오 판문점을 통해 23일 만에 북괴의 쇠사슬에서 풀려 다시 자유의 땅으로 되돌아 왔다.

지난달 29일 서해 함박도에서 조기잡이를 하다 괴뢰에 의해 납북되어갔던 이들은 그 동안 북괴 땅에서 평양 등지로 끌려 다닌 끝에 이날 돌아오게 되었다.

남은 5名 無消息 3名은 入院中

돌아온 첫날 仁川서 하루밤 서울구경 후에 22日 섬으로

돌아오지 않은 8명 중 3명(여자 2명 남자 1명)은 납북 당시 부상, 병원에 입원 중이라고 북괴들이 밝혔으며 나머지 5명의 행방에 대해서는 아는바 없다고 잡아떼었다. 벅찬 감격 속에 유엔 측 장병들의 환영을 받으며 자유의 품에 안긴 어민들은 곧 파주로 달려가 경찰에 인계되었고 21일 상오 1시가 지나 인천에 도착, 안도 속에 귀환의 첫 밤을 보냈다.

이들은 21일 서울구경을 하고 22일 가족들이 기다리는 섬의 집으로 납북된 지 25일 만에 돌아가게 된다고 경찰은 밝혔다.

抑留22日만에 돌아온漁夫104名

오늘 애타던 故鄕길에

未送還者8名중 3名은入院

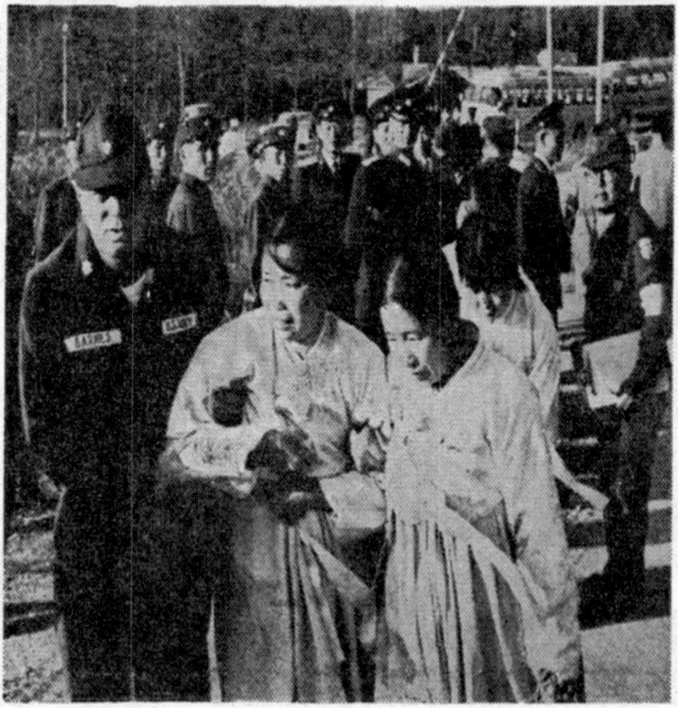

拉北漁民돌아오다 ∧「유엔」軍日直장교「반스」소령안내로自由世界로 넘어오는被拉漁民들이北傀경비들이서있는。【「유엔」軍司令部公報局제공】

속보=延坪島近海에서北傀武裝兵에 集團拉北된漁民1백12명중 1백4명이 20일오후 被拉22일만에극적으로歸還, 이날밤 仁川에서 感淚의 하룻밤을보냈다。【號外旣報】

拉北當時 北傀에 의해 銃傷을입었던 文貞淑(25

◇납북어민 귀환사진

붉은 땅에서의 23日間
〃살아서 오다니 꿈만 같다〃
歸還漁民이 말하는 經緯

송환된 어민 중 배부철(29,주문도)씨 등 4명의 어민들은 20일 밤 9시 10분부터 30분까지 파주경찰서 보안과에서 기자회견을 가졌다.

누이동생 배두순(19)과 같이 납치되었다가 함께 돌아온 배 씨는『납치된 후 죽기 전에 집에 돌아오지 못할 것 같았는데 이렇게 돌아오니 꿈만 같다』고 말하고 판문점에 오는 순간까지도 고향에 돌아와 부모형제를 만나게 된다는 것이 믿어지지 않았으며 판문점에 들어서면서 가슴이 터지는 것 같았다고 기쁨을 감추지 못했다.

피흘리며 15里를 끌려가
낮엔 監禁, 못 가게 꾀기도緯

이날 기자회견에 나온 배 씨와 김도식(56,주문도)씨, 김성교(16,볼음도), 김숙자(18, 볼음도) 양 등 4명은 납북 23일간은 밤에만 움직였고 낮에는 감금생활을 했으며 세뇌공작을 받았다고 말했다.

1967년 4월6일자 사회면 톱

全 將兵에 한글 배우게

美 2師團長, 우리말 연설

【캠프.하우스(西部戰線)=尹五柄 記者】미 제2보병사단장 「죠지. B. 피켓」 소장은 『한미 유대강화를 위한 주한미군장병의 한글 배우기 운동은 성공했다』 고 14일 밝혔다.

『피켓』 장군은 14일 상오 11시쯤 동 사단 제5회 한국어학교 졸업식전에서 한국어로 이같이 말하고 앞으로 계속 한국어 강습을 실시하여 예하 전 장병에게 한국 신문과 잡지를 읽게 하겠다고 말했다.

한국어 학교 창설한『피켓』소장에 감삿장

【汶山】 문홍주 문교부장관은 4일 미 제2보병사단 사단장 「죠지,B. 피켓」 소장에게 감사장과 상패를 전달했다.

「피켓」 장군은 자년 9월부터 동 사단에 한국어학교를 창설한 이래 2백 59명(장교=1백 2명, 사병=1백 57명) 에게 한국어와 한국 풍습을 가르쳐 주었다.

西紀 1967年 4月 29日(土曜日)자 사회면 톱

北傀 挑發行爲 빈번

休戰線 연 사흘간 侵犯

1名 射殺 둘 生捕 分隊兵力도 모두 擊退

선거를 바로 앞둔 요즈음 북괴병들이 번번히 휴전선을 넘어 도발행위를 일삼고 있다. 지난 27일부터 29일까지 연이어 3일간 북괴병은 서부전선 휴전선을 넘어와 아군과 교전 끝에 사살 또는 생포되었는데 미군당국은 미0사단 지역 전방에서 끊임없이 발생하는 북괴병의 휴전선 침범사건에 대해 강력한 비상대책을 세웠다고 29일 상오 한 관계자는 말했다.

【汶山】 29일 미군당국에 의하면 28일 상오 1시쯤 서부전선 임진강 북방 미 제0보병사단 0연대 전방초소에 괴뢰병 3명이 나타나 미군초소에 사격을 가해 왔으나 미군은 곧 이에 응사, 40분간 격전 끝에 괴뢰군 1명을 사살하고 2명을 생포했다고 한다.

생포된 2명은 중상을 입었으며 아군피해는 없다고 한다.

또 29일 상오 1시 서부전선 미0사단 전방에 인원 미상의 북괴병이 군사분계선을 침입, 미군초소에 사격을 가해왔다.

약 10여 분 동안의 교전 끝에 북괴병은 격퇴됐다. 아군의 피해는 없었고 북괴군의 피해는 확인되지 않았다.

지난 27일 밤8시 56분쯤 서부전선 미 2사단 전방 초소에 북괴군 1개분대가 군사분계선을 넘어 침입했다.

북괴병은 아군초소를 포위하고 사격을 가해 왔으나 아군의 반격으로 이날 밤 9시 35분 격퇴 되었다. 아군의 피해는 없었다.

「아이젠아워」 少將 취임
美 第2步兵師團長에

【西部戰線=尹五柄 記者】 5일 하오 1시쯤 西部戰線 미 제2보병사단 연병장에서 신임 사단장「후렌크. M. 아이젠아워」 소장의 취임식이 일선 지휘관 등 한미 장병다수가 참석한 가운데 거행됐다.

「죠지. B. 피켓」 소장의 후임으로 이날 취임한「아이젠아워」 소장은 38년도에 미국 육군사관학교를 졸업 하고 29년간 군복무 중 지난 55년도에 미8군 작전처에 근무한바있는 한국통(通)으로 알려졌으며 미국무성 조달청에서 전임해 왔다.

〈취임식 사진 있음〉

서기 1967년 6월 12일

2名 射殺 1名 生捕
武裝간첩, 交戰 끝에

【汶山】 12일 하오 2시 20분쯤 京畿道 坡州군 州内면 향양리 앞 봉서산 밑에 무장간첩 3명이 나타나 육군000방첩대와 파주경찰서 행동대원 등 한미 군경 합동수색대가 교전 끝에 그중 2명을 사살하고 1명을 생포했다.

서기 1967년 6월 12일

韓.美軍 10名 표창 南侵 北傀兵 4名 射殺

미 제0보병사단 사단장「죠지. B. 피켓」소장은 13일 하오 3시 남침 북괴병 4명을 사살한 동사단 38보병 1대대 A중대 소속「로버트. W. 호킨스」병장 등 미군 8명과 심민호 상병 등 2명의 카투사병에게 용맹성을 찬양하며「臨津스카우트」(방패)를 달아 주었다.
「호킨스」병장 등 수상자 10명은 지난 5일 하오 1시 43분 西部戰線 板門店 동방 2km 지점부근인 휴전선을 침범, 유엔군 측의 지상관측소에 30여 발의 총격을 가해온 북괴병 4명을 사살했다.
西部戰線 臨津江 북방 R 기지에서 많은 장병들이 모인 시상식에서「피켓」장군은 북괴병의 남침을 막은 유공 장병들을 높이 평가하며 방패를 일일이 달아 주었다.

4월 21일

將兵 綜合幕舍 마련 6軍團서 준공식 거행

【西部戰線에서尹五柄 記者】 육군 제0전투단(단장=金炳奎 대령) 장병 종합막사 준공식이 20일 하오 2시 육군0군단 부단장 김익권 소장, 미 제0보병사단장「조지. B. 피켓」소장 등 인근부대 지휘관급 장성들과 내빈 다수가 참석한 가운데 西部戰線 00기지에서 거행되었다.
0군단에서 65년 5월 25일 착공, 이날 준공된 종합막사는 8백 50명의 장병을 수용할 수 있는 내무반, 오락실, 변소, 목욕탕 등 각종 편의 시설을 갖춘 건평 6백 23평의 현대식 종합막사다.

서기 1967년 6월 30일(金曜日)자 톱

武裝間諜 渡處에 出現

10餘 名을 射殺. 生捕

前方, 江原 등에서 飮食物 탈취도

계속적으로 남파되고 있는 북괴 무장 간첩단은 28일, 29일 양일간 강원, 경기도내 여러 곳에 출현했다. 우리 군경 합동수색대는 무장간첩단과 교전을 벌여 10여명을 사살 또는 생포했으며 달아난 간첩들을 맹렬히 추격하고 있다.

【汶山】 28일 하오 7시 5분쯤 臨津江 하류인 파주군 교하면 청석리 뒷산에 무장간첩 3명이 출현, 육군 3030부대 수색대원은 2시간 40분 동안 교전 끝에 모두 사살했다. 이교전에서 최동운 병장(24)이 전사하고 수색주대장 이규사 대위(34)등 6명의 아군과 이옥군(21)등 2명의 민간인이 중경상을 입고 미 44야전병원에 후송 가료중이다. 이 전투에서 기관단총2정, 권총 1정, 탄창 3개, 실탄 1백 14발, 노끈 8개, 지도 2장 등을 노획했다.

【寧越】 29일 상오 6시 10분쯤 영월군 상동면 내덕1리 속칭고성골 서병욱씨(27,자경대원) 집에 은신하고 있던 북괴 무장간첩 4명이 군경에 의해 사살됐다. 이 간첩잡이 작전에서 간첩과 함께 있던 서 씨도 사살되었다. 경찰은 기관단총 1정, 권총 2정, 소제단도 1개, 수류탄 26개, 실탄 2천 발, 한화 1만 9천원을 노획했다.

【春川.江陵.束草】 28일 춘천, 강릉, 속초에서도 3건의 무장간첩 사건이 발생, 군경과 교전 끝에 춘천에서 1명을 사살했는데 이 간첩은 모당 당원증이 나왔다. 강릉에서는 명주군 옥계면 남양2리 박대식 씨(32)집에 무장간첩이 들어 부엌에서 밥을 훔쳐 먹고 잠을 자다 생포되기도 했다. 양양군 서면 명개리 방학골 김학수 씨 집에 무장괴한 6명이 나타나 김 씨의 닭 4마리와 옥수수 4되, 콩 1말 반, 계란 10개를 약탈, 도주했다.

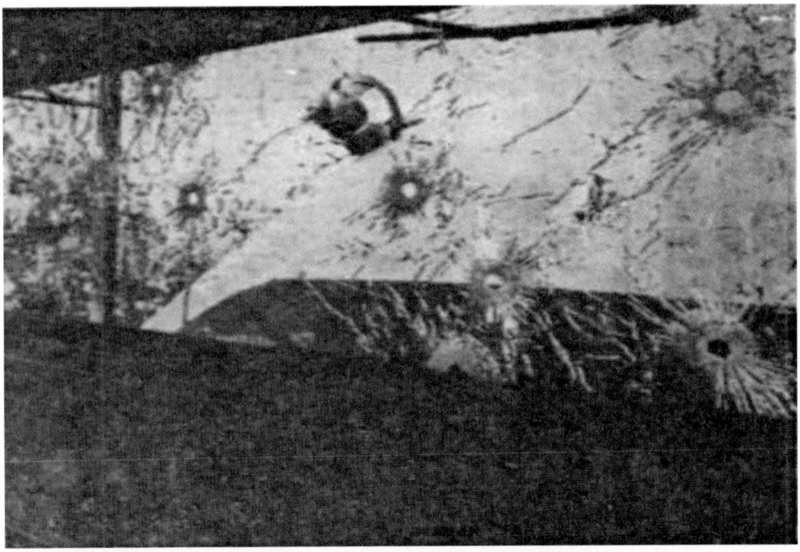
◇북괴병에 기습을 당한 미군 차. 앞 유리에 벌집처럼 구멍이 뚫려있다.

서부전선 DMZ 남쪽서
북괴병 기습받아 미군 4명 전사

【西部戰線=尹五柄 記者】미군당국은 지난 18일 상오 10시 반쯤 서부전선 비무장지대 남방한계선 경계초소 부근에서 미 제0사단 0연대 1대대소속 미군 4명이 북괴병의 기습을 받아 전사했다고 발표했다. 전사한 미군들은 초소 정비작업을 마치고 드리쿼터를 타고 귀대하다 매복 중인 북괴병의 수류탄과 소화기의 공격을 받았는데 북괴병들은 소총 등 미군장비를 갖고 도주했다고 한다. 유엔군 측은 20일 상오 군사정전위원회 2백 96차 본회의를 21일 상오 11시에 열자고 북괴측에 제의 했다.

전사자는 다음과 같다.

▲ 제임스 R 그리싱거 상사. ▲ 찰스 E 타일러 상병.

▲ 재크 L 모리스 상병. ▲ 윌리암 E 그라임스 일병.

金谷공비 사살詳報

붉은蠻行 꺾은 週末의 作戰

凱歌… 물샐틈 없는 수색

수류탄 몸으로막아 大隊長살리고 장렬한最後도

공비가 사용한 武器와 노획물. [[illegible]기자촬영]

在求정신받들어…강

부하와 상관살린

전사한 [illegible]소위

7월 28일 사회면 톱

붉은蠻行 꺾은 週末의 作戰

凱歌…물샐틈없는 수색

수류탄 몸으로 막아 大隊長 살리고 장렬한 最後도

【西部戰線00작전지역=李載仁, 尹五柄, 崔秉海 記者】京畿道 漣川군 全谷면 西部戰線에 침투한 무장공비들은 일요일인 27일 상오 아군 잠복조에 의해 모두 사살되어 비참한 모습을 드러냈다.

이들은 아군에 처음 발견 된 것이 27일 새벽. 한탄강 남쪽 00지점 연안에 잠복근무 중이던 000포 부대 소속 金용영 병장(23)은 모래사장 위에 2개의 검은 물체가 움직이는 것을 발견『누구냐』 하고 소리치자 공비들은 『훈련나온 군인이다.』고 태연히 응답하고 안개와 새벽 어둠 속으로 사라졌다.

〔첫 전과〕 이날 상오 7시 20분쯤 임진강과 한탄강이 합류하는 지점의 절벽을 수색하기 위해 李圭玉 중령이 한 병사의 발을 잡아주고 절벽 밑을 내려다보게 하는 순간 바로 밑에 웅크리고 있던 공비가 수류탄을 던지며 기습해 왔다.

이때 절벽 밑으로 돌이 구르며 숨은 곳이 드러나자 수색하던 장병들이 일제히 사격, 순식간에 공비를 사살했다.

〔두 번째 전과〕 첫 공비가 사살 된 곳으로부터 1백m 하류지점을 지키던 2397부대 2대대 부대대장 金一海소령은 강건너 풀속에 희끗 희끗한 죽은듯한 풀을 발견, 이상하다고 느끼고 강건너의 나룻배를 불렀다.

대대 본부중대 인사계 金善吾 상사와 사병 2명, 예비군 2명과 함께 강을 건너 온 것이 27일 상오 9시 56분쯤. 바로 2~3m앞까지 배를 저어 다가가자 수류탄을 손에 든채 풀로 위장하고 웅크리고 있는 공비의 모습이 뚜렷했다. 공비가 움직이려는 순간 金 상사가 재빨리 먼저 수류탄을 까던져 공비는 수류탄을 손에 든 채 죽었다.

〔세 번째 전과〕金 소령 등이 강을 건너와 두 번째 개가를 올렸을 때 막 이곳서 수색을 해오던 5221부대 1대대 대대장 趙鏞記 중령(36)이 도착, 한발 늦은 것을 분개하며 강연안을 다시 뒤지기 시작했다.

27일 하오 2시 45분쯤 趙 중령이 앞장서 강기슭 물속까지 샅샅이 뒤지며 강가로 다가갈 때였다. 물속에 코만 내밀고 숨어있던 공비가 더 이상 숨을 수 없다고 단념한 것인지 물가로 뛰어올라 언덕 밑에 붙으며 수류탄 두 발을 던지고 사격을 해왔다.

공비와 趙 중령 간의 거리는 불과 10m 안밖. 공비는 지휘관 표지를 단 趙 중령을 목표로 하고 쏘아댔다. 이때 대대장의 뒤를 따르던 金鎭我 소위(23. 육사 25기 출신)가 날쌔게 뛰어들어 수류탄을 가슴으로 안고 장렬한 최후를 마쳤고 趙 중령은 6m 밖에서 폭발한 수류탄에 상처 하나 입지 않았다. 趙 중령은 즉시 부하들에게『뒤로 물러섯』하고 명령하고 5m가량을 후퇴시킨 후 주위를 포위,『수류탄 1발씩 안전핀을 뽑아 들라』고 지시하고 자신이 앞장서서 수류탄을 던졌다. 일제히 수류탄이 폭발하고 공비가 사살된 것이다. 공비를 쓰러뜨린 후 趙 중령은 피투성이가 된 채 쓰러진 金 소위의 몸을 끌어안고 몸부림쳤다. 趙 중령은 육사 12기생(정규사관 2기), 맹호부대 소속으로 1차로 파월되어 번개5호 작전에서 화랑훈장을 탄 역전의 용사. 그는 올해 육사를 나온 金 소위를 친동생처럼 아껴왔고 金 소위도 趙 중령을 친형처럼 따랐다고.

故 金鎭雅 소위에 1계급 特進 상신

육군은 28일 하오 경기도 연천군 전곡에서 무장공비 소탕전을 벌이다 상사와 동료들을 구하고 전사한 金鎭雅 소위(23. 사진)에게 1계급 특진과 화랑 무공훈장을 수여해 줄 것을 정부에 상신했다. 장례식은 30일 부대장으로 치르기로 했다.

在求정신 받들어…
값진 散華 부하와 상관 살린 金鎭我 소위

무장공비의 발악으로 날아든 수류탄을 몸으로 막은 고귀한 군인정신이 있다. 姜在求 정신을 이어받은 金鎭我 소위의 산화는 또 한 번 60만 한국군의 귀감이 된 것.

『엎드려!』라는 상사의 명령에도 그는 상황을 재빨리 판단, 적이 던진 수류탄의 방향을 놓치지 않았다. 상사와 부하들이 엎드린 지점 가까이 떨어진 수류탄을 일순간 김 소위는 몸을 날려 덮쳤다. 『쾅』 괴음과 함께 부하들이 고개를 들었을 때 金 소위는 이미 생명을 던져 상사와 부하를 건지고 산화한 뒤였다. 金鎭我 소위(23)의 고향은 全北 무주군 무주읍 읍내리 1128. 지난 65년 전주고등학교를 나온 金 소위는 지난 4월 육사 25기로 임관 00소대장으로 부임했다. 총각인 김 소위는 독실한 천주교 신자, 항상 진지하고 위협심이 강했던 金 소위는 육사 수영선수와 유도유단자로 동료들의 신임을 받아 왔었다. 휴게시간에는 항상 책을 손에서 떼지 않은 金 소위는 육사 재학시 두각을 나타내 군인으로서 장래가 촉망되었 청년 장교였다고 그를 아끼던 육사 선배들은 말하고 있다.

◇공비가 사용한 노획품

間諜 사살에 功 커

將兵들에 花郞훈장 등 授與

【西部戰線=尹五柄 記者】 지난달 31일 하오 3시쯤 육군 제3030부대 연병장에서 미 제0 군단장「크라이츠」 중장, 육군 제0군단장 김희덕 중장 등 한 · 미고위장성과 인근 주민이 다수 참석한 가운데 무장간첩 사살 유공장병 훈장 및 표창장 수여식이 있었다. 이날 훈장과 표창장을 받은 장병은 다음과 같다.

◇ 화랑무공훈장= 이규아 대위. 박안응 소위. 최동응 하사(전사)

◇ 인헌무공훈장= 안영민 상병 등 4명

◇ 참모총장감사장= 허응 씨 등 2명(민간인)

◇ 참모총장 표창= 정순환 중령 등 5명.

◇ 군사령관 표창= 박정일 하사 등 8명.

◇ 군단장 표창= 이중석 하사 등 19명 (계 41명)

北傀 集團農場 황소 臨津江에 4頭 표류

【坡州】 범람하는 臨津江에 황소 4마리가 떠내려 왔다.

지난 28일 낮 12시쯤 파주군 적성면 두지리 鄭斗亨 씨(31) 등 4명은 臨津江 상류에서 표류 중인 황소 4마리 중 1마리를 건져 잡아 1백 50근 되는 고기를 이웃 15가구가 나누어 먹고 나머지 30근을 덕천리 샘내시장에서팔다가 육군 0방첩대에 적발, 조사를 받고 있다.

이 황소는 북괴 집단농장에서 폭우로 떠내려온 것으로 보이는데 한 마리는 총상을 입고 있었고 나머지 3마리는 계속 떠내려간 것으로 보인다.

美軍 20명 사상 非武裝地帶서 北傀兵 기습 받아

【板門店=徐一成 記者】 10일 정오경 비무장지대(DMZ)에서 트럭을 타고 이동 중이던 미군이 북괴병의 수류탄과 자동화기에 의한 기습을 받아 3명이 전사, 17명이 부상했다. 기습을 받은 미군은 증원군의 지원을 받아 즉각 응사, 적어도 2명의 북괴병이 사살된 것으로 보고 있다.

총격전은 비무장지대 서쪽인 임진강 북쪽 굴량리 미 제0보병사단 제0여단 관할지역에서 발생했는데 피습된 미군은 미 0사단 소속 사병들이었다.

북괴병들은 은폐된 진지에서 자동화기를 발사했으며 이번 사건에서 2명의 카투사가 부상했다.

11일 상오 미 0사단 2개 여단병력이 출동, 현장을 검색하고 미군측 응사로 사살된 것으로 보이는 북괴병 2명의 시체를 찾고 있다.

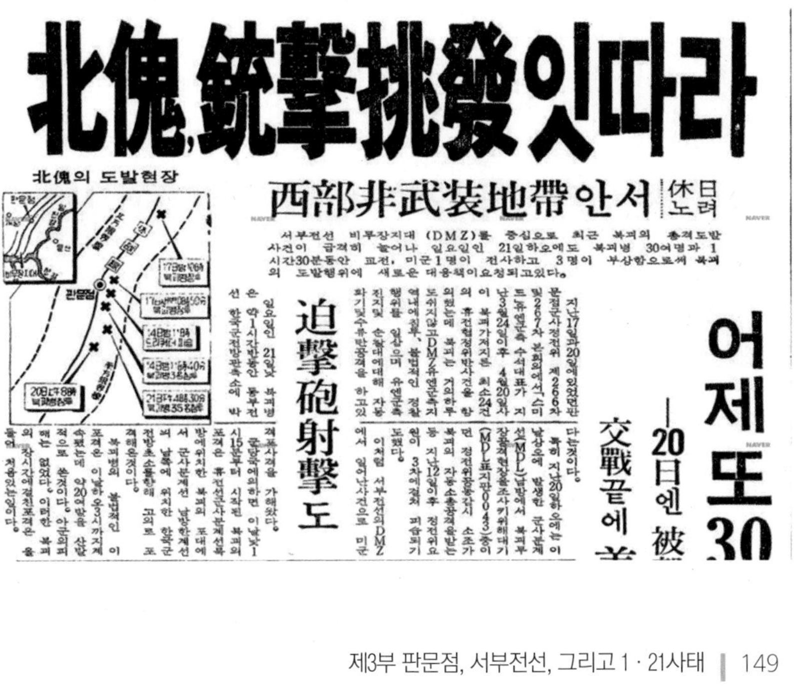

北傀, 銃擊挑發잇따라

西部非武裝地帶안서 休日노려

서부전선 비무장지대(DMZ)를 중심으로 최근 북괴의 총격도발 사건이 급격히 늘어나 일요일인 21일하오에도 북괴병 30여명과 1시간30분동안 교전, 미군1명이 전사하고 3명이 부상함으로써 북괴의 도발행위에 새로운 대응책이요청되고있다.

어제 또 30…

—20日엔 被…

交戰끝에 美…

지난17일과20일에있었던판문점군사정전위 제266차및267차 본회의에서 스미드유엔군측 수석대표가 지난3월24일이후 4월20일사이 북괴가저지른 최소24건의 휴전협정위반사건을 항의했는데 북괴는 거의하루도쉬지않고DMZ유엔군측지역내에침투, 불법적인 정찰행위를 일삼으며 유엔군측진지및 순찰대에대해 자동화기및수류탄공격을 하고있다는것이다.

특히 지난20일하오에는 이날상오에 발생한 군사분계선(MDL)남방에서 북괴부장공작현장을조사키위해대기(MDL표지판0043)중이던 정전위공동감시 소조가 북괴의 자동소총공격을받는등 지난12일이후 정전위요원이 3차에걸쳐 피습되기도했다.

이처럼 서부전선의DMZ에서 일어난사건으로 미군…

迫擊砲射擊도

일요일인 21일낮 북괴병은 약1시간반동안 동부전선 한국군전방관측소에 박격포사격을 가해왔다.

군당국에의하면 이날낮1시15분부터 시작된 북괴의 포격은 휴전선군사분계선북방에위치한 북괴의 포대에서 군사분계선 남방한계선써 남쪽에 위치한 한국군 전방초소를향해 고의로 포격해온것이다.

북괴병의 불법적인 이 포격은 이날하오3시까지계속됐는데 약20여발을 산발적으로 쏜것이다. 아군의피해는 없었다. 이러한 북괴의 장시간에걸친포격은 올들어 처음있는일이다.

北傀의 도발현장

1967년 8월 29일

北傀 또 蠻行

板門店 南쪽까지 侵犯

美軍 등 3名 戰死 民間人포함 26명 부상

저녁食事위해 줄지어 선 데 奇襲

【西部戰線=鄭幸洙, 姜漢弼, 尹五柄 記者】28일 하오 4시 45분쯤 비무장지대 근처 미군부대를 북괴병이 자동소총으로 공격, 미군 1명과 카투사 2명이 전사하고 9명의 카투사와 14명의 미군 및 민간인 3명(남자1, 여자2명) 등 26명이 중경상을 입었다.

3인 1조로 된 3개조의 북괴병은 남방한계선 너머 2백m지점까지 침범,미군 판문점 지원사령부 모 공병부대에 다가와 저녁을 먹으려 시강에 줄지어 선 미군 사병들에게 세 방향에서 총탄을 퍼부은 것으로 알려졌다.

미 제0사단 병력은 즉각 북괴군에 응사, 격퇴했으나 북괴 측의 피해는 29일 상오 현재 밝혀지지 않고 있다. 이 사고는 휴전 이후 서부전선에서 일어난 사건 중 가장 큰 것이라고 미군당국자가 말했다. 부상한 병사 및 민간인들은 미제 44외과병원과 121후송병원에서 치료중이다. 미군당국은 29일 하오 1시 한미합동으로 현지조사에 착수했다.

北傀또蠻行

板門店 南쪽까지 侵犯

【西部前線=鄭幸洙·姜漢弼·尹五柄記者】28일하오 4시 45분쯤 비무장지대근처미군부대를 북괴병이자동소총으로 공격, 미군1명과 카투사 2명이전사하고 9명의카투사와 14명의미군및 민간인 3명(남자1, 여자2)등26명이 중경상을입었다. 3인1조로된3개조의북괴병은남방한계선너머2백m까지지침범, 미군판문점지원사령부모공병부대에다가와저녁을먹으려 식당에 줄지어선 미군

美軍

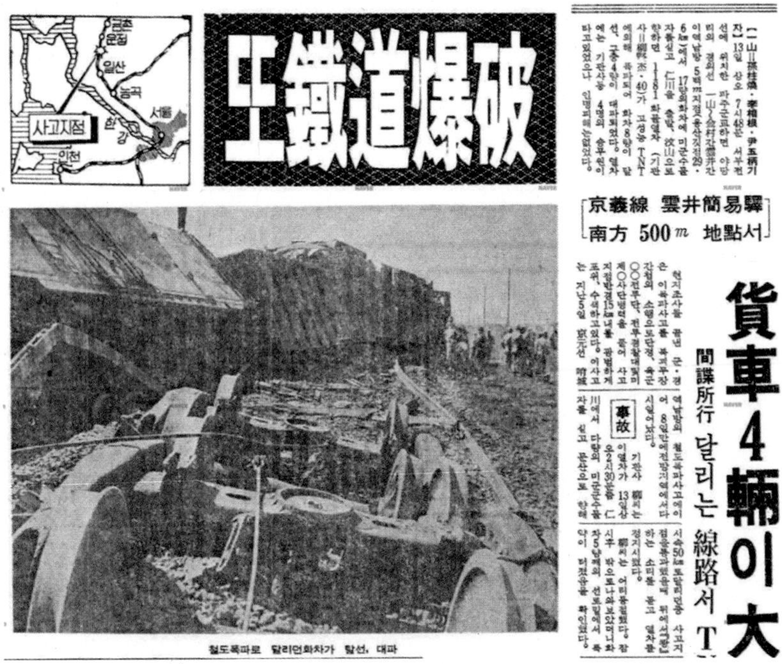

◇미군 군수품을 운반하던 경의선 화물열차가 간첩의 폭파로 화차 4량이 대파됐다.
[李相根기자 찍음]

1967년9월13일(수요일)

京義線 雲井驛 南方서
또 鐵道爆破
貨車 4輛이 大破
間諜所行 달리는 線路서 TNT 터져

【一山=孫柱煥, 李相根, 尹五柄 記者】13일 상오 7시 48분쯤 西部戰線에 위치한 坡州군 交河면 야당리의 경의선 一山~金村 간 雲井역 남방 5백m지점(용산기점29.6km)에서

17량의 화차에 미 군수물자를 싣고 仁川을 출발, 汶山으로 향하던 1181 화물열차(기관사=柳賢杰. 40) 가 고성능 TNT에 의해 폭파되어 화차 8량이 탈선, 그중 4량이 대파되었다. 인명피해는 없었다. 현지 조사를 끝낸 군 · 경은 폭파사고를 북괴무장간첩의 소행으로 단정, 육군00전투단, 전투경찰대 및 미제0사단 병력을 풀어 사고지점 반경 15km 내를 광범하게 포위, 수색하고 있다. 이 사고는 지난 5일 경원선 哨城역 남방의 철도폭파 사고에 이어 8일만에 전방지역에서 다시 일어났다. 〈事故〉

기관사 柳 씨는 이 열차가 13일 상오 2시 30분쯤 仁川에서 다량의 미군 군수물자를 싣고 汶山으로 향해 달리던 중 사고지점을 통과하던 중 뒤에서「쿵」하는 소리를 듣고 열차를 정지시켰다. 柳 씨는 어리둥절했다. 자미후 밖으로 나와 보았더니 화차 5량째의 선로 밑에서 폭약이 터져 있었음을 확인했다.선로의 약 70m가량이 뒤틀려 파괴되었다. 화차 5량 아래의 선로엔 깊이 3m, 폭 3m가량의 깊은 웅덩이들이 생겼다. 이 폭파로 기관차는 2량만의 화차를 몰고 약50m쯤 전진하다 멈추었다. 그 뒤 3량째부터 탈선되었다. 〈搜査〉

현지에 나온 수사진은 양쪽 레일에 TNT를 장치하여 기관차가 지날 때 간첩들이 폭파시킨 것으로 추정했다. 이는 지난주 서부 00전투단이 사살한 간첩 잔류자들이 한 짓으로 보고 수사중--. 이날 정오 현재 뇌관 등 증거물은 발견되지않았다.〈現場〉

사고지점은 汶山에서 25km 떨어진 곳인데 민가기 일산과는 불과 5km 거리. 이 사고로 경의선은 불통되어 이날 정오 현재 문산역 등에는 5백여 명의 승객들이 차를 기다리느라 웅성대고 있다. 이날 사고 발생 30분 전 문산발 서울행 통근열차가 사고 현장을 통과했었다. 현장에는 철도청장등 관계관들이 사고대책을 마련하고 있다.
〈관련사진 있음〉

金육군참모총장(中央)이 철도폭파현장을 조사하고있다

◇현장조사하고 있는 한미 수사관들

連달은 北傀 만행

間諜의 暗躍을 분쇄하자

鐵道가 연거푸 暴行을 當했다. 13일 아침엔 서울 郊外 水色에서 美軍 보급물자를 실고 汶山 쪽으로 달리던 1181호 화물열차가 피습. 人命피해는 없었으나 화차 4량이 大破, 4량은 탈선되고 말았다. 누구의 所行일까? 군경합동수사대가 범인을 쫓고 있는 중이기에 아직 정체는 노출되지 않았으나 경원선 폭파사건 때처럼 무장간첩들의 만행 같다는 현지판단에 따른다면 사태는 심상치 않을 것 같다. 北傀의 대남적화공작의 수법이 가열해진다는 사실을 피부로 느끼기 때문이다.

반공을 국시의 제1의로 하는 이 땅인데도 간첩들의 불장난이 거듭된다면 어딘가 잘못된 곳이 있지 않을까? 대간첩작전의 폭과 깊이에 전국민이 뛰어들 때가 온 것만 같다.

間諜 所行임을 밝혀

배터리, 라디오, 고무보트 등 발견

雲井鐵道爆破 사건

40세가량의 남자가 가방을 들고 철로를 가는 것을 보았다고 증언했다.
한미 합동수색대는 또한 지난 9일 하오 4시 臨津江 하류에서 사살된 3명의 간첩에게서 열차의 발착시간표와 TNT 뇌관이 발견된 점 등을 미루어 이번의 사고를 북괴의 계획적인 소행으로 단정하고 있다. 한편 이날 事故現場에는 金 중앙정보부장과 金 육군참모총장이 직접 나와 현장을 확인했다. 사고현장은 이날 하오 5시 완전복구, 하오 7시 15분에 운행되는 서울~문산간 191 열차가 정상적으로 통과됐다. 군경수색대는 이들 무장간첩이 이미 서부산악 지대를 통해 달아났을것으로 보고 있다.

TNT 對戰車地雷 위력 30파운드 이상

【汶山】13일 미군보급열차 폭파사고현장을 조사한 군 고위 관계자는 이번 폭파사건에 사용된 폭발물은 현장에서 아무런 증거물이 발견되지 않은점등을 보아 대전차지뢰나 TNT 전기장치로 보고 위력은 30파운드 이상이라고 말했다.
또 이러한 폭발물은 매설 작업시간이 불과 10~20분이면 충분하다고 밝혔다.
한편 사고 현장은 13일 하오 7시 15분 사고 화차를 옆으로 밀어 치우고 그 옆으로 가선을 가설하여 복구, 서울발 汶山행 195통근열차부터 경의선은 정상운행하고 있다.

코일.비누 등 發見 雲井폭파 現場 부근서

【汶山】경의선 운정역 폭파사건을 수사중인 파주경찰서 수색대는 14일 하오 3시쯤 사고현장에서 약 4백m 떨어진 행동산 중턱 개인호에서 코일선 2m, 비누 1개, 붕대 1개, 일제 모기약 1병 등을 발견했다.

KAL승객 送還 늦어질 듯

"빨라야 來週初라야" 당국 관측

"時日, 場所 빨리 밝혀라." 외무부 성명

헬기, 구급차 대기 애타는 가족들

【汶山=吳翊煥.尹五柄 記者】 올듯 올듯 싶은 자유의 다리에의 귀환은 5일 상오까지도 이뤄지지 않은 채 초조한 가운데 보도진만 부산하다. 5일 낮 12시 현재 이곳 미 후방지원사령부 전방기지에 대형버스 1대, 헬기 2대. 구급차 2대가. 미 2사단 비행장에는 헬기 2대가 각각 대기하고 있으며 판문점 일대의 전방 장병에게는 비상경비령이 내려져 있다. 적십자 국제위원회 등을 통해 KAL기 탑승객 구정전 귀환을 기대를 하고 현지의 보도진과 기대를 걸었던 가족들 모두가 허탈속에 빠진 채 납북승객을 인질로 하고 있는 북괴의 소행은 다시금 분노를 치솟게 했다. 영하 10도의 추위 속에 5일 상오에도 汶山 북방 자유의다리에 몰려온 50여 명의 보도진은 북괴의 인질외교 속셈에 저마다의 추측을하면서 취재에 바쁘기만 했고 행여나 하며 몰려왔던 주민들과 납북자 琴相助 씨(23)의 부모 琴學萬 씨(55) 등 일부가족들은 발을 동동 구르기도했다. =이하 생략=

KAL승객 送還늦어질듯

北傀 새움직임없어 "빨라도來週初라야"

외무부서 聲明

"時日·場所 빨리 밝

◇영하 10도 추위 속에 부산한 자유의 다리의 보도진과 대기 중인 각종 차량.【자유의다리에서 吳德善 記者찍음】

拉北 KAL機 승객 39명 귀환

그때 옷 그대로 서울행 버스서 기쁨의 포옹

66일 만에, 4시에 일방적으로 통고, 인수절차40분

납북됐던 KAL 소속 YS11기의 승객 39명(남33, 여6명)이 66일 만인 14일 하오 4시 44분 板門店을 통해 돌아왔다.

지난해 12월 11일 낮12시 24분 강릉비행장을 떠나 서울로 오던 중에 북괴에 의해 납북됐던 이 비행기에는 승객 47명과 승무원 4명 등 모두 51명이 탑승했었는데 북괴는 끝내 기체와 나머지 12명은 돌려보내지 않아 만행을 되풀이한 것이다.

이날 하오 4시쯤 북괴측은 "송환 희망자를 하오 5시까지 돌려보내겠다"는 일방적인 통고를 방송을 통해 알려옴으로써 주말의 하오를 기습적으로 긴장시켰다.

이날 하오 4시 20분 유엔군측 「버두」중령이 판문점의 정전위회의장에 들어가 북괴측과 인수인계를 위한 회담을 한 후 약 20분 뒤인 하오 44분쯤 납북된 51명 중 39명만이 돌아오지 않는 다리를 걸어와 인수됐다. 〈66일간의 일지 등 생략〉

感激에 젖은 밤하늘

家族歡呼 속에 자유의 다리 건너

【자유의 다리=黃炳烈, 洪性萬, 尹五柄 記者】 흥분과 긴장이 감돌았던 자유의 다리에 송환자들의 모습이 나타나자 만세소리가 터져 나왔다. 암흑의 땅을 헤치고 자유의 다리를 건넌 14일 하오 6시 7분께 북녘하늘을 지켜보던 모든자유인은 납북자를 실은 버스2대가 어둠을 헤치고 시야에 들어오자 「와」 하고 일제히 소리친 함성이 밤 공기를 흔들었고 목메어 기다리던 가족들은 그 자리에 주저앉아 기쁨과 안도의 눈물을 흘렸다. 국내외 보도진도 부산한 움직임. "승객이 송환됐다"는 소식을 라디오로 듣고 달려온 이웃 주민들은 송환자를 반기면서 북괴의 만행을 규탄했다. 〈귀환자 명단과 돌아오지 않은사람 사진과 명단, 분위기 등 생략합니다.〉

이젠 살았다 터지는 歎聲 속에 憤怒 다시 한 번 웬일이냐

66일간 눌렸던 疲勞 왈칵쏟아
抑留 12명 가족들은 통곡"모두 돌려보내라"

【板門店=李炯來, 黃炳烈, 洪性萬, 尹五柄 記者】 어둠이 덮인 하늘이었지만 자유의 하늘아래 가족이 기다리는 땅은 해를 보듯 밝고 환하기만 한 송환자들이었다.

평소의 만행처럼 주말(14일)의 하오를 기습한 일방적 송환통고로 온 국민이 긴장하고 놀란 가운데 66일만에 악몽을 털어버리고 자유의땅을 밟은 이들의 표정은 터질듯한 감격이었다. 그러나 돌아온 39명 중에 가족이 들어있는 것을 확인한 가족들은 기뻐날뛰었지만 명단에 끼어있지 않은 12명의 돌아오지 않은 사람들의 가족들은 땅을 치며 통곡, 또 한 번 놈들의 만행을 저주하며 까무러치기도 했다.

목메어 緊張한 발걸음… 南으로 南으로

ㅇ…「이젠 살았구나」「돌아왔구나」의 마디마디처럼, 탄식처럼 뱉을 수밖에 없었던 자유를 다시 누린 39명의 사람들은 판문점 유엔군 측 지경에 이르러서 66일간의 피로와 긴장이 풀리는 듯 주저앉기도 했다.
북괴병에 의해 유엔군 측에 인도돼온 사람들은 한결같이 악몽서린 북녘은 다시보기도 싫다는 듯 뒤돌아보는 사람 없이 곧바로 . 남쪽으로 향한 발걸음에 힘을 주었다.
3남매를 둔 채 끌려갔던 권오돈 씨 부부는 "내 자식들은 잘 있겠지"하고 목이메었다.
〈관련 이미지와 스케치는 생략합니다.〉

목메어 애국가 합창, 판문점에서 서울까지

【板門店=李載仁, 黃炳烈, 尹五柄 記者】 14일 하오 4시반쯤 북괴는 공동일직장교「알렉산더 A. 데레스」중령에게 간단한 송환메세지를 전화로 알려왔다.
송환자들이 타고 있는 북괴 버스 2대가 돌아오지 않는 다리를 통과하는 것이 보였다.
그러나 이 버스는 대기 중인 초소로 직행하지 않고 왼쪽으로 꺾어 판문점 회의장을 한 바퀴 돈 후 대기중인 북괴초소에 도착한 것이 하오 4시 50분.
송환자들은 버스에서 내려 처음 7명, 다음 5명, 뒤따라 9명 등으로 나뉘어 초소 앞길서 5~6m의 나무다리를 말없이 걸어서 건너 넘어와 유엔군측 버스에 옮겨탓다.
송환자들을 태운 버스가 초소를 떠나 남쪽으로 향하자 납덩이처럼 질려있던 송환자들은 "여기가 어딥니까"하며 아직도 안심하지 못하는 눈치. 통역관 김 씨가 "대한민국입니다"라고 알려주자 "그러면 우리 애국가를 부르겠습니다" 누군가 목멘 소리로 외치자 금시 목멘 소리로 애국가를 합창했다.
하오 6시 20분 어둠이 깔리기 시작한 판문점 어드벤스 캠프를 뒤로 서울을 향해 떠난 것이다. 아빠가 돌아오셨다!

◇서부전선 비무장지대(DMZ) 안에 있는 자유의 마을 대성동 국민학교 어린이들과 함께한 동아일보 김형덕, MBC 하복동 대한일보 허문화, 경향신문 윤오병 기자

◇자유의 마을 자유의 집에서 조선일보 김상만, 경향신문 윤오병, 대한일보 허문화 등 출입 기자들

◇자유의 집 앞에 선 미2사단 공보관과 경향신문 윤 기자

◇파주경찰서장 유봉식 총경과 김 모 대위 그리고 윤 기자

◇자유의 마을 대성동 전경(1966년)

自由의 마을 臺城국교 준공

【汶山】西部戰線 非武裝地帶에 있는 臺城국민학교가 지난 5월 8일 공립으로 승격, 개교한 이래 6개월 만에 아담한 현대식 교사를 마련하게 되어 어린이들을 기쁘게 하고 있다.

대성동 초등학교는 金玉均 씨(35)와 李仁宿 씨(30)의 부부교사가 金東鉉 군(12.6학년) 등 35명의 어린이들을 복식으로 가르쳐 왔는데 2백 58만원과 AFAK 자재(시멘트 8백 부대, 철근 4백m)를 들여 3개 교실과 화장실 우물 등 부속시설을 15일 준공한다.

西紀1967年 12月 30日(土曜日)

自由의 마을 臺城국민학교

公立하교로 昇格 추진

現代식校舍로 新築 새해에 350만 원 들여

서부전선 남방 한계선 부근에 있는 자유의 마을 臺城동국민학교가 개교 8년 만에 공립으로 승격 추진 중이다. 30일 파주교육청에 의하면 행정적으로 坡州군 臨津면 造山리에 속해 있으나 행정력이 미치지 못하고 있는 자유의 마을 대성동 국민학교는 8년전 당시 감시위원단 연락장교 崔 모 소령의 추진으로 되었다.

그 후 최을성 교사(33. 상명고 졸)와 이화자 교사(26. 안성고 졸)등 두 교사가 34명(남20,여14)의 아동울 복식 교육하고 있으며 교사 (2개교실)도 노후된채 당국의 버림을 받고 있는 실정이다.

이에 따라 파주군 교육당국은 68학년도에 3배 50만원의 예산을 들여 3개 교실과 우물 화장실 등 현대식 교사를 신축 공립학교로 승격시키도록 특수보조금을 신청키로 했다. 현재 대성동국민학교에는 34명의 아동이 있으며 그중 김동수 군(12, 배재중 진학) 등 7명(남=6, 여=1)이 졸업하고 4명(남=1,여=3)이 취학할 예정이다.

【自由의마을 臺城동=尹五柄 記者】

1978년 4月 28日 (日曜日)사회면 톱

北傀兵 또 기습

20여 명 非武裝地帶에

美軍 등 4명 死傷 西紀

27일 하오1시40분 서부전선 비무장지대 미 0사단 전방 563전방 GP 앞 남방 한계선 부근에 북괴병 20여 명이 출현, 미 제0보병사단 0여단 소속 순찰병에게 자동화기로 총격을 가해왔으나 아군의 응사를 받고 격퇴됐다.

약 5분간에 걸친 이 교전에서 카투사 임홍진 상병(24)이 전사하고 미군 3명이 부상했다. 지난 주말에도 북괴병들은 비무장지대에 침입, 총격 도발사건이 있었다.

【汶山】1일 새벽 2시 서부전선 미 0사단 서방 비무장지대 남쪽 한계선 부근에 수미상의 북괴병이 침투, 순찰 중인 유엔군에게 약3분간 자동화기와 수류탄으로 공격해 왔다. 미군 측은 즉각 이에 응전, 격퇴시켰다. 미군당국은 이날 상오 9시 현재 아군 피해와 북괴병 피해 상황을 밝히지 않고 있다.

臺城국민학교 휴교 잇단 北傀兵 挑發

자유의 마을 대성초등학교가 공립으로 바뀌어 그 개교식이 1일 열릴 예정이었으나 잇단 북괴병의 도발행위로 이 학교수업이 중단된 채로 있어 개교식도 무기한 연기됐다.

武裝괴한 2명 休戰線서 격퇴

【汶山】 4일밤 10시 25분쯤 서부전선 미 제0사단 전방 비무장지대 남방한계선 부근에 무장괴한 2명이 출현한 것을 순찰하던 미군이 발견 교전 끝에 격퇴했다.

西紀1968年 1月22日(月曜日)

서울에 武裝怪漢

蔡 治安局長 발표 7명 射殺 1명 生捕

어젯밤 紫아문에 31명 침투

警察과 交戰後에 逃走

崔 鐘路署長 殉職, 民間人 5명도

일요일인 21일 밤 10시쯤 서울 시내에 31명의 무장괴한이 침입, 긴급 출동한 軍과 警察이 작전을 펴 무장간첩 7명을 사살 1명을 생포하고 무기 다수를 노획했다. 이날의 交戰에서 서울 종로경찰서장 崔圭植 총경이 현장에서 순직하고 경찰관 2명이 부상했다.

또 무장간첩들은 수류탄과 기관총을 난사, 민간인 5명을 숨지게 하고 1명을 부상케 하는 등 만행을 저질렀다. 이날 밤 10시쯤 기관단총, 수류탄, 권총 등으로 무장한 괴한들은 15명씩 길 양편으로 늘어서 서울 洗劍亭에서 淸雲동쪽으로 침입하려다 비상근무 중이던 경찰관 임시검문소에서 검문을 받게되자 기관단총을 난사하며 수류탄을 던지는 등 기습을 감행, 교전이 벌어졌다. 무장간첩들은 즉각 분산, 고양 파주쪽으로 달아났다. 軍 警은 22일 정오 현재 작전을 계속 하고 있다.

◇ 殉職한 警察官

▲崔圭植 총경(37. 종로서장)

◇ 負傷한 警察官

▲鄭宗洙 순경(기동대원)

▲朴훈태 순경(종로서 수사과)

◇ 희생 民間人

▲尹정순(女. 22. 성산동)

▲李용선(男. 31. 체신부 근무. 홍제동 175의5)

▲ 金형기(男. 17. 고등학생)

▲ 洪우경(男. 29)

▲ 鄭사영(男. 45. 경복중 수위) .

◇重傷 民間人

▲ 張대기(男. 50. 청운동)

怪漢 人相着衣

모두 25세가량 青年
灰色 코트에 까만 籠球靴

이날 치안국이 발표한 무장괴한들의 인상착의는 다음과 같다.

(1) 31명의 괴한 전원이 25~26세가량의 청년 (2) 짙은 회색 신사복 코트를 입은 괴한은 코트 속에 계급장 없는 괴뢰군복을 그대로 입고 있었고 (3) 흰 고무줄을 두른 흑색 농구화(제조처 비상)를 신고 있다. (4) 코트속에 권총. 기관총, 수류탄 및 실탄으로 무장하고 있다.

要人暗殺 목적

관계 당국에 의하면 이들 무장 괴한들은 21일 밤 내로 정부 요인의 암살과 공공시설 폭파, 파괴의 임무를 띠고 있었다고 한다.이들은 대전차 지뢰도 갖고 있었다.

發見 즉시 申告를 警察 요망 入山 말도록

경찰은 고양군 및 파주군내에 살고있는 주민들에게 『무장괴한들이 양민을 살해할 가능 성이 있으니 각별히 조심하라』고 경고하는 한편 입산하지 말 것과 무장기한을 발견하는 즉시 가까운 군이나 경찰에 신고해 줄것을 22일 요망했다. 특히 이들은 특수부대원을 사칭하고 있다고 주의를 환기시켰다.

間諜색출에 萬全 洪公報 담화 國民은 動搖 말고 協助를

洪鍾哲 공보부장관은 22일 상오『정부는 북괴가 남파한 무장간첩의 악랄한 도발행위에 대해 국민의 생명과 재산을 보호하기 위해 물 샐틈 없는 경비태세로 그들의 파괴행위의 사전방위와 대간첩 섬멸작전에 만전을 기하고 있으니 국민여러분은 정부의 철저한 안전조치를 신뢰해서 동요말고 간첩에대한 보다높은 경각심을 가지고 정부의 대간첩작전에 협조해 주기를 바란다』는 담화문을 발표 했다.

鐘路署長 직무대리　金德中총경을 임명

치안국은 22일 무장괴한들과의 교전에서 순직한 崔圭植 종로서장 자리에 치안국 감찰계장 金德中총 경을 직무대리로 임명했다. 坡州 · 高陽 7時 通禁치안국은 22일 상오 무장괴한들이 북상 도피중인 경기도 파주 · 고양 일대의 야간 통금시간을 하오 7시부터 상오 6시까지 연장하고 민간인의 산악지대 출입을 금한다고 밝혔다.

◇생포된 김신조

高陽郡 노고산 包圍網 좁혀

【高陽 = 李載仁.尹五柄 記者】 무장괴한 수색작전을 벌이고 있는 군경합동 수색대는 서울~문산 간 국도를 기점으로 완전포위 수색전을 전개하고 있다. 22일 상오 9시 30분 현재 육군 0사단, 0사단, 0사단, 미 제0보병사단 등 한미 합동수색 도피중인 25추격중이다. 한편 서울~汶山 간 국도는 모든 차량의 통행을 통제, 검문 검색을 실시 중이다.

19日 낮 法院里에 나무꾼 4명 붙들어 지형 등 물어

19일 낮 1시 반쯤 경기도 파주군 泉峴면 法院4리 三峰산에서 나무꾼 3명이 무장 괴한들에게 붙들렸다. 마을에서 3백m 떨어진 곳이었다. 3명이 본 간첩들은 30여 명.
그들은 국군대위, 중위, 소위의 계급장을 달았거나 민간평복도 입고 있었다.
이날 하오 4시쯤 아우 찾으러 산으로 올라온 禹 모 군도 괴한들에게 붙들렸다.

◇ 김신조 등 무장공비 31명이 나무꾼 4명을 인질로 삼고 숙영하던 파주시 천현면 법원리 초리골 삼봉산 정상은 1 · 21사태 때 사건현황과 관련 사진 등 홍보판을 설치, 안보교육장 및 쉼터로 개발하여 새로운 등산명소가 되어 등산객들이 자주 올라간다.
그리고 파주시는 초리골 식당 앞 계곡에 나무다리를 놓고 가파른 등산로엔 통나무를 이용한 계단을 만들어 등산객들의 안전 등산에 기여하고 있다.

공부하던 젊은 署長

殉職한 崔圭植警務官
출퇴근시간에도 책을 보며
지난16日 碩士논문 통과

부하사랑 청렴하기 이름났던 東亞大 출신

0 ... 대간첩작전을 진두지휘하다 흉탄에 맞아 순직한 서울 종로서장 최규식 서장(36)은 전국에서 가장 젊은 일선 경찰서장.

그는 龍山서장으로 재임 시인 작년 3월 그의 부하가 강도질을 한 것에 충격을 받고 자신의 머리를 박박깎고 속죄할 만큼 책임감이 강했고 龍山경찰서장 당시 명절에 관내 유지들이 보내온 성금을 일일이 되돌려 줄 정도로 청렴하여 부하들의 존경을 받아 왔다.

0 ... 釜山 출신으로 春川 고교와 釜山 東亞大 법과를 나왔고 사변 때 군에 입대, 현역 포병 소령으로 충북도경 정보과장을 역임하다 63년 제대하면서 바로 총경이 되어 부산시경 정보과장을 거쳐 66년 용산서장이 되엇고 67년 10월 鐘路서장으로 자리를 옮겼다. 군수기지사령부에 근무할 때는 당시 사령관이었던 박정희 대통령의 부관을 지내기도 햇다. 군에 있을 때 받은 무공훈장, 경찰 재직 시의 대통령 표창, 근무공로훈장 등이 그의 충실한 경력을 그대로 드러내고 있다.

0 ... 그는 서울 원효로 3가 1의 49에 부인 劉貞和 여사를 비롯, 1남 3녀를 남겼는데 자신은 경찰에 재직하면서도 공부를 게을리하지않아 釜山大 대학원 정치학과에 적을 두고 그가 제출한 석사학위 논문『압력단체와 그 정치적 기능』이 지난 16일 통과되었으나 영예의 석사학위도 받지 못하고 아깝게 숨졌다.

그는 석사학위에 만족치 않고 계속 박사학위 코스를 밟겠다고 출 퇴근길의 지프안에서도 독일어의 단어를 욀 정도로 열과 성을 기울였다. 崔 서장은 이런 중에도 운동을 게을리 하지 않아 태권도가 5단.

0 ... 4대독자인 그는 할아버지가 구한말의 의병으로, 그의 아버지도 함께 일제에 쫓겨 만주로 피신했었으며 아버지와는 어릴 때 헤어져 홀어머니 밑에서 자라 왔다.

崔 서장은 순직하기 사흘 전부터 비상근무 때문에 집에는 통 들어가지 못해 21일 밤 10시경 그의 홀어머니와 부인, 장남 민서 군(6) 등이 경찰서로 그를 찾아와 막 출동하는 경찰서 현관에서 만났다. 崔 서장은 어머니에게 거수경례를 한 뒤 장남에게 「빠이빠이」를 하고 웃음을 지으며 지프에 올랐는데 그로부터 30분도 안되어 그는 꿈많은 젊음과 용솟음치는 의지를 간첩을 막아내는 데 바쳤다.

0 ... 서울 약대를 나온 부인 劉 여사는 22일 아침에야 이 비보를 듣고 한때 넋을 잃었다. 국립경찰병원에 안치된 그의 유해 옆에는 어머니 정 여사가 장한 아들의 최후를 지켜보았으며 부인 劉 여사는 「평소 어려운 상황에서도 부하들의 일에는 발을 벗고 나서 월급을 노상 털어 주었다」면서 그의 보스다운 일면을 털어 놓았다.

부인은 「관내인 심청동 양아치 등의 자활원을 세워 보려고 발버둥을 쳤는데…」 의지로만 통한 남편의 꿈이 끝내 열매를 맺지 못하고 꺾인 것을 못내 원통해 했다.

△ 고 최규식 경무관의 동상 앞에 선 종로경찰서장 고 최규식 경무관의 장남 최민수 씨 부부와 딸 최현정 양

이 蠻行… 버스에도 手榴彈

山으로 도망치며 닥치는 대로

檢問에 걸려 옥신각신

空砲 쏘자 감추었던 短銃亂射

21일 밤 10시 10분경 서울시내 세검정 국립과학수사연구소와 彰義門 사이의 고갯길에 북괴무장간첩 31명이 나타나 경찰과 총격전을 벌였다. 간첩들은 산으로 피했으며 급거 출동한 군경합동 수사대는 인근의 산을 모두 포위 밤새워 조명탄을 터뜨리며 헬리콥터까지 동원. 입체적으로 수색전을 폈다.

22일 상오 군경합동수색대는 高揚, 坡州쪽으로 퇴로를 차단, 포위망을 압축 했다.

사건경위: 무장간첩 31명이 洗劍亭 彰義門 앞 고갯길에 나타난 것은 21일 밤 10시 10분… 그때 도로변에 백차를 세워두고 도로변의 임시 검문소에서 사흘째 비상근무 중이던 종로경찰서 소속 金炅壽 순경 등 6명은 2열로 길 양편으로 줄을 지어 다가오는 이들을 발견하고 검문했다.

검은 코트와 방한모, 농구화 등을 신고 코트에 기관단총 등을 감춰 허리께가 불룩한 이들은 자칭 방첩대원 이라고만 말할 뿐 소속을 밝히기를 거부하며 계속 시내 쪽으로 향했다. 수상히 여긴 金 순경은 무전으로 종로서에 연락, 연락을 받은 崔圭植 종로서장이 정복으로 단신 지프를 타고 현장에 나타났다. 崔 서장이 기관원을 자칭하는 이들에게 암호를 댈 것을 요구하자『우리도 간첩작전 중인데 왜 이리 말이 많으냐』면서 그 중 1명이 崔 서장의 멱살을 잡고 행패를 부리려 하자 옆에 있던 金 순경이 이를 제지, 옥신각신 했다. 이때 뒤쪽에서 대기중이던 경찰관중의 1명이 공포를 1발 발사했다.『이거 왜 이리 총을 쏘느냐』면서 농을 거는척하다가 앞에 있던 1명이 갑자기 코트속에 감춘 기관단총 등을 꺼내 발사했다.이때 崔 서장은 가슴 등에 3발의 총탄을 맞고 쓰러졌으며 옆에 있던 金 순경은 재빨리 몸을 땅에 엎드렸다. 이때 약 5m후방에 대기 중이던경찰관 10여 명도 응사, 괴한들은 기관총과 수류탄을 터뜨리며 오던 길을 되돌아 洗劍亭 산으로 달아나기 시작했다. 이 교전에서 종로서 소속 경찰관 2명이 복부와 대퇴

부에 관통상을 입고 쓰러졌다. 총탄을 맞은 崔 종로서장은 서장 차인 서울관 630호 지프에 실려 경찰병원으로 옮기는 도중 숨졌다.

間諜이던진 수류탄에불탄버스

[高陽=李載仁.尹五柄 記者]

西紀1968年 1月 23日 〈京鄉新聞 사회면 머릿기사〉

遊擊隊 계속 追擊

休戰線 부근에도 一部 出現

北漢山 碑峰서 交戰

國軍1名戰死 서울外郭에 出沒

21일 밤 서울 청운동에 침입한 북괴유격대들은 22일 정오 현재 서울 시내를 비롯한 경기도 양주 파주 김포 의정부 등에서 군경과 교전을 벌이고 있으며 22일 밤 비봉 북방에서 국군 1명이 전사했다. 북괴유격대들은 맨처음 군경과 교전을 벌인 서울 청운동에서 집단행동을 풀고 분산 도피로를 찾고 있으며 주간에는 산악지대에 은신 야간에만 행동을 계속하고 있는 것으로 군경수색대는 보고 있다. 군경수색대는 북괴유격대들의 북상루트를 완전히 봉쇄했다.

그러나 북괴유격대들이 서울 시내에 침입한 지 3일째 되는 23일 정오 현재 일부 북괴 유격대는 휴전선 부근에 있는미군부대에 출현했다.

楊州 등에 유류품

〈22일.〉▲ 하오 4시 10분쯤 경기도 양주군과 고양군 접경지대에서 북괴 유격대가 놓고간 유류품으로 보이는 다발총 실탄 1백 68발과 국군 중위계급장 1, 미제 야전잠바 4벌, 소제 수류탄 2개 등 2백여 점을 발견 했다. ▲ 하오 6시 반쯤 서울 불광동 미군 통신소 인근의 산을 수색 중이던 경찰이 북괴유격대의 유류품으로 보이는 다발총 1정과 실탄 4발, 대검집 1개, 소련제 권총, 손잡이 조각등을 발견, 이 부근 일대를 수색 했다.

佛光洞에도 出沒

▲ 하오 7시 반쯤 서울 불광동 286 趙敏洙 씨는 그의 집 옆 동명여자중.고등하교 실습장 앞 골목에 무장간첩이 나타났다고 경찰에 신고했다. 조씨의 아들과 동내 꼬마들이 이날 하오 2시부터 5시까지 기관단총을 든 괴한이 숨어있는 것을 발견했으나 간첩인 것을 모르고 그대로 넘겼는데 이날 하오 7시부터 중계된 생포간첩 金新朝 의 기자회견 광경을 보고 꼬마들은 金과 그들이 본 괴한의 착의가 똑같아 부모들에게 알린 것. 신고를 받은 제0사단 장병들은 부사단장 지휘로 그 일대를 수색했으나 찾지 못했다. 틀림없는 간첩이었다고 단정한 사단장 許埈 준장 등은『조금만 더 빨리 신고를 받았더라면 틀림없이 생포했을것』이라고 아쉬워 햇다.

밥솥 들고 달아나

▲ 하오 7시 반쯤 서울 天然동 산4 鄭玉子 씨 집에 괴한이 들어 5~6인분의 저녁밥을 지어둔 솥을 그대로 훔쳐 달아났다. 간첩의 소행으로 보고 경찰은 2시간 동안 天然동 일대를 수색했다.

金浦선 山에 逃走

▲ 하오 7시 40분경 경기도 김포군 고천면 장산1리에 상하의가 검은 작업복을 입고 흑색 농구화를 신은 괴한 1명이 나타났다가 주민들에게 들키자 산으로 달아나 군경 합동수색대는 일대를 포위 수색 중이다.

生捕된 金新朝가 말하는

이것이 北傀遊擊隊다

죽음의 훈련 6個月

서울까지 軍警 못 만나 생포 游擊隊員 金新朝 회견
靑瓦臺 습격 목표

6個組別로 공격임무 미리정하고
특수훈련 2년 對戰車 지뢰도 하나씩

일요일을 틈탄 북괴 유격대의 만행은 치밀한 계획에 의한 것이었음이 생포 간첩 金新朝(27 咸北 淸津시 청암구 청암동 3반)에 의해밝혀졌다. 22일 하오 7시 방첩대 본부에서 가진 기자회견에서 밝혀진 (1) 서울침범의 경로 (2) 침범의 목적 (3) 요인 암살을 위해 갖춘 장비 등은 다음과 같다,

[家庭환경]

▲ 問= 이름, 연령은

▲ 答= 金新朝(27) 이다.

▲ 문= 소속부대는

▲ 답= 괴뢰군 124군부대이다.

▲ 문= 계급은

▲ 답= 소위이다.

▲ 문= 가족은

▲ 답= 양부모 다 있다. 직조 공장에 다닌다. 누이동생은 셋이다.

[침범경로]

▲ 문= 출발경로는? 어떻게 휴전선을 넘어 왔나.

▲ 답= 黃海도에 있는 매현리 인민군 초소를 출발, 16일 하오 2시 부대를 떠났다. 개성에 16일 밤 12시 도착 군사분계선(미 2사단 관할구역)은 17일 밤10시에 통과했다. 철조망은 가위로 끊어 기어들었다. 임진강은 얼어 있어 걸어 넘어 왔다. 경기도 법원리 뒷산에서 민간인 4명을 만났다. 이 때가 19일 하오 2시. 전날 밤은 비무장지대 남쪽에서 잤다. 나무꾼을 협박, 경찰에 알리지 말라고 했다. 미숫가루를 가지고 내려왔다. 앵두봉을 통과, 노고산(고양군)을 지나 비봉을 거쳐 21일 밤 10시경 세검정까지 왔다.

▲ 문= 행군 속도는

▲ 답= 40분에 10리씩 걸었다. 지령은 시간당 10km씩 걸으라는 것이다.

[침투목적]

▲ 문= 임무는

▲ 답= 朴 대통령과 주요 인물 암살이다. 국군 복장을 입고 1인이 권총 1정, 수류탄 8발, 대전차지뢰 1개씩을 휴대 했다.

▲ 문= 수류탄은 북괴제냐

▲ 답= 수류탄 신관은 소련제 나머지는 북괴제

▲ 문= 구체적 임무는

▲ 답= 우리 31명은 기본조, 예비조, 지휘조 등 6개조로 되어 있었으며 (1) 정문경비병 살해조 (2) 청와대 본관 1층 폭파조, (3) 청와대 2층 폭파조, (4) 부속건물 폭파조 등과 청와대 수송부를 습격, 차량을 탈취하는 조로 나뉘어 21일 밤 10시 청와대를 습격한 뒤 차를 탈취, 汶山까지 달아나 臨津江을 도강하려했다.

▲ 문= 쉽사리 성공할 것으로 알았나

▲ 답= 실패는 생각지 않았고 죽음을 각오하고 왔다.

▲ 문= 왜 뽑혔나

▲ 답= 북괴 군관으로 가정환경, 신체조건, 훈련성적이 좋아야 하며 2년간 유술, 격술을 훈련받았고 각각 5~7명씩 1개 조로 구성됐다. 남파 전 15일간 청와대까지의 모의 지형에서 훈련받았다.

▲ 문= 희생자가 많은 데 대한 심정은

▲ 답= 국민에게 죄를 많이져 미안하다.

[西部戰線=姜漢孩, 尹五炳 記者]

◇ 양주 복지마을 뒷산에 있던 적군의 묘.

◇ 적군의 묘는 10여 년 전, 밤 사이에 감쪽같이 없어져 잡초만이 무성하다.

遊擊隊 殘黨 法院里 以南에

어제 하루 11명 사살 모두 17명

北노고산서 李益秀 연대장 戰死

북괴 유격대의 잔당을 맹추격중인 군수색대는 북상중인 유격대의 잔당이 25일 정오 현재 앵무봉 이북 법원리 남쪽 북노고산 일대와 미 0사단 작전지역인 임진강 남방 抱川, 東豆川 남쪽지역에 잠입하고있다고 보고 이 지역에 공수단과 특수부대를 투입 포위망을 좁히고 있다. 아군 수색대는 24일 하루 동안에 경기 노고산, 포천, 도봉산, 임진강 지역 등에서 적과 교전, 11명을 사살하는 등 큰 전과를 올렸는데 이날 유격대를 쫓아 진두 지휘하던 6185부대장 李益秀 대령이 장렬한 저사를 했다. 대간첩대책본부는 적의 잔당은 식량이 부족, 퇴주로를 찾느라 피로에 지쳐있어 적의 섬멸은 금명간이 고비라고 밝혔다. 이와 같이 아군의 피해가 는 것은 적을 생포하려 노력하는 것에 그 원인이 있다고 대책본부의 한 고위 당국자는 밝히고 있다.

15연대장 李益秀 대령 戰死

【楊州군 노고산=李載仁, 奇南度, 尹五柄 기자】4일째 도피중인 북괴 유격대 일부는 北漢山 동북방을 돌아 楊州군 長興면 老姑山에 이르러 24일 아군에 포위, 계속 소탕 되고있다. 험준한 산들이 첩첩이 싸인 교전현장에 24일 낮 기자가 도착했을 때 산 중에선 잇따른 총성이 고막을 울렸다. 『노고산 서북능선에 적 출몰』통신병의 상항보고가 떨어지자 6185부대는 연대장 李益秀 대령(46) 진두지휘로 선봉에 나섰다. 시간은 상오 11시 넘어 권총을 뽑아든 李 대령은 직접 병사들의 앞장에 나서『놓치지 말라』고 호령하며 전진,『따르르 ㅡ』적도 최후 발악을 하듯 기관단총을 쏘며 수류탄으로 저항한다.『한 놈 잡았다 』적 1명이 나뒹굴자 누군가 외치는 환호. 순간『윽』맨 앞장섰던 李 대령이 흉탄을 맞아 가슴을 부여잡고 쓰러졌다. 李 대령은 몰려드는 장병들 앞에 손을 저어『적을 처치하라』마지막 명령을 내린 후 숨졌다. 이때가 상오 11시 20분. 분노가 치민 장

병들이 수류탄을 뽑아 들고 뛰어들었다.『쾅, 쾅』적의 저항은 끝이났다. 적 사살 2명. 위생병들이 李 대령의 유해를 들것으로 노고산 서북쪽에 있는 논바닥으로 옮겼다. 부상병들이 들것에 실려 고지에서 내려온다. 헬리콥터가 머리 위를 돈다.『적 1명 또 사살』산 위로 올라갔던 수색중대의 무전보고를 들으며 장병들은 오히려 침울했다. 적들의 발악은 이제 끝이 났다. 헬리콥터가 내려 사상자를 태우고 급히 이륙하자 노고산 일대는 너무도 고요하고 침묵이 계속됐다. 이렇게 노고산 전투는 끝이 났다.

故 李大領 野戰서 뼈 굵은 指揮官

美銀星 훈장도, 재산은 집 한 칸뿐

0...24일 상오 노고산에 잠입한 북괴유격대 소탕작전을 진두지휘하다 산화한 故李益秀 준장(46)은 투지와 사명감에 살아온 군인이었다. 24일 밤 李 준장이 전사했다는 비보를 듣고 달려온 金石鴻 씨(45, 사업) 등 4명의 李大領 동기생들은 한결같이『말없이 실천만하는 군인』『돈을 모르고 일은 재주를 부릴 줄 몰랐던 무인중의 무인』이라고 했다.

0...경성법정학교를 나와 1948년 육군보병학교 제1기로 입교, 49년 10월 육군 소위로 임관한 李 준장은 6 · 25 때 수도사단의 일선 중대장 으로서 동두천 북방에서 적에게 포위 당해 여러번 죽음의 고비를 넘기며 6 · 25 3년을 고스란히 전장에서 보냈다. 6 · 25 한강 방어전투의 공으로 미 은성훈장을 탔고 이어 화랑무공 훈장 등 10여 개 훈장이 이준장의 빛나는 무공을 말해주고 있다.

0...『불의와 타협하지 않는 강직한 성격의 소유자였다』는 李 준장이 남긴 재산이라곤 서울 인수동637 의 17건평 15평의 집 한 채뿐. 전방으로 전전하며 집 한간마련 못한 李 준장은 1년 전 서울 龍山동의 판자집과 고향의 땅을 팔아 지금의 집을 샀다는 것. 어려운 부하를 돕는데 앞장섰다는 李 준장 집안은 그의 두 딸 明淑(25), 明禮(24)의 적은 봉급으로 집안 동료들의 살림을 보태왔다고 했다.

0...忠南扶餘군 玉山면 大德리가 고향인 李 준장의 유족으로 부인 李觀順 씨(47)와 明

淑(25. 컴페션 한국지부근무), 明禮(24. 농협 근무), 明善 양(21. 덕성여대)등 세 딸과 勳柄(17. 경기고 2년), 赫柄 군(15. 중앙중 3년)등 두 아들이있다.

◇ 육군 제0000부대가 26일 앵무봉 작전에서 25번째로 사살한 북괴 유격대 두목 김종운 상위 시체를 김신조가 확인하고 있다.

殺人 유격대원의 最後

◇ 노고산전투에서 사살된 북괴 유격대원들. 이날 노고산 작전을 진두 지휘하던 제1사단 15연대장 고 이익수 장군이 전사했다.
【西部戰線=周弘行 記者】

북괴유격대를 사살하고 전사한용사의 합동장례식 【李相根기자찍음】

◇ 고 이익수 장군(46) 등 전몰용사 26명의 합동장례식이 6군단 사령부에서 군단장으로 엄수됐다.
【西部戰線=李相根記者】

노고산 전투, 15연대장 李益秀 대령 전사

◇고 이익수 장군

북괴 무장공비 수색작전을 취재 중인 京鄕新聞 從軍記者들은 지프를 타고 사기(社旗)를 휘날리며 서울의 포장도로를 벗어나 비포장 작전도로를 따라 총격전이 벌어지고 있는 戰場을 찾아 달렸다.

高陽郡 벽제부터는 作戰地域으로 마음이 무겁지만 차창을 비켜가는 푸르르한 산야는 山林녹화 사업 덕분에 제법 울창한 숲을 이루고 있어 공비 수색작전이 더욱 어렵겠다는 생각이 들었다.

『내일도 톱(TOP)입니다. 몸조심 하세요』 편집국을 나올 때 부장님의 愼重한 지시를 생각하며 특종을 찾으려 신경을 곤두세우고 달리다 보니 東西로는 길이 트이지만 노고산으로 가는 북쪽은 약 200여 고지의 산이 가로막고 있다.

높게 쳐다보이는 이 산길은 흙 자갈로 깔린 비포장에 어젯밤 내린 눈으로 살짝 덮혀 있으며 차량 1대도 오고 간 흔적이 없다.

그래서 우리는 차를 세우고 하차, 대책을 의논했다.

그런데 잠시 후 議政府에서 高陽 쪽으로 가는 군용 지프가 왔다.

救世主나 만난 듯 지프를 세우고 길을 물었다.

육군 1사단 소속 대위는 친절하게 안내하면서 이산을 넘으면 노고산인데 바로 汶山~議政府 간 국도가 나온다면서 『우리 군용 지프는 넘어가는데… 일반차는 넘는 것을 보지 못했다』 고 했다.

그러자 우리차 기사인 안덕교씨는『아! 그러면 걱정없어. 우리 차는 새로「보링」을 했기 때문에 군용차가 넘어가면 우리 차도 넘을수 있다.』며 자신감을 보엿다.

우리는 승차와 동시 출발 했다. 안씨는 1단 기어를 넣고 눈덮인 자갈길을 올라 갔다.

그런데 뒤에서 고함소리가 들렸다.『같이 가자! 같이 가자!』고...

사진기자는 뒤돌아 보더니 서울신문 지프는 올라오지 못하고 카메라가방을 멘 기자가 우리에게 동행을 청했던 것.

『서울신문 사진기자인데 태워가면 안되느냐』고 안타까워 했다.

◇생포된 김신조가 사살된 유격대원의 신원을 확인하고 있다.

『안 돼! 안 돼! 뒤돌아보지마! 앞만 보고 가자!』 헉헉거리며 숨 가쁘게 10여m를 뒤 따라 오던 그는 결국 포기하고 되돌아 내려 갔다.

그때야『이런 눈길에서는 차가 올라가다 서면 다시 올라갈 수 없으며 길 폭이 좁아 되돌아갈 수도 없어 그야말로 진퇴양난이라』고 설명을 하고『우리 아저씨는 6 · 25때 京鄕新聞 전시판을 싣고 鴨綠江까지 다녀온「베테랑」이야!』면서 한바탕 추켜 주고 나니 차는 어느새 악마의 고개를 넘어 내리받이에 이르렀다. 그러다『야! 여기다!』고 합창을 하고 취재 준비를 했다.

약 3백여m 거리에 있는 노고산 남쪽 2~7부 능선을 타고 대각선으로 오르는 수색대가 보이고 상공에는 헬리콥터가 선회하는데 탕 탕 탕 쾅 하는 총격전이 바로 눈앞에서 벌어지고 있는 것. 어느새 차는 노고산 남쪽 서있는 2대의 군용트럭 옆에 멈췄다. 射程거리 안에 있는 트럭을 방탄벽으로 삼고….

기자가 트럭 앞에 엎드려 수색대와 선회하는 헬리콥터를 함께 넣어 카메라 셔터를 누르려는 순간『위험해!』하며 누군가가 나의 뒷 발을 당겼다.

격전지와의 射程거리 안에 있던 우리는 위험을 무릅쓰고 노고산 서북쪽으로 약2백여m 달려가니 議政府~ 汶山 간 국도가 나오고 바로 여기가 수색작전의 지휘본부다.

노고산과 도로 사이에 있는 논바닥과 도로변에는 육군 제6185부대 1호차와 7호차 등 10여 대의 군용 지프와 트럭이 있고 무전기를 메고 작전지시를 주고받는 모습이 틀림없는 지휘본부다.

도피 중인 북괴 유격대 수색작전 4일째인 24일 하오 6시반쯤 잠복근무중이던 15연대 이태암 상병(22)이 밤새 내린 흰눈 위에 괴한 5명이 노고산 정상으로 올라가는 것을 발견 즉시 보고했다.

연대장 李益秀 대령(46)은 연대병력을 총동원하여 노고산을 완전 포위하고 토끼몰이 작전을 진두지휘했다.

파월 때 입었던 얼룩무늬 군복차림에 권총을 뽑아든 李 대령은 직접 병사들의 앞장에 나서『놓치지 말라』고 호령하며 적과 약 50m거리 까지 전진.

『따르르…』 적도 최후의 발악을 하듯 기관단총을 쏘며 수류탄으로 저항한다.

『한 놈 잡았다.』.적 1명이 나뒹굴자 누군가 외치는 환호.

순간『윽』.맨 앞장 섯던 李대령이 흉탄을 맞아 가슴을 부여잡고 쓰러졌다.

이대령은 몰려드는 장병들 앞에 손을 저어『적을 쫓아라』마지막 명령을 내린후 숨졌다. 이때가 상오 11시 20분.

분노가 치민 장병들이 수류탄을 뽑아 들고 뛰어 들었다.『쾅. 쾅.』

적의 저항은 끝이났다. 적 사살 2명.

위생병들이 李 대령의 유해를 들것으로 노고산 서쪽에 있는 임시 지휘부인 논바닥으로 옮겼다. 이어서 전사 및 부상 장병들이 들것에 실려 고지에서 내려 온다. 헬리콥터가 머리위에서 돈다.

『적1명 또 사살』했다는 수색중대의 무전보고를 들으며 장병들은 오히려 침울했다. 적 다섯의 발악도 이젠 끝이 낫다.

헬리콥터가 내려 사상자를 태우고 급히 이륙하자 노고산 일대는 너무도 고요하고 침묵이 계속 됐다.

노고산 전투는 이렇게 끝이 났다.

이날 戰鬪에서 1사단15연대장 李益秀 대령을 비롯 13명이 戰死하고 15명이 負傷했다.

【楊州군 노고산=李載仁, 奇南度, 尹五柄 記者】

〈1月 27일土曜日〉

소탕전 막바지에

遊擊隊 4명을 더 射殺
殘黨 7명도 所在確認
노고산 · 坡平山에 특수隊 투입

도주 중인 북괴유격대 잔당은 26일 하오 현재 포천~ 동두천 간, 법원리 일대, 비봉 백운대 일대에 잠입, 아군의 방어선에 포위되어 있다. 군 · 경합동수색대는 26일 하루 동안 4명을 더 사살함으로써 모두 23명을 사살, 1명을 생포했는데 (26일 하오 6시 현재)

잔당 7명 중 4명은 비봉 백운대에, 1명은 포천~ 동두천 간에, 나머지 2명은 법원리 지역에 잠복한 것으로 확인, 특수부대를 투입함으로써 육공(陸空)입체작전으로 소탕전을 벌이고 있다.

26일 상오 대간첩작전본부는 북괴유격대 잔당이 이미 서울 근교를 완전히 벗어나 전기지역에 잠입했다고 밝히고 이들 소탕은 시간문제라고 전망했다.

패주 중인 유격대잔당은 애초 침투루트를 패주로로 잡고 있어 미군은 침입로의 길목을 완전 봉쇄, 철통같은 포위망을 펼치고 있다고 밝혔다. 한편 대책본부는 잔당 9명은 거의 부상했거나 식량이 떨어져 포천 이남의 산악 지대와 파평산, 법원리, 북노고산 일대의 산악지대에 있는 민가(외딴집)에 잠복할 가능성이 짙어 26일 새벽부터 이 지대의 수색작전을 펴고 있다고 밝혔다.

殺人유격대의 最後 생포된 북괴유격대원 金新朝(오른쪽)가 사살된 유격대 13구의 시체를 확인하고있다 【25일하오 ○軍작전본부에서 本社李盛熙기자】

◇작전중의기도。 破平山작전에투입된8650부대7중대장 위선달대위가「아군의 피해없이 유격대원을 소탕하게해달라」고 매일새벽미다사제전에서기도했다 【27일새벽 李盛熙기자】

坡平山 토끼몰이 作戰　本社 周弘行기자 銃傷

수풀은 불태우고 臨津江 얼음 폭파

도주 중인 북괴 유격대 잔당은 26일 하오 현재 파주 파평산과 양주 노고산 주변 산악지대에 잠입한 것으로 보이며 이들은 아군의 방어선에 완전 포위 되어 있다.

군 · 경합동수색대는 이날 하루 동안 4명을 더 사살함으로써 모두 23명을 사살, 1명을 생포하여, 잔당 7명은 부상 당했거나 식량이 떨어지고 동상에 걸려 산악지대 외딴집에 잠복할 것에 대비, 특수부대를 투입하여 육공 입체작전으로 막바지 소탕전을 벌이고 있다.

육군 제8650부대 5중대장 金龍根 대위가 지휘하는 수색대는 25일 상오10시 55분에 坡平山 북쪽 능선 계곡 바위틈에 숨어 있는 북괴 유격대를 발견, 55분 동안 교전 끝에 사살했다. 눈보라가 휘날리고 살을 에듯 차디찬 바람이 불어 닥치는 산 능선을 오르내리는 종군기자. 이날 토끼몰이 작전에서 항아리 모형의 웅덩이 속에 북괴 유격대가 숨어 돌과 낙엽 등으로 위장하고 얼굴만 내놓고 있다가 군견을 앞세운 수색대가 다가오자 기어 나와 바위틈으로 도주한 것.

臨津江이 내려다보이는 坡平山에는 옛날 尹瓘 장군이 말을 타고 오르내리며 무예를 연마하던 금강사가 있었는데 전쟁 때 불타 없어지고 이름 없는 작은 암자가 있으며 작은 불상 앞에 꿇어앉은 불교신도인 젊은 대위는『오늘도 괴뢰유격대 소탕작전이 성공하고 부하 장병들이 무사하기를…』빌고 있었다.

사진부 李 기자가 타임을 놓칠세라 카메라를 들이대더니「셔터」가 고장이라며 난색을 보이고 있다. 걱정스러운 표정으로 카메라 2개가 모두 고장이라는 것. 李 기자는 카메라를 상의 속에 넣어 체온으로 녹인 후 다시 촬영을 했다. 坡平山 토끼몰이 작전 현장이 이처럼 매섭게 삭풍이 불어 닥치는 추운 날씨라 카메라가 모두 얼어 고장이었다. 또 육군 제0사단 0대대 수색대는 26일 새벽 6시 25분 노고산 북방 3km지점에서 북괴 유격대 1명을 사살했으며 육군 제0사단0연대 수색대는 이날 상오 11시 50분 파평산 부근에서 1명을 사살했다.

한편 美 제 0사단 0연대 수색대는 이날 상오 10시 반쯤 얼어 붙은 臨津江을 건너 북상하는 유격대원 1명을 사살했다.
사살된 유격대원은 노고산 坡平山을 거쳐 臨津江을 건너 非武裝地帶 숲속에 웅크리고 숨어 있었는데 눈 위에 발자국이 한 개(좌측)밖에 없어 오른발은 동상으로 지팡이를 짚고 북상하려 했으며 미군이 처음 발견했을 때 『훗쯔 데어』(후이즈 데어)라고 소리치자 벌떡 일어나 사격자세를 취하려는 순간 「클레이모어」를 발사, 사살했다는 것, 美軍당국은 臨津江 얼음을 폭파하고 臨津江변 수풀을 불질러 도주하는 북괴 유격대 잔당의 退路를 차단했다.

洞窟도 샅샅이 뒤져… CAP 特攻隊

『오늘은 北傀 遊擊隊 잔당을 모두 잡아 國民의 성원에 보답해야겠습니다』 陸軍 제0사단 0연대 2대대 부대대장이며 CAP 특공대 지휘관인 徐正男 대위의 말이다.
지난 24일 이래 坡平山 傀儡 遊擊隊 소탕전에 투입되어 그동안 한명을 사살한 전과를 올린 우리 CAP 특공대는 28일 오후 坡平면 주민들이 끓여준 떡국에 사기는 더욱 왕성하다고 한다. 작전개시 시간인 이날 오후 2시 초소인 坡平면 늘로리에서 北傀 遊擊隊 잔당을 소탕하기 위해 해발 495m의 坡平山 정상을 향해 출발한 것이다.
특수훈련을 받은 이들 CAP 특공대원들은 M79유탄발사기, 경기관총 57mm, 무반동총 등 중화기와 자동소총 등으로 무장한 정예병…
눈과 얼음이 덮인 가파른 계곡을 오르기 30분. 양지쪽 언덕에서 커다란 동굴을 발견, 병력은 계곡을 중심으로 좌우로 분산,「토끼몰이 작전」에 들어갔다. 오후 3시 10분 직경 3m의 동굴 속으로 북괴 유격대 잔당으로 보이는 괴한이 도망쳤다는 CAP 특공대 척후병인 왕기완 병장(25)의 보고를 받은 CAP특공대는 동굴을 포위하고 동굴 앞 7m 지점까지 접근 지휘관 徐正男 대위가 5분 동안 『무기를 버리고 나오면 형제로 맞아 주겠다.』고 투항을 권유했으나 아무런 반응이 없었다. 徐 대위는 전 대원에게 사격 명령을 내렸다. M79 유탄59mm 무반동총 경기관총 등 중화기와 M2 카르빈소총 등이 동굴 속으로 불을 뿜었다. 그런데 소탕작전에 從軍하던 京鄕新聞 사진부 周弘行記者(27)가 왼쪽다리에 관통상을 입었다.

周記者는 전투상황을 생생히 취재 보도하기 위해 國軍 수색대에 從軍, 坡平山 주봉 7부 능선에서 벌어진 치열한 총격전의 위험을 무릅쓰고 도굴 어귀까지 접근하여 생생한 전투 장면을 필름에 담으려다 총탄에 맞은 것. 15분간의 총격전이 벌어진 후 그 때까지 총에 맞은 줄도 몰랐던 周記者는 동료기자들에게 『왼쪽다리가 이상하다. 좀 봐 달라』며 바지를 찢자 총상으로 붉은 피가 눈 위에 흘러 떨어져 그때야 총 맞은 것을 의식한 것이다. 周記者는 현장에서 같이 從軍취재하던 本社 尹五柄 記者와 朝鮮日報 金祥萬 記者의 머플러로 부상당한 다리를 묶어 응급 지혈하고 어깨동무를 하여 坡平山에서 내려와 산 아래에 주둔한 미 2사단 1대대 후문으로 들어가 도움을 청했다. 美軍 의무실에서 「젠센」(20) 「에이러더」(24) 「바브마슈」(20) 등 미군병사들의 응급조치와 부대 앰뷸런스의 지원을 받아 서울로 후송, 서울 성모병원 716호실에 입원 치료를 받았다. 약 한 달간 계속된 북괴 무장 유격대와의 토벌작전을 생생하게 보도하기 위해 종군 취재한 국내외 신문 통신 방송사 등 각 언론사 수백 명의 기자 가운데 유일하게 周記者가 총상을 입었다. 【坡平山=姜漢弼, 尹五柄 記者】

◇경향신문 사진부장을 지낸 주홍행, 이봉섭, 조명동 등 역전의 용사(?)들이 서울 종로3가 별난 갈비에서 윤오병과 한자리에…. 특히 주홍행 기자는 지난 68년 1 · 21 사태 때 서부전선 파평산 토끼몰이 작전을 기자와 같이 종군 취재하다 총상으로 미군 구급차로 후송된 유일한 전상의 종군기자로 유명하다. 〈본문 참조〉

北傀兵 6名을 射殺

西 · 中部前線서. 機關短銃 등 노획

【汶山】 30일 낮 12시쯤 서부전선 군사분계선 남쪽에서 수미상의 북괴병이 미 제0사단 3여단 순찰조에 자동화기로 기습해 왔으나 미군 순찰조에 의해 그중 1명이 사살됐다. 사살된 북괴병은 국군 대위 계급장을 달고 있었으며 현장에서 수류탄 3개, 배낭 1개, 삽 1개 등 23종을 노획했다.

▲ 또한 이날 하오 8시쯤 서부전선 0사단수색대가 4명의 북괴병을 발견, 총격전 끝에 1명을 사살, 잔당을 계속 추격 중이다.

▲ 31일 새벽 3시쯤에도 서부전선 군사분계선 남쪽에 북괴병 2명이 출현, 육군 6566부대 수색대가 총격 끝에 사살하고 기관단총 3정을 노획했다.

【議政府】 31일 상오 2시 40분 중부전선 육군0부대 전방철책을 뚫고 북괴병 2명이 침범하는 것을 아군이 사살하고 기관단총 4정, 수류탄 17개, 탄창 10개, 절단기 1개, 작업복 5벌, 나침반 등을 노획했다.

【汶山】 1일 상오 6시쯤 임진강 자유의다리 남쪽 2km지점에서 대간첩작전 중이던 미 제0사단 23연대 2대대 카투사병 黃鐘白 상병(24)이 괴한이 쏜 총에 맞아 전사했다.

또 지난달 31일 밤 9시 반쯤 휴전선 군사분계선 남쪽에 무장공비 4명이 출현한 것을미군순찰대가 발견, 약 10분간 교전 끝에 격퇴시켰다.

1968년 8월 5일(월요일)

休日 노린 北傀兵 9名 射殺

어제 前方 네곳에 南侵, 國軍1名 戰死

【西部戰線=尹五柄 記者】 공휴일인 4일 전방지역 4곳에 북괴병이 침범했다. 아군은 북괴병 9명을 사살하고 기관단총 7정, 실탄 1천 2백 45개, 대전차지뢰 4개, 수류탄, 무전기, 라디오, 쌍안경 등을 노획했다. 이 작전에서 아군 1명이 전사했다.

▲ 이날 상오 6시 50분쯤 임진강과 한강 합류지점에서 해병0여단 장병이 남침 북괴병 1명을 사살.

미 해군 정보함 푸에블로호 납북
동해 원산앞 공해상에서
북한 초계정 4척과 미그기 2대가 위협사격

미 해군 정보수집함 푸에블로호(Pueblo호)가 1968년 1월 23일 밤 1시 45분 원산항 앞 공해상에서 북한 초계정과 미그기의 위협사격을 받고 납북됐다.

푸에블로호는 장교 6명, 사병 75명, 민간인 2명 등 83명의 승무원이 탑승했는데 북한 해안 40km 거리의 동해 공해상에서 업무수행 중 북한 초계정 4척과 미그기 2대의 위협사격으로 승무원 1명이 사망하고 수명이 부상한 것이다.

푸에블로호 납북 사건은 1 · 21 사태 이틀 만에 발생한 북괴도발 중 큰 사건으로 내외신은 보도했다.

북한은 사건발생 11개월이 지난 68년 12월 23일 판문점을 통해 승무원 82명과 유해 1구를 송환하고 푸에블로호 함정과 설치된 비밀 전자장치는 몰수했다.

미국은 이 송환을 위해 푸에블로호의 북한 영해 침범을 시인, 사과하는 요지의 승무원 석방문서에 서명했는데 이는 후일 미국 의회에서 정치문제가 되기도 했다는 것이다.

◇ 납북되기 전 푸에블로호

〈서기1968년 12월 23일(월요일)〉

프號 승무원 歸還
오늘 상오 11시 30분 板門店서 引受
韓國民 불만, 굴욕적 흥정에

북괴에 억류되었던 미국 해군 정보보조함「푸에블로」호 승무원 82명(장교=6명, 사병=74명, 민간인=2명)이 지난 1월 23일 동해공해상에서 북괴에 납치된 지 만11개월 만인 23일 상오11시 30분 판문점에서 송환되어 자유의 땅을 밟았다.

【관련기사 2, 7면에】

美 謝過문서에 서명
모두 82명, 拉北 11개월 만에 귀환할 프號 승무원
北傀에 상당한 보상제공?

미국과 북괴는 지난 2월 2일 「프」호 승무원 송환을 위한 직접적인 비밀접촉을 시작, 10개월 20일 동안 28차의 비밀회담 끝에 송환협상에 타결을 본 것이다.

비밀 속에 진행돼온 미국과 북괴의 「프」호 승무원 송환을 위한 비밀회담은 지난 17일 열린 26차 회의를 고비로 급진전되어 미국 측 대표「우드워드」 소장과 북괴 朴重國이 22일 상오 11시부터 낮 12시 40분까지 1시간 40분에 걸쳐 마지막 28차 비밀회의를 갖고 송환일자 및 절차를 확정지었다.

「우드워드」소장은 이날 板門店에서『푸호가 불법행위에 종사하지 않았다』는 미국 정부의 태도를 명백히 했다.

그러나 「우드워드」소장은 이날 미국이 1) 「푸에블로」호가 북괴영해에 불법침투, 정탐행위를 한 것을 시인하며, 2) 이를 사과하고, 3) 어떠한 미국함정도 앞으로 북괴 영해를 침범하지 않음을 보장한다는 북괴측이 제시한 사과문서에 서명했다.

한편 「푸」호 승무원 송환 조건으로 상당한 보상이 북괴측에 제공됐을 것이라는 추측이 나돌고 있다.

이날 2백만 달러 상당의 전자장비를 가진 「푸에블로」호 함 자체의 인도문제는 공식적으로 언급되지 않았으나 미국은 「푸」호를 포기한다는데 동의했다고 소식통은 전했다. 이날 전사한「듀한. H. 시스」화부의 시체도 板門店에서 인도했다.

승무원들은 송환 직후 헬리콥터로 부평121 후송병원에 후송되어 건강진단과 검역을 받은 다음 24시간 내에 오산 비행장에서 항공기편으로 하와이로 향발, 크리스머스 이전 가족들에게 돌아갈 것이라고 한 소식통은 말했다.

이날 판문점 안전지역 내에서는 유엔군 측 환영객으로 「우드워드」소장을 비롯해 「필립스」미 국무성 담당부 부차관.「후리크런드」 미 국방성 공보담당 부차관보가 승무원 공동인수 작업을 위하여 대기하고 있었다.

〈謝過서명 全文〉 ---생략---

〈푸號 승무원 석방, 본사 특별취재반〉

孫株煥(사회부). 李鎔昇(사회부), 奇南度(사회부), 朴信一(외신부). 張明錫(경제부). 朴康之(정치부). 鄭幸洙(사진부차장).吳德善(사진부). 金点得(사진부). 周弘行(사진부).尹五柄(문산주재기자)

◇ 북괴로부터 석방되어 자유의 몸으로 돌아온 「푸에블로」호 승무원들.

◇ 고 최규식 경무관 동상 앞에서 최민수 씨 등 유가족들과 경찰간부, 그리고 양재승 씨 등 종로 재향 경우회 임원들.

호국영령과 나라사랑

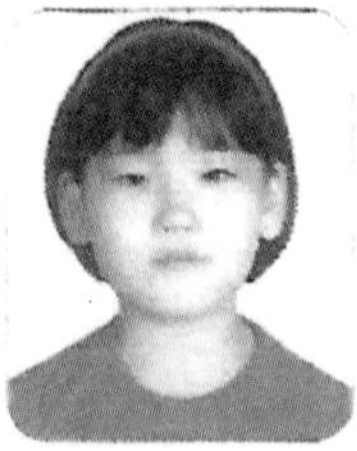

호국영령과 나라사랑

최현정
언주초등학교 6학년 9반

매년 6월이 다가오면 우리 가족의 가슴은 벅차오고 코끝이 찡함을 느낀다. 왜일까? 바로 목숨을 다하여 우리나라를 지킨 호국영령들을 생각하면 한 번도 뵙지 못한 빛바랜 사진으로 보아온 할아버지의 모습과 자하문 고개에 우리나라를 지키겠다고 서 계신 할아버지의 빛바랜 동상이 그려지며 눈물이 우리 가족의 볼 위로 흘러 내린다.
우리나라를 위해서 돌아가신 분들이 어디 할아버지 한 분뿐이겠는가?
이 분들의 혼령이 되어서도 과연 바라는 것은 무었일까? 생각해 보았다.
바로 우리 모두의 끊임없는 굳건한 나라사랑의 마음일 것이다.
우리 가족의 지금까지 계속되는 나라사랑의 마음 이에 대해서 생각해 보았다.
첫째. 난 말을 하기 시작할 때부터 아주 어린 시절부터 부모님의 지도에 따라 애국가를 불러왔다. 그것은 유치원을 거쳐 초등학교 6학년이 되기까지 계속된다. 애국가는 안익태 선생님께서 만드셨다. 안익태 선생님께서는 사람들에게 애국심을 길러주고 싶었을 것이다. 애국가를 부를 때마다 나는 자랑스러운 대한민국 국민이라는 생각과 동시에 잊혀가는 위대한 호국영령들을 기억하게 한다.
둘째. 해마다 수십 번씩 우리 가족은 나라를 보호하고 지킨 호국영령들의 넋을 기리는 현충원을 찾는다. 현충원을 찾아 우리나라를 위하여 목숨을 바친 할아버지와 호국영령들의 넋을 기린다. 그분들의 넋을 기릴 때마다 우리 가족의 마음에 나라사랑의 애국심이 깊어만 간다.
셋째. 우리 가족의 끊임 없이 바라는 것은 통일이다.
평화통일만이 전쟁의 위험에서 벗어나 더 이상의 희생을 치르지 않아도 되고 우리끼리 싸우는 위험에서 벗어나는 길이다.

평화통일을 위해서는 북한에 대해서 긍정적인 시각과 열린 마음을 갖는다. 평화통일이야말로 호국영령들이 진심으로 바라는 것일 것이다.

우리 가족의 나라사랑은 이외에도 여러 가지가 있고 나라사랑의 마음은 계속 이어질 것이다.

우리 모두가 나보다는 나를 생각했던 호국영령들의 기상을 살려 우리가족 모두가 우리나라를 생각하는 큰 마음을 가질 때 평화통일의 뜻은 꿈이 아닌 현실로 다가와 지금보다 더 많은 인구와 영토가 합쳐져 세계 속에 선진 한국으로 더 나아갈 것이다.

앞으로도 우리가족에게는 나라사랑을 위해 해야 할 많은 과제들이 남겨져 있다.

우리 가족뿐만 아니라 자랑스러운 대한민국 가족들의 마음에 나라 사랑의 마음이 깊어져만 갈 때 하늘에 계신 한 많은 호국영령들의 넋을 달래줄 수 있고 그 분들의 공에 조금이라도 우리 모두가 보답하는 길일 것이다.

[註] 이 글은 지난 2012년 6월 21일 국립서울현충원이 주최한 제21회 호국문예 백일장에서 초등부 최우수상인 국방부장관상을 받은 서울 언주초등학교 6학년 9반 최현정 양의 현충원에서 띄우는 편지다.

최현정 양(崔玹禎)은 현재 00고등학교 2학년에 재학중이며 半世紀 전인 지난 1968년 1월 21일 밤 청와대를 쳐들어오는 북한 특수부대인 124군부대 金新朝 일당을 막으려다 전사한 서울 종로경찰서장 故崔奎植 警務官의 장남 崔民錫씨(56=씨엔케이 대표)의 외동딸이다. 〈본문 면과 尹五柄 記者가 만난사람들 참조〉

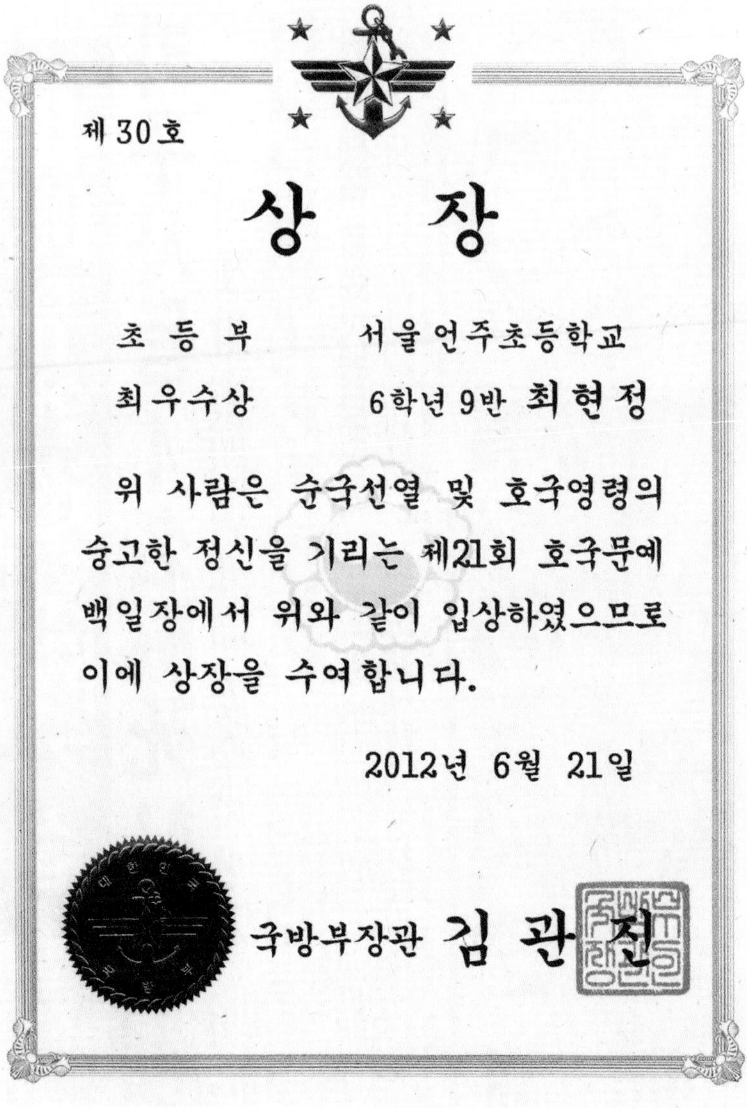

제 30 호

상 장

초 등 부 서울언주초등학교

최우수상 6학년 9반 최현정

위 사람은 순국선열 및 호국영령의 숭고한 정신을 기리는 제21회 호국문예 백일장에서 위와 같이 입상하였으므로 이에 상장을 수여합니다.

2012년 6월 21일

국방부장관 김 관 진

◇ 호국 영령과 나라사랑 백일장에서 초등부 최우수상을 받은 최현정 양의 상장

北傀, 유엔巡察隊기습

카투사등 4名戰死 2名負傷

어젯밤 板門店共同安全지역서

對人地雷 自動火器로공격

내일

카투사 등 4名 戰死　2名 負傷

어젯밤 板門店 共同安全지역서

【西部戰線=朴信一. 尹五柄 記者】 14일 밤11시쯤 西部戰線 板門店 남쪽 8백m지점(장단군 군내면 송현리)에서 板門店 경비교대차 출동하던 유엔군총사령부소속 헌병순찰대가 수미상의 北傀兵으로부터 공격을 받아 미군 2명과 카투사 2명 등 4명이 전사하고 미군 2명이 중상, 미제121후송병원에 후송 가료중이다.

地雷 던져 自動火器로 공격

미군당국에 의하면 6명의 헌병들로 구성된 미 순찰대가 이날 트리코터로 板門店 후방사령부를 떠나 판문점 남쪽 8백m지점에 이르렀을 때 북괴병이 20m 전방 길 양쪽에서 대인지뢰 2개를 던지고 자동화기를 쏘면서 공격해 왔다는 것이다. 이 피습의 10분 후에 미군 측 지원병이 현지에 출동했으나 북괴병은 달아나 버렸는데 적의 피해상황은 밝혀지지 않았다. 현장에서 소제 기관탄창과 소총탄창을 각각2개를 발견했다.

◇ 전사자

▲ 제임스 앤더슨 상사. ▲ 렐리 우드 병장. ▲ 李 S · K상병 ▲ 金 I · H일병

◇ 사건현장

사건현장인 판문점 정전회의 본회의장 일대는 JSA(공동안전지역)라고 명명 미군과 북괴군이 어울려 이곳의 경비를 공동으로 맡고 있다. 휴전협정의 규정에 따라 미군은 이동의 자유가있으며 판문점으로 가는 군용 도로는 현재까지 북괴의 공격 위험이 없는 안전지역으로 알려졌었다. 미군은 사건 발생 직후 지난 3개월 동안 비교적 조용했던 DMZ 에서 일어난 최악의 사건이라고 규정, 15일 하오 정전위 유엔군 측 수석대표 존 스미드 해군소장은 북괴의 朴東國에게 즉각 메시지를 전달, 공동조사를 요구하면서 북괴는 휴전협정을 지킬 용의가 있느냐고 항의했다.

〈68년 4월 15일자〉

奇襲받은『平和의 窓』

〈플래시, 앞유리에 총구멍이 선명하다〉

◇북괴 유엔 순찰대 기습, 카투사 등 4명 전사, 2명 부상 어젯밤 판문점 공동 안전지역서 지뢰 던져 자동화기로 공격

【판문점에서 박신일, 서일성 기자】

유엔군 사령부는 15일 하오 판문점 지원사령부 소속 공동 안전지역(JSA) 경비 헌병 6명이 북괴병의 기습을 받은 피해현장을 공개했다.

판문점회의장 남방 8백m. 정전협정규정에 따라 JSA요원은 이동의 자유가 있는 비무장지대 군용도로 위에서 기습이 자행됐다.

『JSA 16』이라는 번호판을 단 4/3T트럭은 정면 운전석에 3명, 뒷자리에 3명을 태우고 보초교대를 위해 판문점으로 달렸다. 북괴병은 폭 7m의 도로 양편에서 기습, 3분도 안되는 삽시간에 수류탄 2개를 던지고 자동화기(소제PPS기관단총) 2백여 발을 퍼부었다. 차에 타고 있던 6명의 병사들은「피스톨」(45구경)을 꺼내 응사하거나 뛰어내릴 여유도 없이 날벼락을 맞았다.

北傀兵이 또 銃질

DMZ안서 유엔 측 감시소조에

南方限界線 침범, 交戰 끝에 2名을 死傷

【板門店=朴信一, 尹五柄 記者】20일 하오 3시 반쯤 정전위의 유엔 측 공동감시소조(5명)가 북괴병의 공격을 받았다. 유엔군 측은 이날 판문점 남방 4km 지점인 DMZ 안에서 20일 상오에 일어난 총격전을 조사키 위해 군사분계선 (0045)에 가서 북괴 감시소조를 기다리던 중 수미상의 북괴병으로 부터 자동소총 공격을 받은 것이다.

사건 직후 피해 여부는 알려지지 않았다. 스미드 미 해군소장은 이와같은 사실을 때마침 열린 267차 정전위 본회의에서 밝히고 북괴 朴重國에게 이러한 행위로 일어날 결과를 생각해 보았느냐고 격렬한 어조로 항의했다.

南方限界線 침범 交戰 끝에 2名을 射殺

20일 상오 8시 반 수미상의 북괴군이 미 제0사단 23연대 2대대전방 비무장지대 남방한계선을 침범해 왔다가 아군과 약 5분간 교전 끝에 격퇴됐다. 이 교전에서 북괴병 1명을 사살, 1명이 중상을 입고 도주했다. 미군 순찰대는 1명이 부상했는데 교전 현장에서 소제자동소총 1정을 발견했다.

西紀 1968年 4月 22日字 (月曜日)

北傀,銃擊挑發 잇따라

西部戰線 DMZ 안서 休日노려

어제 또 30名이 奇襲 4名 射殺

-20일엔 피격현장 조사단에도 총질---

交戰 끝에 美軍 1名 戰死. 3名 부상

西部戰線

非武裝地帶 (DMZ)를 중심으로 최근 북괴의 총격도발 사건이 급격히 늘어나 일요일인 21일 하오에도 북괴병 30여 명과 1시간 30분 동안 교전, 미군 1명이 전사하고 3명이 부상함으로서 북괴의 도발행위에 새로운 대응책이 요청되고 있다.

지난 17일과 20일에 있었던 板門店 군사정전위 제266차 및 267차 본회의에서 스미드 유엔군 수석대표가 지난 3월 24일 이후 4월 20일 사이 북괴가 저지른 최소 24건의 휴전협정위반사건을 항의했는데 북괴는 거의 하루도 쉬지 않고 DMZ 유엔군측 지역내에 침투, 불법적인 정찰행위를 일삼으며 유엔군측 진지 및 수찰대에 대해 자동화기와 수류탄 공격을 하고 있다는 것이다.

특히 지난 20일 하오에는 이날 상오에 발생한 군사분계선(MDL) 남방에서 북괴 무장 공격 현장을 조사키 위해 대기(MDL표지판0043) 중이던 정전위 공동감시소조가 북괴의 자동소총 공격을 받는 등 지난 12일 이후 정전위 요원이 3차레에 걸쳐 피습되기도 했다. 이처럼 西部戰線의 DMZ에서 일어난 사건으로 미군은 금년 초 이후 최소한 5명이 전사하고 18명이 부상했다고 유엔군 측이 밝혔다. 북괴는 주말에 자주 만행을 저지르고 있는데 20일과 21일 이틀 사이에 일어난 서부전선 내의 사건은 다음과 같다.

▲ 20일 상오 8시 30분 MDL표지판 0043 동쪽 수백m에 수미상의 북괴병이 침투, 북고진지에서 유엔군 측 순찰대에 자동화기 공격을 했고 다시 10시쯤에는 MDL 표지판 0036 동방 3백m에 있는 유엔군 측 경비초소에 북괴병이 공격을 했다. 이날의 총격은 하오 1시쯤 끝났는데 유엔군 측 1명이 부상, 북괴병은 2명이 부상한 채 도망갔다. 또 21일 하오 4시 반쯤 5~8명의 북괴병이 유엔군 측 순찰대에 발포, 교전했는데 북괴는 약 30명의 지원군을 투입, 1시간 30분동안 공격을 가해왔다. 이 전투에서 북괴병 4명을 사살, 20여 명에게 부상을 가했다. 북괴는 시체를 MDL 북쪽으로 끌고 갔다. 미군은 1명이 전사, 3명이 부상했는데 22일에도 산발적인 교전이 있었다.

【西部戰線=尹五柄記者】

北傀兵 또 기습 미군 등 4명 사상
20여 명 非武裝地帶에

【西部戰線=尹五柄 記者】27일 하오 1시40분 西部戰線 非武裝地帶 미제0사단 전방 563 전방GP 앞 남방한계선 부근에 북괴병 20여 명이 출현, 미 제2보병사단 0여단소속 순찰병에게 자동화기로 총격을 가해왔으나 아군의 응사를 받고 격퇴되었다.

약 5분간에 걸친 이 교전에서 카투사 1명이 전사하고 미군 3명이 부상했다.

북괴병의 피해 내용은 밝혀지지 않았다.

지난 주말에도 북괴병들은 비무장지대에 침입, 총격 도발 사건이 있었다.

防衛力 強化되고, 카투사 處遇개선
美「개그윈」少將 會見

【西部戰線=尹五柄 記者】美 제0보병사단장「개그윈」소장은 68년 9월 4일 상오 10시 西部戰線「캠프 하우스」에서 기자회견을 갖고 1 · 21사태 후 西部戰線 방위태세는 강화되었다고 밝히고 장병들의 보급 및 사기는 앙양되었으며 카투사들의 처우도 개선되었다고 말했다. 〈개그윈 少將〉

이날「개그윈」장군은 1 · 21사태를 전후하여 臨津江 북방 西部戰線 非武裝地帶(DMZ)에서 북괴의 도발이 늘어나고 대범해 졌으나 이에 대한 대응 작전에 만전을 기하고 있다고 설명했다.

◇「개그윈」장군이 京鄕新聞 尹五柄 記者와 中央日報 金錫年 記者 등 출입기자들과 記者會見을 했다.

제4부

영남지방 새마을 운동과 주요사건

※이 책의 수익금 전액은 노인 복지를 위해 쓰여집니다

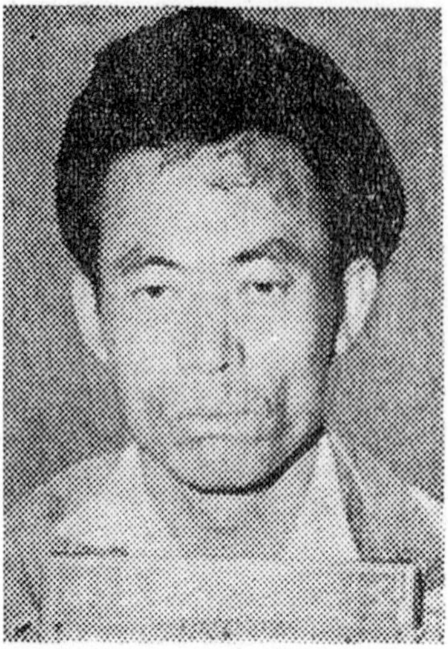

拳銃강도 人質劇까지

藥판돈 털고 從業員 끌고 가 又 62萬 원 强奪 40代 2人組…뒤늦게 搜査

【釜山】29일 상오 0시 10분쯤 부산시 서구 초장동 2가 6 한독약국(주인=김근상. 34)에 40세쯤 된 강도 2명이 들어와 권총으로 주인 김 씨를 위협, 현금 2만 5천원을 강탈한뒤 종업원 이갑수 군(20)을 인질로 끌고 가 62만 5천원을 다시 빼앗아간 사건이 발생, 경찰에서 뒤늦게 수사에 나섰다.

약국주인 김 씨는 28일 밤 종업원 2명과 같이 문을 닫고 있었는데 범인들이 약을 사겠다고 들어와 1명은 권총을 김 씨에게 들이대고『너의 자형 때문에 망했으니 돈 65만원을 내 놓으라』고 요구, 돈이 없다고 하자 약판돈 2만 5천원을 강탈한 뒤 무려 6시간이나 머무르다가 상오 6시쯤 종업원 이 군을 인질로 끌고 가면서 경찰에 연락하면 모두 죽여 버리겠다고 위협하고 전화로 연락할테니 62만 5천원을 지정장소에 갖고 오라고 했다. 그 뒤 김 씨는 범인들로부터 전화를 받고 이날 상오10시 20분쯤 은행에서 돈을 찾아 범인들의 지정장소인 서구 동대신동 구덕운동장 뒷산으로 갖고가 62만 5천원을 전달하자 범인들은 인질로 끌고갔던 종업원 이 군을 다시 송도 복음병원 뒷산까지 끌고 갔다가 이날 하오 2시 40분쯤 풀어 주었다는 것이다. 그런데 범인 1명은 약방에서 망을 보고 있었다.

釜山 拳銃强盜, 山 속에 숨어
警察과 銃擊對峙 이틀
네 共犯은 검거 密航 자금구하려 犯行

【釜山】 부산시 서구 초장동 한독약국(주인=김근상. 34) 강도사건을 수사중인 경찰은 주범 박원식(40.김 씨의 사촌형수의 오빠)을 추격, 1일 하오 6시 현재 기동대 5백 명으로 부산시 서구 암남동 복병산을 포위, 수색을 계속하고 있다.
이에앞서 경찰은 박의 장인뻘이 되는 문덕호 씨(63) 집인 서구 암남동 123에서 한독약국에 함께 들어가 범행한 공범 김대승 씨(23)와 문 씨, 문 씨의 딸인 행자 씨(28) 그리고 박의 정부 김희리 씨(28) 등 일당 4명을 검거, 강탈한 돈 65만 원 중 53만 원을 압수했으나 주범 박은 담을 넘어 도망쳤다. 검거된 공범들은 박과 함께 일본으로 밀항할 자금을 마련하기 위해 범행했다고 자백했다.

釜山 包圍網 뚫리고 追擊戰 3일째
허술한 作戰… 武器 없이 接近도
海岸線에 非常線 탈출 막게

【釜山】 부산 한독약국 권총강도 사건의 주범 朴元植(36)을 3일째 쫓고 있는 경찰은 2일 하오 박이 숨었던 장복산에서 포위망을 빠져 나간 것으로 보고 동원병력 5백 명 중 3백 명을 철수시켰다.
경찰은 박이 남해안으로 빠져나가 미리 예약했던 배를 타고 일본으로 탈출할 것을 염려, 경남일대 해안근무 경찰관들에게 비상경계령을 내렸다. 경찰은 박이 2일 새벽 구속한 공양호 씨(49. 부산시 동구 범3동 50)를 통해 50만 원에 빌리기로 한 경남 거제군 장목면 외포리 孔斗征 씨(33) 소유어선 대성호(4톤)가 이날 하오 현재 선주 공 씨와함께 행방불명임을 밝혀낸 것이다. 선주 공 씨는 구속된 공 씨의 조카로 주범 박과 전보로 연락, 만나기로 하고 29일 하오 1시쯤 삼촌 공 씨를 통해 보증금 5만 원을 받고 부산에서 거제도로 떠났다고 한다.
경찰은 주범 박을 신고하는 시민에게 20만 원의 현상금을 주고 이를 잡거나 사살하는 경찰관은 1계급 특진시키기로 했다. 사건이 29일 상오 0시 20분쯤 발생했을 때 경찰은 『사돈 간에 일어난 사건이며 강도가 아니다』는 등 수사간부들의 엇갈린 주장으로 작전계획을 범행 발생 24시간 후인 30일 자정께야 세우는 등 권총강도인 박을 대수롭지 않게 취급해 사건이 확대됐다.
경찰의 작전미스는 추격과정에서도 드러났는데 범인 박이 그의장인 문덕호 씨(63)집에서 60m 떨어진 곳에 맨발로 서성거리고 있다는 신고를 받고 경찰은 무기도 없이 달려갔다가 박의 총격을 받고 순경 2명이 부상한 채 놀라는 모습을 보이기도 했다.
인질로 잡혔다가 풀려나온 金甲洙 군의 증언에 따라 박이 소련제 권총과 실탄 48발을 가지고 있다는 사실을 알고도 경찰이 무장도 하지 않은 채 추격에 나선 것은 상식에서 벗어난 일. 경찰은 1일 하오 뒤늦게 5백 명의 병력을 동원, 장복산을 포위하고 수색했으나 범인을 놓치게 됐다.

10년 服役 前科者 교활. 殘忍犯罪型

범인 박원식은 마산교도소에서 사기죄로 두 번에 걸쳐 10년간 복역한 일이 있는 전과자이며 교활하고 잔인한 성격의 범죄형이다.

長伏山 기슭 판자집. 6百家口를 샅샅이
拳銃强盜搜索 現金 강탈에도 疑問點

【釜山】 한독약국 권총강도사건의 주범 박원식(36)을 쫓고 있는 경찰특별수사대는 박이 권총을 쏘고 달아난 장복산 일대에서 멀리 달아나지 못했을 것으로 보고 3일 장복산 기슭 일대의 판잣집 6백여가구를 샅샅이 뒤지기 시작했다. 경찰은 또 박이 일본으로 밀항하기 위해 예약했던 대동호(4톤)를 2일 하오 9시쯤 영도구 대평동 앞 바다에서 발견, 이를 압류하고 선주 공두정 씨(33. 구속된 공양호 씨 조카)를 수배했다.

한편 경찰은 3일 피해자인 김근상 씨(34)가 현금을 빼앗기던 과정에서 의문점이 많은 것을 밝혀내고 단순한 강도사건만이 아닌 것으로 보고 수사를 계속하고 있다.〈박이 현금 65만 원 요구… 1백만 원 적금통장 등등 생략함〉

主犯遺書 발견. 銃擊戰 현장서

【釜山】한독약국 권총강도사건의 주범 박원식의 유서로 보이는 쪽지가 2일 하오 5시쯤 총격사건이 있었던 서구 암남동 123 부근에서 발견됐다.

釜山권총強盜
이번엔 大邱서 殺人
범행·수사 日誌
3重으로 에워싼 包圍網도 거뜬히
새벽에 사돈집 申告하러 가자
搜査網 뚫고 潛跡

이번엔 大邱서 殺人

搜査網 뚫고潛跡 12일 만에… 全國警察 비상

새벽에 사돈집 담뛰어넘어 申告 하러 가자 拳銃 2발 쏴

【大邱】 부산 한독약국 권총강도사건의 주범 朴元植이 11일 상오 5시 15분쯤 大邱시 서구 비산동 4구 296의3 陳基春 씨(46)집에 침입, 陳 씨의 처 金道今 씨(41)에게 권총 2발을 쏴 숨지게 하고 달아났다. 경찰은 박이 대구를 벗어나지 못했을 것으로 보고 1백50명의 경찰을 동원, 삼엄한 수색을 펴고 있다. 박은 이날 상오 5시쯤 진씨 집 담을 넘어 2층 베란다를 타고 2층에 올라가 출입문 유리를 깨고 들어가 1층 부엌에 숨었다

가 인기척에 잠이 깬 진 씨가 문을 열고『누구냐』고 소리치자 박은 권총을 들고『사형. 나요』하며 나타났다. 진 씨가 다시 문을 잠그자 박은『그 돈 1백만 원을 내라』고 요구, 진 씨는『줄 수 없다』면서 부인 김 씨에게『경찰에 신고하고 올테니 조심하라』고 말한 다음 뒷문으로 빠져 담을 넘는 순간 박은 부엌문 손잡이에 권총 2발을 쏴 그중 1발이 안에서 문을 당기고있던 김씨의 가슴에 맞아 숨진 것이다.

진 씨의 장녀 宣希 양(19) 등 6남매의 자녀들은 2층에서 잠을 잤기 때문에 변을 면했다. 팬티바람으로 뛰어온 진 씨의 신고를 받은 대구서 비산파출소는 경찰관 2명, 방범대원 2명, 예비군 2명 등 6명을 동원, 5백m 거리의 진 씨 집에 택시로 달려갔으나 박은 이미 자취를 감춘 후였다.

包圍網 벗어나 도둑질浪跡

永同 두 집서 밥.감자등 없어져

【金泉-洪性萬, 尹五柄, 朴仁郁 記者】추풍령 일대에서 강도살인범 박원식을 뒤쫓고있는 군경수색대는 17일 상오 이제까지 포위하고 있던 지점이 아닌 충북 영동군 미곡면 용계천리 이영세 씨(36)집 등 두 집에서 보리밥과 감자 등이 없어졌다는 신고에 따라 박의 소행으로 보고 병력을 이 지역으로 이동, 수색을 하고 있다. 이때까지 박의 흔적조차 발견 못 해 애를 먹었던 수사본부는 18일까지 참빗작전을 벌여 성과가 없으면 광역수색을 매듭짓기로 했었다.

〈1971년 7월 18일〉

壁에 부딪친 朴元植 추적

이영세 씨 집에는 17일 상오 0시에서 2시 사이 장독 위에 얹어 놓았던 보리밥이 없어졌고 보리밥을 담았던 소쿠리가 5m 떨어진 곳에 버려져 있으며 밥을 덮었던 보자기는 없어졌다는 것이다. 또 이와 거의 같은 시간에 바로 이웃인 오병길 씨(45) 집에서도 장독위 양은 그릇에 담아 놓았던 감자가 그릇과 함께 없어졌고 마늘쫑, 수저 1개 등이 없어졌다고 신고했다. 용계천 마을은 박이 지난 15일 상오 11시 30분쯤 마지막 발견된 지점에서 북쪽으로 15km지점이다. 여기서 북쪽으로 12km지점은 황간이다.

헬機·豫備軍까지 動員
秋風嶺일대 샅샅이
朴元植 추적

헬機, 예비군까지 動員
秋風嶺 일대 샅샅이
金陵 怪漢은 朴元植 搜索 오늘이 고비

【金泉=尹五柄, 朴仁郁 記者】2천여 명의 군 · 경, 예비군을 풀어 金陵 일대와 추풍령 등을 철야 수색한 경북도경은 날이 밝자 다시 16일 상오부터 수색에 나섰으나 박이 달아난 흔적도 찾지 못한 채 계속 녹음이 우거진 계곡을 뒤지고 있다. 경찰은 이날이 박을 붙잡을 수 있는 고비로 보고 2대의 헬리콥터도 동원, 추풍령 정상을 돌며 박에게 자수 권유방송을 하고 있다.

〖수색〗경찰은 15일 하오부터 금릉군 봉산면 태화2동 가마귀골, 점토골, 개병령 북쪽인 추풍령 일대에 전투경찰과 예비군을 투입, 추격 중이나 아무런 흔적조차 찾지 못하고 있다.

15일 상오 11시쯤 금릉군 봉산면 신암동 경부선 태평터널 남쪽 1백m 지점(서울기점 2백 45km)에 범인이 나타났다는 신고에 따라 출동한 경찰은 이곳에서 범인이 버리고 간 밀짚모자 1개와 삽 1개, 금잔디 담배꽁초 등을 발견했을 뿐이다.

헬機 動員 차의 수색작전에 헬리콥터까지 동원. 산간숲새를 샅샅이 훑었다.

強盜殺人犯 朴元植 검거

醴泉서 村婦 신고. 豫備軍이 格鬪끝에

【醴泉=洪性萬, 尹五柄, 朴仁郁, 朴來賢, 金聖漢 記者】강도살인범 朴元植(38)이 19일 하오 8시 30분쯤 경북 醴泉군 甘泉면 官峴1동 마을에서 한 촌부의 신고를 받은 예비군들에게 격투 끝에 검거됐다.

朴은 부산 한독약국의 인질강도사건의 범행 후 20일만에 붙들렸으나 그동안 한번도 수색중이던 경찰의 불심검문을 당하지 않았다고 진술했다. 범행 때의 옷인 군 작업복에 밀짚모자를 써 남루한 모습의 朴이 이날 하오 8시께 감천면 관현1동 민가에 밥을 얻어먹으러 나타난 것을 수상히 여긴 이웃 李순환 여인(34)이 예비군들에게 신고했다. 근무초소로 가다 마을 어귀에서 신고받은 예비군 吳在龍 씨(24), 權相瑛 씨(24)가 격투 끝에 생포한 것인데 朴은 격투 때 1발의 권총을 쏘기도 했다.

검거당시 오랫동안 먹지 못해 초췌한 모습이었던 朴은 지난달 29일 부산 범행 후 7월 1일 부산을 탈출, 철도를 따라 대구에 잠입, 지난 11일 범행한 후 다시 철도를 따라 금릉을 거쳐 예천으로 빠졌었다는 것이다.

경찰은 朴이 가졌던 주민등록증(120215~114366)과 32구경 소제권총, 실탄 28발, 소음기, 고무신 2켤레를 압수했으며 20일 낮 신병을 서울로 압송, 모 수사기관에 이첩됐다.

朴의 정확한 범행동기, 도피경로 등에 대해서 밝혀지지 않고 있다.

機智의 合心… 非常網 밖서 凱歌

"수상한 사람이 밥 求乞

아낙네가 申告바지 틈으로 내민 拳銃보고 두팔 붙들어"

《殺人强盜 朴元植체포 祥報》

【醴泉=洪性萬, 尹五柄, 朴仁郁, 朴來賢, 金聖漢 記者】 강도살인범 박원식(38)은 예비군과 격투 끝에 검거되어 돼지처럼 지게끈에 목과 팔 다리를 묶여 도피행각의 끝장을 냈다. 부산의 제1범행(약국강도) 후 20일, 대구제2범행(살인) 후 8일 만인 19일 하오 군경 예비군의 수색망을 우롱하듯 숨어버렸던 박은 엉뚱한 방향에서 예기치 못했던 수훈의 산골주민들에 의해 붙잡힌 것이다.

밥을 얻어 먹으려는 걸인꼴이 수상했던 주부의 신고,『뭔가 보람있는 일을 하게 됐구나』고 마음먹은 2명의 예비군의 기민한 판단과 행동이 20여 일 동안 수사진을 초조케 했던 박을 거꾸러뜨린 것이다.

부산과 대구의 범행 후 지난 15일 경북 금릉의 제1, 2목격자가 나타났을 때까지 구멍이 훤히 뚫린 채 허둥대던 경찰수사망은 목격자 신고 뒤에는 상황판단을 잘못 해 박이 실제로 달아난 동북방 쪽과는 반대로 서남쪽으로 도피를 추정, 경북 충북 전북의 도계인 상도봉을 중심으로 병력을 집중, 어처구니없는 수색을 펴기도 했었다.

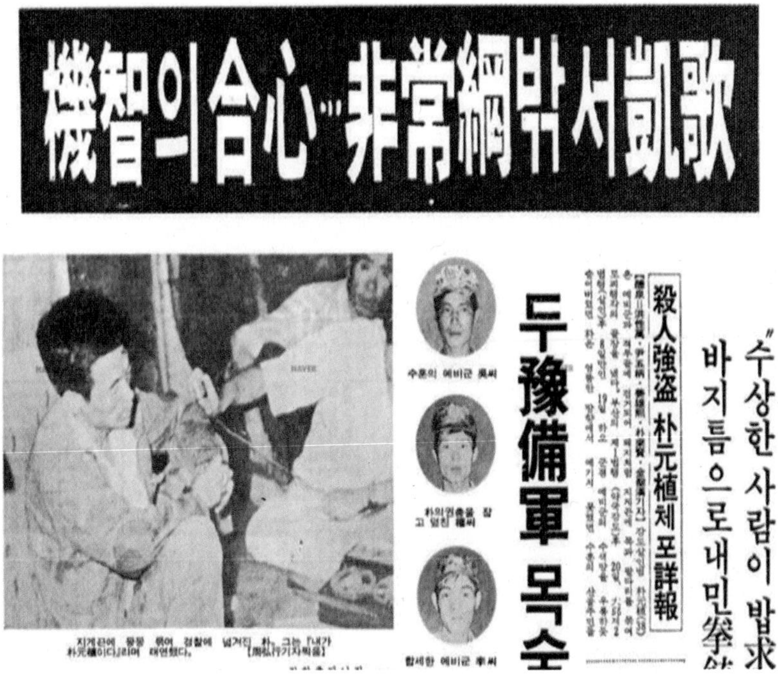
機智의 合心…非常網박서凱歌

"수상한 사람이 밥求

바지틈으로내민拳

殺人強盜 朴元植체포詳報

두豫備軍 목숨

◇검거된 박원식. 박원식의 소지품. 박을 검거한 오재용, 권상병 씨 등 3명의 예비군과 신고한 이순환 씨

두 豫備軍 목숨 건 格鬪 20분

[발견] 19일 하오 8시쯤 경북 예천군 감천면 관현1동 윤상세 씨(32) 집에 남루한 차림의 범인이 나타나 『밥 한술 얻어 먹으려 왔다』고 구걸하면서 정체가 노출, 윤 씨집에서 『밥이 없다』고 하자 그냥 돌아갔고 윤 씨집에서 10m 떨어진 조진응 씨(49)집에서 다시 밥을 달라고 했으나 조씨의 딸 숙희 양(18)이 『밥이 없으니 다른 집에 가보라』고 했다. 이때 신고받은 예비군(보충역) 吳在龍 씨(24.감천면 포동)와 權相瑛 씨(24.감천면 관현1동) 등 2명이 조씨 집에 닿았다. 두 예비군은 저녁을 먹고 감천지서에 근무하러 가는

길에 조진응 씨 집 앞에서 수상한 사람의 구걸행각을 본 이순환 씨(34. 여)로부터 『수

상한 사람이 동네에서 밥을 얻어먹으려 하니 따라가 보는게 좋겠다』는 말을 전해듣고 吳 씨는 자전거로, 權 씨는 달려서 갔었다.

『검거』 拳銃 두 발 쏘며 發惡

범인이 조 씨 집에서 밥을 얻지 못하고 되돌아서려 할 때 사복이었던 오 씨가 접근,『배가 고파서 그러느냐』면서 말을 걸었고『밥 그릇이 있느냐』는 물음에 범인은 빈 도시락을 꺼냈다. 이때 예비군복의 권 씨는 보리짚 뒤에 숨어 지키고 있었다.

오 씨가 빈도시락을 조 양에게 주면서『너희가 한술 덜 먹더라도 불쌍한 사람이니 조금주라』고 해 밥을 담아 주었고 밥을 얻은 범인은 20m쯤 걸어가면서 허겁지겁 손으로 밥을 퍼먹었다. 의심 사지 않게 뒤따르던 오 씨는 범인이 걸을 때마다 바지주머니에서 권총자루가 삐죽 삐죽 삐져나오는 것을보고는 『잡아야겠다』고 판단, 두 사람은 재빨리 달려들었다.

오 씨가 범인의 양팔을 잡았고 권씨가 범인의 주머니에서 권총을 꺼내려 하자 격투 속에 권총 빼앗기가 벌어졌다. 권총의 손잡이를 권 씨가 잡는 순간『꽝』1발이 발사됐고 박이 다시 방아쇠를 당겼으나 불발.

총소리에 한때 놀랐던 이들은 범인의 다리를 걸어 쓰러뜨리고 2명이 합세하여 격투를 벌이는데 李正東 씨(24)가 뛰어와 합세, 박은 이 씨의 손등을 물어뜯었다. 예비군 등이 지르는 고함소리에 동장 윤정기 씨(32)가 비상종을 울려 주민들이 모여들기 시작, 80여 명의 주민이 몰렸을 때는 범인도 예비군들도 지쳤을 때.

달려든 주민들이 지게끈을 이어 범인의 목을 감고 팔다리를 돼지 묶듯 했다. 박은 격투에서 이마가 깨졌다.

1972년 3월 17일

追放해야 할 不條理事例

한 郡에 3百 13種… 奉化警察署 集計

경북 봉화경찰서는 한작은 군(郡)에 무려 3백13종의 부조리가 판을 치고 있다는 사실을 주민과 지방유지 기관장을 통해 추출하고 이부조리를 제거하는 것이 새마을운동의 지름길이 될 것이라고 17일 내무부에 건의했다.

봉화경찰서(서장=李榮昶총경.현 치안국기획계장)는 작년 5월 1개월 동안 관할 지서단위로 주민 좌담회를 통한 여론수집과 기관장 간담회를 통한 의견수집, 각 관공서와 지방유지들이 경험했던 사실들을 참고로 부조리 사례집을 엮어냈다.

봉화군은 12만의 군민을 가진 농촌지역으로서 이번에 조사한 부조리 사례가 다른 농어촌에서도 역시 똑같은 현상으로 일어나고 있다고 지적하고 있다.

군민에게 공통적인 부조리는 모두 1백 6가지. 봉화경찰서는 우선 황금만능시대의 배금사상을 들고 계속해서 ▲분에 넘치는 낭비 ▲남을 중상 모략하는 행위 ▲신의를 저버리고 유리한 편으로 행동하는 것 ▲유식층과 지도층의 위법 등을 마을 안의 공통되는 부조리로 꼽고 있다.

또한 잠옷 슬리퍼바람으로 거리를 내왕하거나 밤중에 굿을해서 인근을 소란케 하고 타인의 묘위에 앉아놀거나 외상지고 청산 할줄 모르는 것도 군민의 공통적인 부조리.

그밖에 ▲냇가에서의 나체목욕 ▲거리에서의 용변 ▲잔치나 상가에 온 식구가 함께 가서 취식하는 것 ▲술을 못먹는 사람에게 억지로 권하는 것

〈일부 생략〉

시골일수록 언론이라는 너울을 쓴 사이비들의 횡포는 두드러진다. ▲원치않는 신문과 물품강매 ▲보급소 직원의 기자행세 ▲감정적인 허위보도 ▲공갈 협박 등으로 금품갈취 ▲보도기사 미끼로 사례금품을 요구 ▲과장보도로 타인의 명예를 훼손하는 행위 등 고쳐야 할 일이많다. 【大邱=尹五柄 記者】

【註】경찰서 경무과장이 기자에게 현황 보고해

記者는 慶北 奉化군 산골 계곡 맑은 물에서 서식하는 열목어(熱目魚)가 점차 멸종위기에 있다 하여 취재차 봉화에 갔다. 봉화는 초행길이라 타고 간 지프를 봉화경찰서에 주차하고 정문경비하는 경찰에게 부탁했다.

그리고 열차를 타고 다음 역에서 트럭편으로 탄광지구까지 가서 취재를 했다. 현지 지국장의 협조로 취재를 마치고 내려오니 광산 경비 아저씨가 트럭을 태워주면서 역전에서 지서장이 기다린다는 것. 그러나 역에 도착할 무렵 기차가 들어와 뛰어서 겨우 기차를 타고 출발하면서 손짓으로 간다는 소식을 전하고 봉화역에 도착했다. 그런데 봉화역 구내에 검은 지프가 기다리고 있었다. 봉화경찰서장이 기다린다고…

서장관사에 들어서니 李榮昶 서장과 각 과장들이 함께 있었으며 경무과장의 관내현황보고를 받았다. 그리고 그간의 지방지에 보도된 스크랩을 보았다. 이어서 「追放해야 할 不條理事例」의 자료뭉치를 받았다. 사회면 왈순아지매를 끼고 내리다지 사이드톱으로 보도된 봉화경찰서 관련기사는 화제가 되었다. 때는 새마을 운동이 막 시작될 때이다.

李榮昶 서장은 바로 서울로 영전되고 육군 3사관학교 졸업식에 참석한 본사 崔致煥 사장은 『적기에 참 좋은 글을 썼다』면서 옆 자리에 앉은 尹五柄 記者 손을 꼭 잡으면서 격찬했다.

〈봉화경찰서 이영창 서장〉

봉화경찰서 이영창 서장의 부조리 사례집이 京鄉新聞 사회면에 크게 보도되자 경찰내부는 물론 전국적으로 시작된 새마을 운동에 기름을 뿌리고 불을 지폈다는 화제의 인물로 떠올라 치안본부 기획계장으로 영전됐으며 급속도로 승진, 오르고 또 올라 86년 1월 대망의 서울특별시경찰국장이 되었으며 이어 경찰의 최고 수장인 치안본부장이 되었다. 그리고 92년 5월 제4대 국회의원(한나라당, 경산, 청도)에 당선됐다.

새마을努力章 받은 永川大昌마을 金庫 朴洪澤 씨

3천여 원으로 출발 7년만에 1億突破

전국 최우수마을금고로 뽑힌 경북 영천군 대창면 대창마을금고(이사장=박홍택. 30)가 22일 광주에서 열린 전국 새마을 지도자대회에서 명예의 노력장을 받았다.

대창마을금고이사장 박 씨는 지난 66년 10월 회원 55명, 출자금 3천 8백 50원으로 첫 출발한 이래 7년 만인 현재는 회원 1천 3백 73명에 저축실적 1억원을 돌파하고 있다.

영천군청 소재지에서 남쪽으로 12km 떨어진 산골인 대창마을에는 1백 60호가 살고잇다. 이와 같은 벽촌인 대창마을 주민들은 밤낮 술과 도박으로 세월을 보냈다.

마을금고 회계원으로 뽑혀 교육을 받고온 박씨는 2개월에 걸쳐 55명의 회원을 모았고 마을금고 육성에 따른 실천방안을 세워 마을 유지들의 집을 일일이 찾아다니며 뒷받침해 줄것을 간청했다.

3천여원으로 출발

7년만에 1億突破

새마을 努力章받은 永川大昌마을金庫 朴洪澤씨

저축을 하려고 모인 주민들과 朴씨(원내).

마을有

會員

퇴패일

전국최우수 마을금고로 뽑힌 경북永川군大昌면 昌마을금고 (이사장 朴洪澤·30)가 22일 光州에서 열린 전국새마을지도자대회에서 명예의 努力章을 받았다.

마을금고이사장 朴씨는 지난66년10월 회원55명, 출자금 3천8백50원으로 첫출발한이래 7년만인 현재는 회원1천3백73명에 저축실적 1억원을 돌파하고있다.

◇저축하려고 모인 주민들과 원내는 박홍택씨

마을 有志 설득 貯蓄心 심어

==會員 千3백여 명… 金融업무 모든여건 갖춰==

퇴폐일소. 富村으로 탈바꿈

그러나 반신반의하는 회원들이 대부분이었고 박 씨를 비웃는 비협조적인 주민이 없는 것도 아니어서 박 씨는 환멸과 좌절감으로 가득 찼지만 이를 악물고 굳은 신념에서 밀고 나갔다. 창립 3개월 만인 66년 말에는 회원이 67명으로, 자금은 8만 5천 47원으로 늘어났다. 그때는 차차 반신반의하던 회원들도 새로운 인식과 저축의욕이 생겼고 이웃의 누구보다도 앞을 다투어 저축했다.

이래서 67년 말에는 회원 4백 8명에 자본금 57만 7천 8백 90원으로 늘어났다. 술과 도박등 방탕의 소굴에서 벗어나 절약과 검소 그리고 저축하는 자세로 바뀌고 고용살이에서 사업주로, 보따리장사가 가게주인으로 탈바꿈될 때 마을 금고의 필요성은 더욱 더욱컸다. 부녀회원들은 일용품 부식대에서 절약하여 저축히고 각 가정마다 절미함을 마련하여 매월 2되씩 모아 저축했다. 이렇게 마련한 38만 원으로 2백 17동의 지붕개량을 했다. 이 마을은 예부터 금박산 밑은 지붕을 기와로 덮으면 화근이 온다는 전설 때문에 면사무소와 지서만 기와지붕일 뿐 1백 58호가 모두 초가였다. 그러다가 지난 8월 1일 3백 90만 원을 들여 금고시설을 완비한 마을 금고를 세우고 금융업무를 맡을 수 있는 모든여건을 마련했다.

현재 1천 3백 73명의 회원은 8천 9백 55만 2백 30원(11월 22일 현재)을 과 저축했으며 지붕개량 2백 17동, 포플러식재 2만 4천그루, 전화사업 5백 32호, 영창중학 유치, 대창교 가설, 농로확장 5백m, 담벽개량 3천m, 부엌개량 1백 60호, 장독대개량 1백 30호, 새마을 광장 3백 평 등 지역개발사업을 완성했다.

처음에는 저축을 외면하는 마을 주민들을 설득시키고 수금을 하기 위해 자루를 들고 다니며 보리쌀을 받아올 때는 한심스럽고 측은하기도했지만 이제는 정말 자랑할 수 있는 마을금고를 육성했다고 박 씨는 흐뭇해했다.

【永川=尹五柄 記者】

高速버스서 爆發物터져

승객18명 重輕傷

뒷座席서 탄내…爆音이어

고마터

洛東大橋부근서 韓進버스全燒

【漆谷=尹五炳기자】 5일하오9시50분쯤 경북漆谷군석적면 남율동앞서울~釜山간 고속도로 나동강대교 남쪽 7백m지점에서 서울을 떠나 대구로가던 한진고속소속 경기영6-1137호고속버스(운전사 李근호·43)안 뒷쪽에서 종류미상의 폭발물이 터져 승객 孫동욱씨(36·대구시중구동인동1가33)등 6명이 고막이터지는 등 중상, 12명이 경상을입고 차체가 전소했다.

운전사 李씨에 의하면 가 나동강대교에 들어설무렵 뒤좌석에 앉은 孫씨와 金경조씨(46·여·서울)가「무엇이 타는 냄새가 난다」고 안내양에게 말해 운전사 李씨가 차를 세우고 차 뒤에 있는

연기를 조사하려고 일어서는순간 광하는 폭음과함께 폭발물이 터지고 불이 길이 치솟아 차안에 불이 붙었다.

사고버스에는 35명의 승

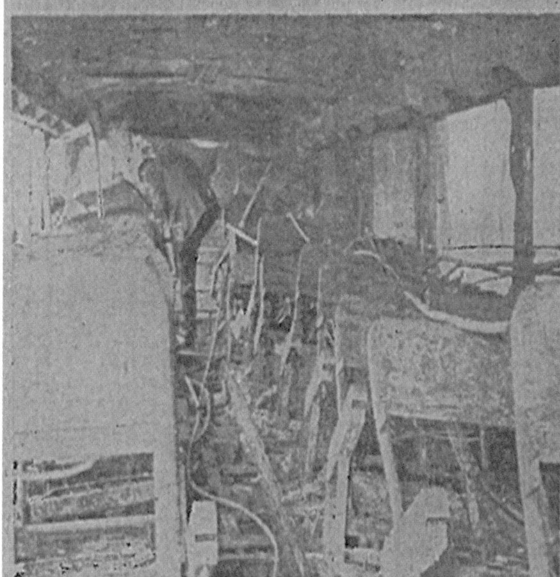

고속버스안은 폭발물이터져 전소(사람이 서있는곳이 폭발물이터진곳).

1972년 4월 7일

高速버스서 爆發物터져
승객18명 重輕傷 고막터지기도
뒷座席서탄내…爆音이어불길 72년4월7일
洛東大橋부근서 韓進버스 全燒

【漆谷=尹五柄記者】5일 하오 9시 50분쯤 경북 칠곡군 석적면 남율동 앞 서울 ~부산간 고속도로 낙동강대교 남쪽 7백m지점에서 서울을 떠나 대구로 가던 한진고속 소속 경기영6-1137호 고속버스(운전사. 이근호. 43) 안 뒤쪽에서 종류미상의 폭발물이 터져 승객 손동옥 씨(36. 대구시 중구 동인동)등 6명이 고막이 터지는 등 중상, 12명이 경상을 입고, 차체가 전소됐다. 운전사 이 씨에 의하면 차가 낙동강대교에 들어설 무렵 뒷좌석에 탓던 손 씨와 김정조 씨(46. 서울)가『무엇이 타는 냄새가 난다』고 안내양에게 말해 운전사 이 씨가 차를 세우고 차 뒤에 있는 엔진을 조사하려고 일어서는 순간 쾅하는 폭음과 함께 폭발물이 터지고 곧이어 불길이 치솟아 차 안에 불이 붙었다는 것. 사고버스에는 35명의 승객이 타고 있었는데 승강구와 창문등으로 급히 뛰어내려 상처를 입기도 했다.

이 폭발로 버스의 유리창이 모두 박살나고 운전석 밑에 걸어둔 스페어 타이어 1개만 남기고 차 내부와 바퀴까지 온통 타 버렸는데 폭발지점은 차 내부의 오른쪽면 뒷좌석 바로 앞으로 보이며, 그 바로 옆 부분은 이 폭발로 직경50cm 가량 밖으로 볼록 튀어나왔다.

부상자들은 대구 경북대 부속병원에서 치료를 받았다. 사고버스의 뒷좌석에 탔다가 화상을 입은 이철수 씨(21. 대구시 대봉동)는 버스가 사고지점에 이르렀을 때 쾅하는 폭음소리가 울리면서 버스 천장의 룸라이트와 유리창이 깨졌다고 말했다.

버스회사 측은 불탄 버스의 엔진에는 이상이 없다고 밝혔다.

1973년 12월

==慶北 月城郡 安康읍 옥산4里 金永順 씨==

慶北 月城군 安康읍 옥산4리 金永順 씨(32. 여)가 22일 光州실내체육관에서 열린 전국 새마을지도자 대회에서 勤勉章을 받았다.

포항여고를 졸업한 김 씨가 옥산마을의 새마을 지도자가 된 것은 지난 70년. 형산강변에 자리잡고 있는 옥산마을은 1백 57가구 8백 27명(남 3백 97명, 여 4백 30명)이 살고 있는 가난하고 보잘것 없던 마을 이다. 가난하게 살던 이 마을에 새마을운동이 시작된 것은 지난 70년 봄. 김씨는 우선 부녀회를 재정비하고 절미운동을 벌이기로 했다. 집집마다 절미항아리를 마련해놓고 한사람이 한 순갈씩 끼니때마다 쌀을 모았다. 1년 만에 쌀 9가마를 모을 수가 있었고, 이 돈이 우수새마을로 탈바꿈하는데 큰 힘이 된 것이다.

慶北 月城郡 安康邑 옥산4里 金永順씨

全國 새마을指導者 대회

마을안길 擴張등 11개事業

金永順 씨

경북月城군安康읍옥산4리 새마을지도자 金永順씨(32·여)가 22일 光州실내체육관에서열린 전국새마을지도자 대회에서「勤勉章」을 받았다.

浦項여고를 졸업한 金씨가 玉山마을의 새마을지도자가된것은 지난70년 兄山강변에 자리잡고 있는 玉山마을은 1백57가구 8백27명 (남 3백97명 여4백30명)이 살고있는 가난하고 보잘것없던 마을이다.

가난하게살던 이마을에 새마을운동이 시작된것은 지난70년봄.

金씨는 우선 부녀회를 재정비하고 절미운동을벌이기로했다.

집집마다 절미항아리를 마련해놓고 한사람이 한술갈씩 끼니때마다 쌀을 모았다. 1년만에 쌀9가마를 모을수있었고 이돈이 우수새마을로 탈바꿈하는데 큰힘이된것이다.

71년도에 시범새마을로 지정된 玉山마을은 당국의 시멘트및 철근지원을 받아 본격적인 새마을운동을 전개했다.

1천5백m의 마을안길 확립 1백68동의 지붕개량 2천2백m의 농로개설 60m의 제방보수등11개사업을 해낸것이다.

11개소나되면 주막은 자취를 감췄다. 절절한 주

全國새마을 指導者대회서 勤勉章

마을안길 擴張 등 11개 事業 매듭져

71년도에 시범새마을로 지정된 옥산마을은 당국의 시멘트 및 철근지원을 받아 본격적인 새마을 운동을 전개했다.

1천 5백m의 마을안길 확장, 1백 68동의 지붕개량, 2천 2백m의 농로개설, 60m의 제방보수 등 11개 사업을 해낸 것이다.

11개소나 되던 주막은 자취를 감추었다. 컴컴한 주막 뒷방에 모여앉은 노름꾼들이 밤을 새우고 나면 패가망신하던 것은 옛날의 날.

뜻있는 청년회원들과 같이 노름방을 찾아다니며 간곡한 애소도 하고 설득도 했다. 주막을 없앤 후 마을 앞 뽕나무밭 6백 평을 부녀회에서 맡아 가꾸기로 했다.

잠종 2상자를 쳐 9만 원의 첫 수입을 올린 부녀회원들은 새로운 용기를 얻어 마을 뒷산을 개간기로 했다.

80여 명의 부녀회원들이 모여 눈발이 날리는 엄동설한에도 삽과 괭이로 5천 여평을 개간했고 절미운동 등으로 모은 2만 원과 양잠수입금 등을 보태어 뽕나무 3년생 1만 그루를 심었다.

억척스러운 부녀회원들의 노력으로 울창하게 자란 뽕나무밭은 2년 후부터는 22상자의 누에를 쳐 연간 1백만 원의 소득을 올릴 수 있다고 부푼꿈을 안고 있다.

이와 같이 공동 작업에 큰 성과를 보게 된 이 마을 주민들은 예비군 훈련장에 나가 국수 팔기를 하여 2만 7천원을 모았고 여름동안에 송충이 22가마를 잡아 번 돈 17만원 등으로 20평짜리 공동작업장을 세웠다.

【月城=尹五柄記者】

『알뜰 旋風』
浪費 등 不條理 追放을 위한 運動

休紙 모아 이웃 돕기--- 大邱三德어머니회

"化粧紙宣傳하는TV광고 못마땅"

0....3살쯤 된 꼬마가 상자속의 화장지를 마구 꺼내 구겨 버린다.
0....삽시간에 방 안 수북이 휴지가 쌓인다.

화장지를 선전하는 모 메이커의 텔레비전 CM의 한 장면이다.『아무리 선전이라 해도 너무해요. 마치 낭비를 권장하기라도 하려는 속셈 같이…』
휴지를 주워 모아 생긴 돈으로 자선사업을 벌이고 있는 알뜰주부들의 모임 三德어머니회(慶北 大邱시 삼덕동) 회장 이경림 여사(47)의 말이다.
누구 못지않게 알뜰하다고 자부하는 자신들의 눈에는 비록 TV의 한낱 상품 선전일망정 사회 부조리의 단면 같아 못마땅하다는 표정. 72년 7월 12일 이 회장을 비롯한 8명의 뜻있는 주부들은『마을을 위해 무언가 좋은 일을 해 보자』는 데 의견을 같이하고 어머니회를 조직했다.
우선 당장 실천에 옮길 수 있는 일부터 해보자고 머리를 짜낸 이들은 휴지를 모아 팔자는 데 최종결정을 보았다.
삼덕동 3가 마을금고 이사장 王처흥 씨(57)의 주선으로 휴지통 1천 3백 개를 마련, 동네 전체에 나누어 주는 한편 60개반 반장들을 모이게 하여『앞으로 전개될 대대적인 휴지수집운동을 적극 지원해 달라』고 호소했다.
이들은 이어 리어커와 대형부대 등도 마련해서 4명 1조가 되어 휴지수집에 나섰다.
작업복에 밀짚모자까지 쓴 이들의 차림은 이색적인 여성넝마주이로 마을의 화제가 되었다. 일부 아낙네들의 비웃음도 받았고 몇몇 회원들은 사나운 개에게 물릴 뻔 한 적도 한두 번이 아니었다. 하루의 휴지 줍기가 끝나고 저녁에 귀가하면 몸은 풀솜같이 축 처졌으나 이들의 의지는 꺾이지 않았다.

女子 넝마주이 노릇

休紙 모아 이웃 돕기--- 大邱三德어머니회

1,300家口에 通帳 갖게

비웃음은 사라지고 어머니회에 가입하는 회원들이 급증, 45명으로 늘어났다. 무더운 여름, 추운 겨울 가리지 않고 꾸준히 모은 휴지는1관(貫)에 60원씩 받고 제지공장에 팔았다.

50원은 휴지를 모았다 내준 가구주의 몫으로 떼어주고 남은 10원씩을 어마니회 기금으로 모아 그동안 39만여 원을 모았으며 마을 금고에 2백 30만원을 저축하는 성과를 올렸다.

『이 39만 원이란 돈은 순전히 우리 삼덕동 일대에서만 주워 모은 휴지를 판 것인데 전 대구시 아니 선국적으로 휴지를 긁어 모을 수만 있다면 엄청난 돈이 될 것』이라고 회원들은 아쉬운 표정을 지었다.

휴지를 수집할 때 무엇보다 애를 먹는 일은 관심없는 주부들이 신신당부에도 아랑곳없이 약병, 사과껍질. 연탄재, 심지어는 쥐 죽은 것까지 뒤범벅으로 섞어버려 휴지만을 골라내다가 피부병까지 올라 치료 받느라고 혼이 난 회원도 있엇다는 것.

이제는 계몽이 잘되어 가정마다 휴지통과 쓰레기통을 따로 두기 때문에 휴지 수거하는 일이 전보다 훨씬 수월해졌다는 이들은『우리 어머니회가 벌이고 있는 휴지수집운동의 장기화로 동네 1천3백가구는 두둑한 마을금고통장까지 갖게 되었다.』고 대견스러워 하기도.

번번이 많은 양의 휴지를 모았다가 내주고 있다는 주민 김원자 씨(57)는『쓰레기로 무심히 버렸던 휴지가 돈이 될 줄은 꿈에도 몰랐다』면서『포장지, 화장지, 노트 등으로 잔뜩 차있을 서울 부자집 동네의 쓰레기통을 맡아 치면 더 많은 돈이 벌려 그만큼 자선사업도 활발해질 것』이라고 아쉬워하면서 대도시 부유층의 낭비습성을 은근히 꼬집는다.

펄프 등 제지원자재의 90%를 수입에 의존하고 있는 우리나라에서 지난 한 해 동안 쓰종이소비량이 52만 톤이나 된다는 사실을 아는 이들 어머니회원들은『우리가 내버린 휴지를 주워 사회사업을 벌이고는 있지만 수집할 휴지가 없어 사업을 못 하는 한이 있더라도 모두가 종이를 아껴 써서 수입을 줄여 외화를 절약했으면 좋겠다.』고 말한다.
불우한 이웃돕기운동에 앞장서고 있는 이들은 지난 연말에도 達城군 가창면 신일양노원을 찾아 인생의 황혼길에서 의지할 곳이없는 노인 1백여 명을 위문, 선물을 나누어 주는 등 따뜻한 동포애를 보였다.

【大邱=尹五柄 記者】

龜尾工業 團地에 큰불

潤成방직 2萬坪 全燒… 이웃延燒 막게 全力

【大邱. 金泉】23일 하오 3시 45분쯤 경북 선산군 구미읍 광평동721 龜尾공업단지 내 潤成방직공장(대표=徐甲虎.59) 작업장에서 불이 나 2만 6백 23평에 달하는 본 건물을 전소시켰다. 불은 공장에 쌓여 있던 솜등에 번져 삽시간에 공장건물이 불길에 휩싸였다.
불이 나자 구미 왜관 대구등지에서 소방차 8대가 동원, 진화작업에 나섰으나 손을 쓰지 못하고 부속건물(8백평)에 불길이 번지지 못하게만 했다.
윤성 방직구미공장은 지난해 2월 日本 阪本방직공장으로부터 외자 6천9백만 달러(한화 2백 80억원)을 도입, 단층 콘크리트건물(건평 2만 6백 23평)로 지난해 12월 준공했으며 직기 2천 8백대가 있다. 이날 종업원 1천 명이 일하고 있었는데 인명피해는 밝혀지지 않았다.

【하오 6시30분현재】

被害額百50億원

龜尾工團史上최대....火因계속 搜査

【龜尾=尹五柄, 朴仁郁 記者】23일 하오 3시 45분쯤 慶北善山군 龜尾읍 광평동721 龜尾工業團地안에 있는 우리나라 최대 규모의 潤成紡織工場(대표=徐甲虎.59)화재로 1백 50억 원(警察추산)의 재산피해를 냈다.

우리나자 화재사상 최고의 피해액을 낸 이 불은 2만 6백 23평의 철근콘크리트공장 단층건물과 방직기 2천 8백대, 선방기 3백대와 보관 중이던 원면 75톤 등을 태웠는데 이날 하오 9시 30분경 불길이 잡혔다.

불은 混打綿室에서 발화했는데 화인조사에 나선 경찰은 첫 목격자 金英子 양(21)과 기술담당 직원 등 5명을 연행조사 중이다. 구정인 이날 1천 20명의 공장 종업원 중 4백명이 근무 중이었으나 인명피해는 없었다.【상보7면】

百70億원火災保險 加入한 지 이틀 만에

潤成紡織은 구미공장 화재사건 이틀 전인 지난 21일자로 금융기관의 손해보험 대행단에 1백70억 원의 화재보험을 가입한 것으로 알려졌다.

螢光燈過熱 솜먼지引火

警察. 潤成紡績 火因단정

【龜尾=尹五柄.朴仁郁記者】구미공단 윤성방적화재사건을 수사 중인 경찰은 25일 하오 혼타면실 천장의 형광등이 과열되면서 형광등 쇠판에 두껍게 얹혀 있던 솜먼지에 인화되어 화재가 일어난 것으로 단정, 타다 남은 형광등 쇠판 4개, 경보기 등을 증거물로 보존했다.

이날 하오 2시 반부터 3시 반까지 1시간동안 대구지검 김천지청 朴永漢 검사지휘로 실시된 화인조사반은 처음 불이 난 혼타면실의 형광등이 매달렸던 2층의 각목 화재경보기 등에 5mm~2cm의 솜먼지가 이불솜처럼 굳어져 쌓여 있는 것을 발견했고 타다 남은 형광등 쇠판에서도 솜 먼지조각을 발견, 이같이 화인을 단정한 것이다.

이날 혼타면실에서 작업하던 유재옥 양(24)과 하경선 양(19)도 처음 불은 천장의 형광등 주위에서 불꽃을 보았다고 진술했다.

숨도 못쉰 불바다 6時間

龜尾공단 큰불詳報

치솟은 연기 4

混打綿室서 發火 職工들 모두

손도 못 댄 불바다6時間

龜尾工團 큰 불 詳報
치솟은 연기4km까지
혼타면실서 發火 職工들 모두 대피, 人命피해 없어

【龜尾=尹五柄, 朴仁郁 記者】우리나라 최대와 최신을 자랑하는 潤成km방적공장이 구정인 23일 하오 6시간 동안에 불타버렸다.

1백 50억 원이란 엄청난 재산을 불태우는 동안 진화 작업도 제대로 하지 못했다. 새로 건설한 이 공장은 구정에도 일을 하고 있었는데 인명피해가 없는 것만도 다행이었다.

구정에 몰아닥친 강추위 속에 원면이 타는 불꽃과 연기가 하늘로 치솟고 연기는 4km 밖까지 덮었다.

외자를 들여 지은 큰 공장들이 들어선 구미공단에 방화 및 소화시설이 허술했다는 점이 이번 불로 드러나 더욱 안타깝기만 하다.

6km 밖서 물날라

대구 등서 소방차 15대 동원

[진화] 불이 난 후 30분 만에 구미의용소방대차 2대가 현장에 달려왔으나 불길은 이미 공장 전체에 번져 손을 쓸 수가 없었다.

대구 왜관 김천등지서 소방차 15대가 동원되었으나 6km밖에서 물을 날라오는 등 진화에는 역부족. ...이하생략 .....

徐사장 등 현장에 여직공들은 상경

『윤성방적본사표정』서갑호 사장이 구미화재현장으로 달려왔고 윤성방적 모회사인 영등포에 있는 방림방적 김규성 부사장, 서상욱 전무 등 임원들도 현장으로 갔다. 한편 방림방적 기숙사에는 윤성방적 여직원들이 올라 올것에 대비하여 방을 치우고 기숙시킬 준비를 하고 있다.

消防署 한 곳 없어

工團에 펌프車 2臺, 常備소방원 4명

『問題點』우리나라 최대의 공업단지(3백 18만 5천평) 안에 소방서가 없었다는 것과 현대식 공장의 방화대비가 허술했다는 점이 문제로 등장했다.
공단 내에는 엄청난 외화를 들여 건설한 각종공장이 가동되고 있어 화재의 대형화가 우려되는 데도 소장 장비로는 고압펌프차 2대 밖에 없었으며 소방요원도 상비소방원 4명과 의용소방대 뿐이었다.
46km나 떨어진 대구와 김천 등지에서 소방차의 지원을 받긴 했으나 솜에 붙은 불을 끌 정도의 장비가 전혀 없어 진화에는 손을 대지 못했다는 것 등 공업단지 방화관리에 허점 투성이였다.
이제까지 우리나라의 공단은 서울의 구로공단 등은 시 소재지에 있어 공단안에 따로 소방서를 신설할 필요가 없었으나 구미공단은 읍소재지에 있어 치안국은 작년에 이곳에 소방서설치를 건의했었으나 읍소재지는 규정상 소방서를 신설할 수 없다고 예산이 깎여 버렸다는 것이다. -----문제점 이하는 생략 합니다.-----

【龜尾=尹五柄, 朴仁郁 記者】

入試不正의 大邱市內 前期高校

來5일 再試驗 실시
教師와筆耕士가 결탁

관련 4명拘束. 4명立件. 5명에 백50萬 원 받아

【大邱】경북도 전기고등학교 입학시험 대구 7개교의 문제출제에서 고교 교사와 프린트 필경사가 결탁한 시험부정사건이 드러나자 경북도교위는 30일 이 학교에 대한 시험을 전면 백지화하고 2월 5일 다시 시험, 2월 8일 합격자를 발표하기로 했다.

도교위는 1만 4천여 명의 응시자 중 타도학생 1천 1백 38명에게는 1인당 3천 원씩 도내시, 군출신 학생 4천 4백 4명에게는 1인당 2천 원씩의 여비를 지급키로 했다.

다시 시험을 칠 학교는 ▲경북고교, ▲대구고교, ▲경북여고, ▲대구여고, ▲사대부고, ▲대구공고, ▲영천여고이다.

29일 하오 대구지검 金雲泰부장검사는 경북고교 교련담당 李用尙 교사와 신생사(대구시 남구 봉산동) 필경사 朴秉大 씨로부터『시험지 정답 번호숫자는 바르게하고 틀린 답의 숫자는 30도 가량 비뚤게 해 학생들로부터 돈을받고 알려주었다』는 자백을 받고 李用尙 씨, 朴秉大 씨, 宋喜川 씨(33. 경북고 필경사), 李鐘大 씨(40, 경운중학교사)등 4명을 위계에 의한 공무집행 방해혐으로 구속했다.

검찰은 또한 이날 하오 경운중학 교사 鄭基秀(41), 金基洙(37), 金炳道(45), 尹慶庸 씨(38) 등 4명을 위계에 의한 공무집행 방해혐으로 불구속 입건하고 이들이 학부형 5명으로부터 1백 50만원을 받은 사실을 밝혀냈다. 鄭基守 교사는 이달 초순 사환 李鐘大 씨로부터『정답을 가르쳐 줄 테니 대상자를 구해 달라』는 부탁을 받고 응시자 김모 군(16)의 아버지 김진기 씨로부터 30만원, 한모군의 어머니 김모여인에게 30만원 등 도합 60만 원을 받아 이종대 씨에게 주었으며 윤경용 교사 역시 이종대 씨 부탁을 받고 응시자 김모군의 아버지 김말준 씨로부터 40만 원을, 김기수 교사는 응시자 이모 군의 아버지 이명윤 씨로부터 30만 원을 받아 이종대 씨에게 주었다는 것이다.
金炳道 교사는 宋喜川 씨(33. 경북고 필경사)와 李用尙 씨(35. 경북고 교련교사)로부터 같은 청탁을 받고 자기 아들 김 모 군을 부탁한다면서 송 씨와 이상도 씨에게 20만 원을 주었다고 자백했다. 한편 검찰은 학부형 김진기 씨 등 5명을 소환, 심문 중에 있으며 여죄를 추궁 중에 있다.

出題관리에 큰虛點
단골 프린트社 필경사
담당 教師들과는 舊面

《問題點》고교 입시부정은 경북도교육위원회의 입시관리에 많은 허점이 있어 저질러 졌음이 검찰 수사에서 드러났다. 입시문제 등사를 맡은 프린트사「신생사」는 경북도교위 단골프린트사이며 이번 사건에 관련된 필경사 박 씨는 4년간이나 여기에 근무했다.
박씨는 경북도교위에서 매년 실시하는 각종 입학시험의 등사를 맡아 왔기 때문에 출제관리의 허점을 잘 알고 있으며 출제 위원인 경북도내 교사들과도 여러번 같이 합숙을 한 일이 있어 친면이 두터운 사이.
그래서 이번처럼 등사하는 과정에서 정답까지도 알 수 있어 이같은 부정을 저지를 수 있었던 것.
이처럼 도교위가 지정 프린트사에서만 입시문제를 등사해 왔기 때문에 박 씨는 금년에도 자기가 필경작업을 맡을 것을 미리 알고 경북고교 이 교사와 짜고 약속대로 정답번호만을 정자로 쓰는 암호방법을 사용했던 것.
경북도교위는 永川여고 吳仲煥 교장을 출제위원장으로 하는 19명의 장학사와 교사로 구성된 출제위원들을 지난 18일부터 대구여고 생활지도관에 연금상태로 합숙, 문제지 등사는 박 씨와 또다른 필경사 元鍾淑 씨 등 2명이 24일부터 3일간 출제위원들과 같이 합숙하면서 끝냈다.
이 출제위원들과 필경사 박 씨등 모두 21명은 5교시 시험이 모두 끝난 28일 하오3시에 풀려나왔다.

《출제경위》경북도교위에 따르면 이번 말썽이 된 시험문제는 永川여고 吳仲煥 교장을 위원장으로 장학사와 교사 등 19명으로 구성된 공동출제위원회에서 마련된 것이다. 이들이 마련한 이 시험문제는 6개 복사지구로 나누어 프린트했는데 부정문제지는 제1지구에서 등사한 12개 학과 가운데 국어, 생물, 수학등 3개학과를 제외한 음악, 도덕, 영어, 한문, 실업, 미술, 사회, 물상 등 9개 과목이다.

경북도교위 學務局長 등 15명 職位解除

再試 出題위원 19명 새로任命

【大邱】경북도교육위원회는 오는 2월 5일 다시 치르게 될 경북도 내 제1지구 고교입시의 출제위원 19명을 새로 임명했다.
한편 문교부는 30일 대구시내 일부 전기고교 입시부정사건의 책임을 물어 경북도교위 학무국장 白義石 씨, 중등교육과장 金容大 씨, 장학계장 李聖雨 씨, 경북 제1고사지구 관리위원장 吳仲煥 씨(영천여고 교장) 등 15명을 직위 해제 했다.

◇事件記者◇

『不正』은『特惠』서 봐준 業者가 虛點노려

神經안 쓴 檢閱5回… 거뜬히 通過

경북 제1복사지구의 입시부정사건은 경북도교육위가 특정 업자를 봐준데서 움트기 시작, 교육계를 먹칠해 놓은 것이다.

대구지검 金雲泰 부장검사에 의해 위계에 의한 공무집행방해죄로 구속된 李用尙 씨(35. 경북고 교련교사), 宋喜川 씨(33. 동교 필경사), 李鐘大 씨 (40.동교 사환) 등은 4년 전부터 고교입시문제를 인쇄해 온 신생사 필경사 朴秉大 씨의 제안에 넘어가 고교원서를 받고 있던 지난 1월 초순부터 여러차례 모의를 했고 감독관들이 신경을 쓰지 않는 사지선다형 문제 중에서 정답번호는 활자체로 똑바로 쓰기로 결정, 5회나 실시한 감독관의 검열을 무사히 넘길 수 있었음이 밝혀져 입시문제의관리에 허점을 드러내기도 했다.

그러나 도 교위는 지난 13일 실시한 6개복사지구 입시문제 프린트 업자 선정에서 말썽이 된 신생사(대표=이영복.53.여) 등 2개 프린트사에 대해서는 지명으로 특혜를 줬다는 점에서 더욱 의혹을 사고 있다.

주범 朴 씨는 경북고등학교 필경사인 宋 씨를 포섭했고 송 씨는 다시 사환 이 씨와 교련교사 이 씨를 포섭, 대상학생을 구하기 위해 鄭基秀 교사(41.경운중.영어) 등 4명을 포섭한 것이다. 朴, 宋씨는 지난 20일 예상대로 문제지를 프린트하게 되자 계획대로 암호로 정답을 암시했으며 李 교사 등은 정교사 등 4명의 주선으로 학부형 5명으로부터 모두 1백 50만 원을 받고 정답을 알아내는 방법을 가르쳐 줬던 것.

도교위 교육감실에 몰려와 항의하던 경북고교 수험생 강모 군(16. 밀양세종중)의 아버지 강수천 씨(48.밀양군 밀양읍 내일동) 등 학부형들이 밝힌 사건으 발단은 다음과 같다.

경북고교에서 제2교시(음악)를 치르고 나온 부산출신 수험번호 122* 번학생이 친구에게 『정자로 쓰인 것이 정답인데 부정시험같다.』고 말하자 옆에 있던 116*번 등 4명의 수험생들이『그런말 하면 죽여버린다』고 위협했다는 것.

이런 말이 수험생들간에 버지고 번져서 20고사장에서 시험을 본 안모군(16)등은 3교시부터 눈치를 챘으나 16. 17. 18고사장의 수험생들은 2교시부터 알아 활자체로 쓴 정자번호만 골라 썼다는 것이다. 이와 같이 정답이 암시된 문제는 12개학과 1백80 문제 중에서 9개학과 1백20문제로 알려졌다.

수험생과 학부형들은 시험이 끝난후 집에 돌아가 시험지를 재검토해본결과 활자체로 바르게쓴 번호는 모두 정답이라는 사실을 발견, 다음날인 29일 신체검사를 하려고 경북고교에 모인 수험생과 학부형 간에 다시 술렁거리다가 부정이라는데 의견을 모아 하오 1시쯤 白慶基 교장에게 경위를 따졌다.

9個 과목 百20문제 正答 암시
再檢討서 確認… 身檢場술렁
校長도"成績 너무 좋아 疑惑"

白 교장은 수험성적이 너무 좋아 이상하게 여겼다면서 문제 자체에 의혹이 있으니 도교위에 가보라 했다는 것이다. 이와 같은 부정문제지로 시험을 치른 학교는 경북고(정원 7백 20명에 1천 7백 3명 응시), 대구고(7백 20명에 2천 5백 76명 응시), 경북여고(7백 20명에 1천 75명 응시), 대구여고(4백 80명에 1천 5백 35명 응시), 사대부고(4백 20명에 1천 3백 81명 응시), 대구공고(9백 60명에 5천 4백 62명 응시), 영천여고(1백 80명에 2백 20명 응시) 등 모두 7개교 이다.

결국 제1복사지구 출제위원 9명과 도교위관계 공무원 등 모두 15명이 무더기로 직위해제 되자 경북도 교위는 초상집처럼 술렁거렸으며 40평생을 교단에 바친 白義석학무국장과 吳仲煥永川여고교장 등 노교육자들이 정년퇴직을 앞두고 밀려나게 되자 직원들은 모두 안타까운 표정들이다.

한편 문제의 신생사 프린트사는 대구시 삼덕동 2가 186에 사는 이영복 씨(53.여) 가 10여 년 전부터 2평 짜리 점포를 전세 얻어 수년 전부터 도교위의 각종 인쇄물을 단골로 맡아 왔으며 지난 4년 동안 고교입시문제도 프린트 했다.
박병대 씨 등 2명의 필경사를 고용하고 있는데 평소 착실하고 말이 없던 박 씨가 이런 끔찍한 일을 저지를 줄은 몰랐다고 주변에선 놀라고 있다. 또 직물업을 하다 실패하여 수 백만 원의 빚을 지고 지난 70년 7월 9일 교련교사로 임명되어 71년 3월 1일자로 경북고교에 전입된 李用尙 교사는 대구시 대명5구 87에 월세방을 얻어 부인(34) 등 5식구와 가난하게 살고 있으며 빚에 쪼들려 봉급은 타는대로 이자돈 갚기가 바빴으나 평상시 근무에는 성실했다고 동료교사들은 말하고 있다.

【大邱=尹五柄記者】

1974년 2월 1일

教師. 學父母 8명 더 拘束

檢察.大邱 入試不正 搜査확대

【大邱】 경북 전기고교 제1복사지구 입시 부정사건을 수사중인 대구지검 金雲泰 부장검사는 30일 하오 경운중학교사 鄭基秀 씨(41.영어), 金基洙 씨(38.국어), 尹慶鏞 씨(38.수학), 金炳道 씨(45.사회), 등 4명과 학부모 黃英淑 씨(41.여.대구시 효목동 산98), 金建基 씨(40.삼덕동1가), 鄭達順 씨(35.여. 계산동 2가 169), 晉泰鎬 씨(35.여. 대명동 2구 182) 등 모두 8명을 위계에 의한 공무집행방해혐의로 추가 구속하고 동교 체육교사 이석연 씨(47)와 브로커 차경덕 씨를 같은 혐의로 수배 했다.
검찰은 입시부정사건을 중대시, 수사를 확대하고 관련자를 모두 구속키로 했는데 이 사건으로 모두 12명이 구속됐다. 검찰에 따르면 정기수 교사는 지난 1월 초순 동교 사환 이종대 씨(구속)로부터『정답을 가르쳐 줄테니 대상자를 구해달라』는 부탁을 받고 수험생 김모 군의 아버지 김종기 씨로부터 30만 원. 한모 군(16)의 어머니 황영숙 씨 로부터 30만원 등 60만원을 받아 이씨에게 전달한 혐의다.

金宙晩慶北道教育監辭表
入試不正引責 後任에 李聖祚 씨 추천

【大邱】 경북도 교육위원회는 31일 하오 3시 경북도 교육감실에서 교육위원 6명(정원 7명)이 모인가운데 임시 교육위원회를 갖고 현교육감 金宙晩 씨의 사표를 수리했다. 金 씨는 대구 전기고교 입시 부정사건에 책임을 지고 사표를 냈는데 이 날 회의에서는 새 교육감(4대)에 京東고교장 李聖祚 씨(58.사진)를 추천하기로 만장일치로 결의했다. 이날 추천된 李 씨는 대구사범을 거쳐 경북대 사대 문리과를 나와 경기고 교장, 덕수상고 교장을 역임하는 등 지난 37년 동안 일선 교육계에서 일해왔다.

한편 문교부는 새 교육감으로 추천된 李聖祚 씨의 임명을 이날 박정희 대통령에게 제청했다.

1974년 2월 8일(금요일)

前 慶北教育監 金宙晩 씨 自殺

高校入試不正引責 辭表受理 1週만에

自責.부하 解職에 苦悶

故鄕어머니 찾아가 밤새 이야기 나눈 뒤

【大邱】 전 경북도교육감 金宙晩씨(55)가 경북전기고교 제1복사지구 입시 부정사건의 도의적인 책임을 지고 사표를 낸 후 번민해오다 7일 상오 자살했다.

金씨는 6일 하오 11시쯤 경북 군위군 군위면 정동 429에 사는 어머니 이석출 씨(79)를 찾아가 자정이 넘도록 이야기를 나눈 후 어머니가 잠든 다음 음독, 7일 상오 6시 30분 시체로 발견됐다.

경찰은 金씨가 약물 중독에 의한 사망이라는 경찰공의(仁誠의원원 장禹學奉.62)의 진단에 따라 전기고교 입시부정 사건으로 고민해오다 음독자살 한 것으로 단정했다.

金씨는 입시부정 사건후 교육계에 일대오점을 남겼다는 죄책감과 부하15명이 직위해제된데 대해 고민해 왔고 특히 지난5일 재시험으로 하생들이 다시고역을 치르는 것을 보고 가슴 아파했다는 것이다.

金씨는 서거전날인 6일 저녁 이번 입시부정사건으로 직위해제된부하직원들, 처음 발견한 직원과 교사10여명을 자택에 불러『내가미리사표를 냈더라면 여러분들이 희생되지 않았을텐데 미안하다』며 울먹였다. 그후 부인趙花子씨(46)에게『고향에가서 몇일 머리를식히고 오겠다』는 말을 남기고 집을 나서 택시를 전세내 군위로갔다.

1시간 30분뒤 고향에 도착한 金씨는 교육감자리를 물러난 경위를 설명하면서 어머니를 부등켜 안고『어머니는 오래사셔야 합니다. 처자식이 불상해요』라며 울먹였다는 것이다. 양복을 입은채 입에 거품을 품고 숨져있는 김씨를 처음 발견한 어머니 李씨는 고향에서 과수원을 돌보며 살아 왔다. 金씨는 대구시 대봉동 41의16에 있는 경북도 교육위원회 관사에서 부인 趙씨와 4남1녀와 함께 살고 있으며 노모가 혼자 살고 있는 고향에는 주말마다 버스편으로 다녀오곤 했다.

前慶北教育監 金宙晩씨自殺

高校入試 不正引責 辭表受理 1週만에

自責·부하

故鄕 어머

寡默·剛直…庭園가꾸

敎壇 30餘年 故 金宙晩씨

敎育與件 改善모색

文敎部. 敎聯 社會.家庭에 積極 協調호소

安東敎師들도 決議

"良心을 갖고 使命感 되찾게"

宙晩奬學會설립

故人뜻 살려 遺族들 弔慰金으로

【大邱】김주만 전 경북교육감의 미망인 趙和子 여사(46)는 9일『사도의 양심을 목숨으로 지킨 고인의 뜻을 기리기 위해 각계에서 보내오는 조위금을 모아 장학기금을 마련하겠다』고 말했다. 또한 具滋春경북도지사도 이날 가칭 주만장학회를 신설, 고인의 뜻을 후세에 남기겠다고 밝히고 유족대표와 제자, 친지들로 장학위원회를구성, 장례식이 끝나는 대로 구체적인 방안을 협의하겠다고 말했다…

많은 弔客嗚咽 속에

故 金宙晩 전교육감 永訣式엄수

【大邱】 고 金宙晩 전 경북도교육감의 영결식이 10일 상오 11시 대구시 산격동에 있는 도 교육위원회 광장에서 趙成鈺 문교부차관, 具滋春경북도지사, 朴浚圭의원 등 각계인사와 시민 학생 등 5천 여 조객들의 애도 속에 경북도교육위원회장(葬)으로 엄수됐다.

군악대의 구슬픈 장송곡이 울려 퍼지는 가운데 영결식장은 사도를 지키겠다고 스스로 목숨까지 끊은 고인의 고결한 멸사봉공(滅私奉公)의 정신을 슬퍼하는 조객들의 오열로 뜨거웠다.

이날 민관식 문교부장관(조차관대독)과 千時權 장례위원장은 조사를 통해『생전에 투철한 사명감과 올바른 교육관으로 일관했던 고인의 고매한 인격과 죽음으로 외친 사도 앞에 머리 숙이며 이를 거울삼겠다』고 말했다.

◆ 영결식 내용 기사는 생략함. ---

신 문 서기1972년3월24일 (금요일) B

총력안보와 새마을운동의 기수가되기를 결의한 전국교육자대회전경.

【釜山】校長會議열어 釜山서도 師道決議

【大邱】慶北道教育會代議員대회 遺族돕기 등 결의

각계 기탁조위금 70만 원　京鄕新聞社서 전달

【軍威=尹五柄記者】京鄕新聞社는 김주만 전경북도교육감 유족을 돕는 데 써 달라고 각계에서 보내온 조위금 70만 원을 10일 하오 미망인 趙和子여사에게 전달했다. 조위금을 받은 미망인 趙 여사는『이렇게 각계에서 도와줘서 감사하며 고인의 뜻을 받들어 바르고 굳세게 살아가겠다』고 울먹이며 말했다.

【大邱】入試不正被疑者들 울먹"고인에 깊이謝罪"

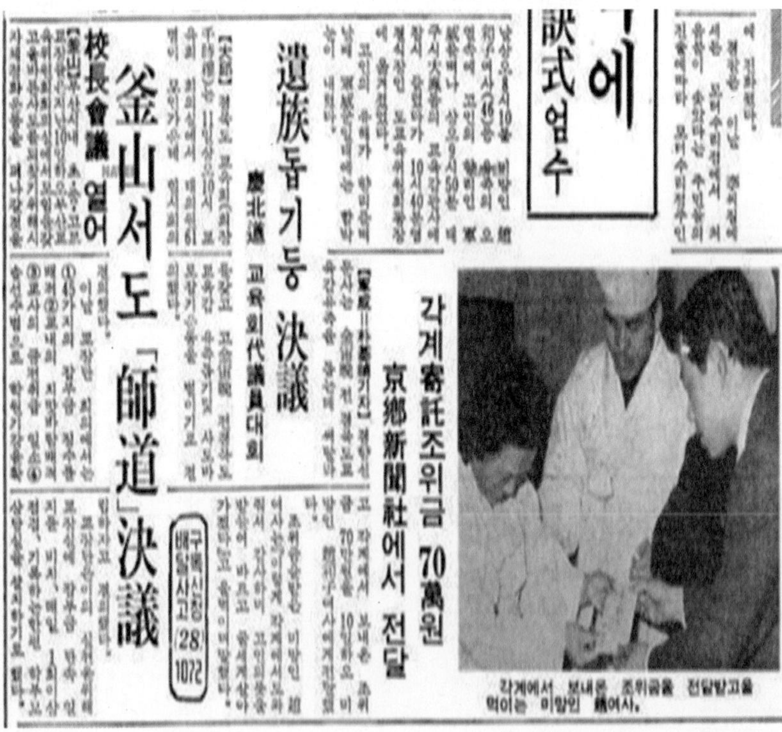

각계에서 보내온 조위금을 전달받고 울먹이는 미망인 趙여사.

1974년 6월 7일 (금요일)

이젠「6月」이 슬프지 않아요

自活터전 굳건한 意志의 戰爭未亡人들

大邱 멸매산에 제복工場 마련한 95명

0.....6.25의 비극이 되살아나는 6월.

현충일(6일)이면 아빠의 묘 앞에 눈물로 꽃을 바쳐야 했던 전쟁미망인들이 올해는 슬픔을 씻고 의지를 키워 자활의 터전을 다졌다고 고인에게 보고한다. 제19회 현충일인 6일 전몰군경 미망인회 경북지회장 安牧丹씨(39) 등 95명의 미망인들은 아빠의 묘를 찾아『아빠, 우리들을 보셔요. 아빠가 생명을 바쳐 지켜준 겨레와 나라가 우리들을 도와 이젠 우리도 자활의 터전을 마련했습니다. 유복자는 자라서 일선에서 나라를 지키고요』라고 보고한 것이다…

6월이면 남다른 슬픔 속에 남편을 잃은 설움을 씹으면서도 자녀들의 교육과 내일의 생활을 걱정했던 이들이었다. 이들 에게 자활의 터전을 마련하자는 움직임이 싹튼 것은 5년 전. 安牧丹 씨(39)를 중심으로 멸매산 공동묘지를 사들여 이곳에 제복공장을 만들기로 했다.

공장부지 매입기금은 지난 69년 10월 일본 고베(神戸)에 살고 있는 재일동포 이두환 씨 등이 보낸 극빈회원주택건립비 1백만 원이었다.

군의 불도저 등 장비 지원을 받아 부지를 정비하는 한편 각계에 호소, 2천 4백만 원을 지원받아 지난 71년 3월 28일 공장건립에 착수, 1년 2개월 만인 72년5월24일 자봉틀 시설을 갖춘 2층 현대식 공장(연건평2백3평)을 완성했다.

모이기만 하면 눈물을 짜던 미망인들 모두가 공장의 공원으로 팔 걷고 나섰다. 자봉틀 52개를 갖춘 이 공장은 완공 다음 날 부터 가동에 들어가 2년 만에 보세가공품 3만 1천장, 포항 종합제철 등 각 기업체의 작업복 1만 4백벌, 공수복 1천 7백 50벌 등을 생산, 3천 6백 16만원의 수입을 올렸으며 1천 3백 82만원의 직업보도비도 마련했다.

이들은 올해 들어서만 군용팬츠 75만 점을 만들어 냈고 지난 1일부터 만들기 시작한 제대복 1만 벌을 오는 30일까지 납품해야 한다며 작업에 열을 올리고 있다.

팔 걷고 工員으로 運營도맡아 좋은 實績 『遺腹子가 나라 지켜요』

봉제부에서 가위질 실밥 뜯기 등 견습공생활 6개월 만에 자봉틀을 맡아 기능공이 된 金長姬 씨(45. 대구시 동구 중동1가 16)는 두 아들도 크고 자활의 길도 열려 이제는 슬픔도 잊을 수 있다고 했다. 金 씨는 24년 전 남편이 전사했다는 통지서를 받았을 때는 임신 7개월 된 몸으로 기절까지 했었다. 김 씨의 남편(박지원)은 6 · 25가 일어난 그해 7월 6일 입대하여 대구 동부국민학교에서 신병교육을 받고 낙동강을 건너 칠곡군 가산면까지 밀려 내려와 마지막 발악하던 북괴병을 맞아 싸우다 1주일 만에 전사 했다는 것.

그 후 金 씨는 두 살짜리 큰아들(박성광. 27. 대문고교 수위실)과 유복자(박용광. 25. 육군하사)를 데리고 피눈물 나는 생활을 했었다. 그러나 지금은 남부럽지 않게 살게 됐고 유복자는 자라서 아버지 대신 나라를 지키고 있는 것이다.

또 6 · 25때 남편(우만두)을 잃었다는 김우분 씨(60. 여. 대구시 북구 침산동 1구)는 완성부에서 일하면서 손자들의 학비를 보태고 있다며 기쁨을 감추지 못하고 있다.

자봉틀 소리가 희망의 노래 같다며 웃음을 되찾은 이 미망인들은 밝은 내일을 바라볼 수 있게 된 것이다.【大邱=尹五柄記者】

'이젠「6月」이 슬프지 않아요'

自活터전 굳건한 意志의 戰爭 未亡人들

大邱 멀매산에 제복工場 마련한 95명

○…6·25의 비극이 되살아나는 6월.
○…현충일(6일)이면 아빠의 묘 앞에
○…눈물로 꽃을 바쳐야했던 전쟁미망
○…인들이 올해는 슬픔을 씻고 의지
○…를 키워 자활의 터전을 다졌다고
○…고인에게 보고한다. 제19회 현충일인
○…6일 전몰군경 미망인회 경북지회장
○…安姓介씨(39) 등 95명의 미망인들은
○…아빠의 묘를 찾아「아빠, 우리들을 보셔
○…요. 아빠가 생명을 바쳐 지켜준 겨
○…레와 나라가 우리들을 도와 이젠 우
○…리도 자활의 터전을 마련했읍니
○…다. 유복자는 자라서 일선에서 나라
○…를 지키고요」하고 보고한 것이다.

자활의길을걷는 경북미망인들. 자봉틀소리가 희망의노래처럼들린다고.

팔걷고 工員으로…運營도맡아 좋은實績

'遺腹子가 나라지켜요'

[註] 京鄕新聞 1974년 6월 6일 자 사회면 머릿기사 〈이젠 6월이 슬프지 않아요〉 〈유복자가 나라를 지키고〉란 제목의 대구 전쟁미망인들의 자활터전 이야기는 현충일인 이날 화제 중의 화제… 이 기사를 본 청와대 영부인께서는 안목단회장을 불러 격찬했고 적극 지원을 관계관에게 지시했다고…

그 후 전두환 군부는 안회장을 국보위에 입성시키기도…

현재 안회장은 물러나고 새로운 운영진들이 열심히 경영쇄신으로 크게 발전하고 있다고 한다. 그래서 이 기사는 尹五炳 記者의 보람기사 중의 하나다.

=====1975년2월22일(토요일)====사회면 머릿기사

불우模範生 용기 샘솟게

本社 이웃돕기金庫서
追加로 6명 入學登錄
「마감窓口」서 애소하는
7명 등 4次에 58명
進學의 길

◇등록마감으로 진학길이 막혔던 서울대학 합격자에게 4차로 등록금을 전하는 본사 李桓儀사장

따뜻한 사회의 성원 속에 불우 모범학생들이 또다시 용기를 되찾았다.

서울대학교에 합격하고도 등록금을 마련하지 못해 한때 진학을 포기하려했던 6명의 학생들이 株式會社 文化放送 京鄕新聞이 벌이고 있는 이웃돕기금고의 도움으로 등록을 마치고 보람 있는 사람이 될 것을 20일 다짐한 것이다.

李鎭錫 군(교육계열.경남고), 孫暎旼 군(자연계열,수성고). 趙泳畿 군(교육계열.경북고). 地錫峯 군(의예과,성남고). 姜東 군(수의예과.경동고). 李금주 양(간호학과,진명여고) 등 6명은 이웃의 온정으로 마감 후 등록을 마치고『우리의 평생을 통해 가장 도움이 필요할 때 도움을 받았다. 이제부터는 남을 돕는 사람이 되기 위해 열심히 공부 하겠다』고 입을 모았다.

서울大 合格者 전원登錄 기록 세워

또 아들의 등록금을 마련하지 못해 자살한 어머니를 두었던 趙泳義 군은『열심히 공부해 성공하는 것만이 어머니의 한을 풀어 드리는 길』이라고 슬픈 마음을 달래기도 했다.

본사 李桓儀 사장은 장학금을 전달하는 자리에서『따뜻한 이웃이 있다는 것을 잊지말고 공부를 더욱 열심히 해서 사회와 국가에 보답해 주기 바란다』고 이들을 격려했다.

서울대학이 신입생등록을 마감한 것은 지난 14일.

경향신문은 이날 등록창구에서 마감을 늦춰달라고 애소하는 불우모범학생 7명에게 납입금전액을 내주어 아슬아슬하게 등록을 하게 했는데도 대학측 장학과에서 조사해 보니 등록 못한 학생이 15명이나 되어 또다시 이들중 6명에게 등록길을 열어 줌으로써「서울대학교 전원 진학」이란 기록을 남기게 한 것이다.

본사 이웃돕기금고는 이번 입학시즌에 모두 4차례에 걸쳐 서울대학교를 비롯 한 각 대학교 합격자 중 불우모범학생 49명에게 장학금으로 4백 61만 원을 전달했고 9명은 결연시켜 모두 58명에게 진학의 길을 열어준 것이다.

불우模範生 용기 샘솟게
——本社 이웃돕기金庫서 어제 또 6명 入學登錄
「마감窓口」서 애
4次에
서울大 合格者 전

======〈 사회면 톱 BOX기사〉======

進學門 열렸는데… 어머니는 가시다니

「안타까운 母情自殺」

통곡하는 趙泳鐖 군

『이토록 따뜻한 세상을 두고 어머니가 외롭게 가시다니…』

숨진어머니申씨　아들 趙泳鐖군

문화방송 경향신문의 도움으로 진학의 길을 다시 찾은 趙泳鐖 군(19.경북고졸,서울대 교육계열 입학)은 아들의 학업을 뒷바라지하기 위해 긴긴 세월 애쓰다 대학입학금을 마련하지 못하고 스스로 목숨을 끊은 어머니의 차디찬 시체 앞에서 애통해했다. 조 군은 불과 3시간 후 찾아온 등록금의 기쁜소식도 듣지 못한 채 숨진어머니의 성급함을 안타까워하면서『열심히 공부해 훌륭한 사람이 되겠다』고 몇 번이고 되풀이 맹세했다.

가락국수 장사를 하면서도 아들만은 훌륭하게 키워 보겠다던 趙 군의 어머니 申順男 씨(50.대구시 대명동1구 554)가 아들이 서울대학교 교육계열에 합격했어도 등록을 못해 집을 나가자 장남 趙 군에게『서울대학 배지가 보고 싶었다』면서 지난 18일 상오 11시쯤 골방에서 농약을 먹고 눈을 감았다.

앞산공원 옆 안지랭이에서 월셋방을 얻어 간이식당을 경영하면서 泳鐖 군만을 믿고 살던 申 씨. 申 씨는 영기군이 서울대학 배지를 다는 것 만이 소원이 었다.

어머니를 실망시키지 않으려는 영기 군은 열심히 공부를 하여 우수한 성적(3백 60명 중 61등)으로 경북고를 졸업, 어머니의 소원대로 서울대에 합격했다.

등록마감일인 지난 14일까지 동분서주, 申 씨는 친척과 이웃으로 부터 돈을 꾸어 15일 상오 서울대학에 도착했으나 등록금이 모자라 등록을 못하고 되돌아 왔다.

10만원 월세인 집세도 15일로 마감되어 당장 거리로 나가야 할 가정형편을 잘 알고있는 영기 군은 등록을 마쳐도 앞날의 어려움은 더 할 것이라 생각라고 진학을 포기, 부산에서 직장을 얻겠다고 어머니에게 말했다. 결국 영기군의 말대로 꾼돈 8만 3천원을 모두 돌려 주고 말았다.

영기군이 부산으로 떠나던 18일 상오 11시 보따리를 들고나서는 영기군에게 『너도 떠나는구나』고 마지막 한마디를 남긴 채 스스로 목숨을 끊은 것이다.

그러나 申 씨가 숨진지 3시간 만에 서울대학교 학생처장으로부터 『趙泳畿 군 등록완료 20일 내왕』이라는 전보가 온 것.

그런데 주식회사 경향신문 문화방송의 이웃돕기금고는 지난 15일 서울대학교에 등록을 못한 학생이 15명이란 보도를 보고 이들의 입학금을 전액 부담하겠다고 서울대학에 통고했었다.

이에 따라 서울대학측은 곧 인선작업에 들어가 9명은 이미 다른 사립대학에 우수한 성적으로 합격, 장학금으로 진학할 수 있는 길을 찾았거나 좋은 기업체에 취직함으로서 진로를 스스로 바꾸었고 나머지 趙 군 등 6명 만을 본사 이웃돕기금고에 알렸고 이웃돕기금고는 이 학생들에게 등록금(교재대함) 전액을 지급, 등록을 마쳤던 것이다.

이에 따라 서울대학교는 18일 상오 10시30분 이 같은 사실을 조군 등 6명에게 전보로 긴급통보를 했었다.

한편 본사는 申 씨가 자살했다는 소식을 듣고 18일 낮 大邱문화방송을 통해 10만원을 전달했는데 泳畿 군은 『사회의 따뜻한 온정에 보답하기 위해 몸과 마음을 바쳐 열심히 일하고 불쌍한 이웃을 돕겠다』고 다짐했다. 【大邱=尹五柄記者】

〈2월 22일〉

柳基春문교, 장학금 20만원
金大邱시장등 각계서 趙군에 성금 잇달아

【大邱】 趙泳畿 군의 딱한사연이 전해지자 본사 李桓儀 사장이 10만 원을 전달한 것을 비롯 金武然 대구시장이 2만 원, 安炳禹 대구남구청장 1만 원, 대구시 순천 피부비뇨기과 車戊燮 원장이 5만 원을 각각 전달했다. 또 대구시 삼덕동 천주교 신부 1만 원, 그리고 익명의 50대 부인이 8만 원을 전달했다.

한편 柳基春 문교부장관은 21일 서울대를 통해 趙泳畿 군에게 조의를 표하고 한국장학재단 장학금 20만 원을 전달하게 했다.

【註】대학교 입학생들의 등록이 한창이던 1975년 2월, 아들이 서울대학교에 합격했으나 등록금을 마련 못해 자살한 홀어머니의 애틋한 모정이 온 세상을 울렸다. 화제의 주인공은 서울대에 합격한 조영기 군과 그의 어머니 신순남 씨.

경향신문 1975년 2월 22일자 "불우 모범생 용기 샘솟게""서울대 합격자 전원 등록 기록 세워"제목의 사회면 톱기사와 "안타까운 모정 자살, 진학길 열렸는데 어머니는 가시다니""통곡하는 조영기 군"이란 조 군 모자의 사진과 함께 한 Box기사는 우리 모두를 슬프게 했다.

이 기사는 교육계 출입하는 이길우 기자가"이색 졸업식 화제", "경북대 사범대학 부속초등학교, 개개인 장점 골라 칭찬 격려, 졸업생 모두에 상장"이란 미담기사를 위해 취재를 미루고 있어 기자가 대신 취재했다.

먼저 간 이길우 기자의 명복을 빈다.

1971년 5월 26일

高速道봉급 輸送車에 殺人갱
百45萬원 턴 同乘 前職員 검거

拳銃쏘아 2명 殺傷

【倭館=尹五柄.朴仁郁記者】24일 하오 2시 반쯤 경북 칠곡군왜관읍삼천동 서울~부산고속도로 왜관인터체인지 남쪽 1km지점에서 AAE(한미합동건설회사)동촌비행장 직원의 봉급을 수령해 가던 출장소장 孫鎭錫 씨(41.대구시동구도동57)와 동사 전기공 姜琪錫 씨(35.대구시동구 산암동4구)가 봉급수령차 서울자7-9002호 프드반트럭에 함께 탔다가 강도로 변한 동사 전직원 申英洙씨(34)의 32구경 권총에 맞아 孫 씨는 숨지고 姜 씨는 중상을 입었다.

범인은 86명 직원의 5월분 봉급 1백 45만 7천원이 든 레이션상자와 검은가방을 뺏아 달아났다가 범행 12시간 만인 25일 상오 2시쯤 평택군 송탄읍 처가에서 형사대에 검거됐다.

《범행》姜 씨에 의하면 이날 상오 11시 15분쯤 孫 씨와 함께 회사 본부인 烏山에서 봉급을 타가지고 서울 자7-9002호 반트럭에 실은 다음 오산인터체인지에 닿을 무렵 번호미상의 택시에서 내린 申 씨가 姜 씨의 반트럭을 가로 막고『어디까지 가느냐』고 물은 다음 동승했다는 것이다.

차가 사고 현장에 이르자 범인은 별안간 호주머니서 권총을 꺼내 운전하던 손 씨에게『차를 세우라』고 위협한 다음 강 씨에게 뒷자리로 앉게 하고 자신이 핸들을 잡았다는 것이다.

범인은 손 씨에게『돈이 모두 얼마나 되느냐』고 물어 孫 씨가 『쓸데없는짓 말라』고 제지하자 뒤에 앉은 강 씨에게 먼저 1발을 쏜 후 뒤이어 3발을 쏘아 손 씨를 현장에서 숨지게 했다. 두 사람에게 총을 쏜 범인은 시트 밑에서 돈뭉치를 꺼내 들고 달아났다.

범인이 달아난 후 피투성인 채로 차에서 기어나와 지나가던 미8군 트럭에 구원요청하여 미군 기지 의무실에서 응급조치하고 헬리콥터에 실려 대구로 후송, 동산병원에 입원 가료 중이다.

《 검거》범인검거 및《범인주변》범인 주변에 관한 기사는 생략함.

高速道 봉급輸送車에

百45万원 털린 同

拳銃쏘아 2명殺傷

숨진

범인

씨가 봉급을 싣고가다 강도당한 반트럭.

◇고속도로에서 살인 갱을 당해 숨진 손진석씨의 차량

◇해인사 대웅전

◇해인사 관광호텔

〈1972년 7월〉

海印寺에도 새마을運動바람

승려들 境內가꾸기에 구슬땀

大雄殿 말끔히 丹靑

담 새로쌓고 입구 길도 넓혀 인근부락도 발맞춰 지붕개량

불길처럼 번지고 있는 새마을운동이 명승지인 경남 陜川 海印寺 밖에도 번져 조용하고도 알차게 열매 맺고 있다.

해인사 2백 여 승려들은 지난 1월부터 팔을 걷고나서 대웅전 옆에 있는 담벽을 3m 뒤로 물리고 높이3m. 길이 22m를 쌓는 등 문공부가 국보 52호인 八萬大藏經판고를 새로 세우는 등 국립공원화 계획이 추진되는 것에 한 발짝 앞서 경내 가꾸기에 구슬땀을 흘리고 있다.

해인사 승려들은 71년 5월 자체자금 1천 3백 만원을 들여 대웅전을 말끔히 보수, 단청했으며 따로 3백 50만원으로 목욕탕을 신축했다.

이밖에도 안내실(50만 원 소요)을 신축하는 등 승려들은 잠시도 쉼없이 구슬땀을 흘리고 있다.

0... 이에 발맞춰 해인사 인근 마을인 합천군 야로면 월광리 60가구 주민들도 60동의 지붕을 개량하고 3백60m의 담장을 개수했으며 축대 6백m를 쌓은 것을 비롯해 마을안 길 확장 2백m, 부엌 개량등을 마쳐 해인사와 함께 한 폭의 아름다운 새마을로 탈바꿈했다.

특히 해인사로 이르는 도로변에 마련된 꽃동산은 관광지로서의 면모를 한층 돋보이게 하고 있다.

현재 문공부가 계획 중인 八萬大藏經 판고건립은 1억 8천여 만 원을 들여 현판인 자경각 뒤쪽 50m 지점 5백여 평 부지에 건평 5백 46평의 철근콘크리트 건물을 오는 7월 착공, 73년 12월 말까지 준공하는 것.

이는 현 경판고의 2배정도 크기로 방화, 도난방지, 온도, 습도, 환기 등 현대시설이 고루 갖춰지게 되어 문화재 보호에 획기적인 것으로 손꼽히고 있다.

또한 합천군도 당국의 공원화 계획에 발맞춰 총 9억 5천만 원을 들여 도로 확장 및 포장, 차량 1백 대 주차용 주차장 2개소, 전망대, 조명시설, 관광호텔(객실 70실) 1동, 고급산장 6동, 오락장, 케이블카 설치 등 종합개발을 오는 73년까지 끝맺을 계획으로 되어있다.

【陜川 海印寺=尹五柄 記者】

◇새마을 운동으로 시작하여 관광단지로 탈바꿈한 해인사 주차장

1976년 4월 18일

繁榮의 現場
잘사는 기틀을 마련한 새마을을 찾아서

===永川군 永川읍 녹전2동===

양반촌으로 행세해 행정기관에서도 골치를 앓던 경북 영천군 영천읍 녹전2동에도 뒤늦게 새마을 운동의 거센바람이 불어 이룩되었다.

평당 8백 원짜리 밭에 과수와 채소를 가꾸어 겨우 생계를 유지해 오던 이 마을에서 잘 살아보자는 새마을운동이 시작된 것은 지난 73년. 영남대학공과대학을 졸업한 鄭眞旭 씨(32)가 2년 간의 서울 직장생활을 그만두고 고향의 새마을 지도자가 되면서부터다. 노인들 앞에서는 말도 제대로 못하던 양반촌인 녹전2동은 영월 鄭 씨들이 살고 있는 씨족 집단 부락.

1백 2가구 6백 84명의 주민 가운데 타성은 겨우 10가구 이다.

영천시내에서 북쪽으로 불과 5km 떨어진 永川~靑松 간 국도변에 있는 녹전2동 주민들은 밭 37.8ha와 논 37.3ha 등 75.1ha의 농토에서 사과, 포도 등 각종 과수와 채소를 생산하지만 청송에서 흘러내려 오는 고현천이 자주 범람하기 때문에 과일과 채소를 제때 출하를 못해 헐값으로 넘기는 등 많은 피해를 면치 못하고 있다.

피땀을 흘려 생산한 각종 농산물의 적기 출하를 위해서는 우선 교량가설이 시급하다고 생각한 정씨는 동장 鄭동열 씨(38)와 李활로 씨(42.전동장) 등 유지들과 의논, 고현천에 녹전교가설을 주민들 힘으로 추진한 결과 길이 1백 10m, 폭 6m의 녹전교(건설비 4백 70만원)는 준공을 보게 됐다.

73년 10월에는 마을 앞 고현천에 1백 70만 원을 들여 1백 50마력의 동력양수기를 설치하고 5.5인치 짜리 파이프 8백 70m를 지하에 묻어 마을 뒷산 해발 3백m의 7푼 능선을 타고 물을 끌어올려 뒷들과 창영골, 대추골에 있는 뽕밭 등 37.8ha를 모두 수리안전답으로 만들었으며 2천 2백만 원을 들여 경지정리를 마쳤다.

이래서 녹전2동은 농로 75.1km가 모두 밭 없고 천수답 없는 마을로 탈바꿈 했다. 노토값도 평당 8백 원에서 3배가 넘는 2천 5백 원을 호가하고 있으며 작년에 처음으로 통일벼를 재배한 것이 크게 성공을 거두어 올해는 모두 유신벼를 재배하여 평균 농가 소득 1백 40만 원 돌파가 예상된다는 鄭 씨의 말이다.

氏族 집단

富일궈

개발…家口當수익 百40萬원

주민들이 모은돈으로 마을회관이 건립되고있다.

兩班찾던 氏族집단 협동, 단결로 富일궈
全天候농업 용수 개발…家口當수익 百40萬 원

밭 3천 4백 평에 누에를 치고 콩과 잡곡을 심어왔다는 정동원 씨(40)는 모두 수리안전답으로 되는 바람에 부자가 됐다고 기뻐했으며 밭 1천 8백 평으로 8식구의 가난한 생활을 해왔다는 申수암 씨(63)는 유신벼를 심으면 60가마는 무난할 것이라고 흐뭇해 했다.

전천후 농업용수개발을 위해 새마을 지도자 鄭 씨와 같이 도청과 군청을 수없이 다니면서 고생했다는 鄭연수 씨(61. 추진위원장)는『이제 우리마을도 잘사는 부자마을이 됐다』고 자랑 했다.

또 이 마을 주민들은 1천 2백 68만 원을 들여 담장개량 1천 2백m, 마을 안 길 확장 4백 50m, 간이 급수시설 1백 10가구, 농로 석축 3백m, 소하천 정비 1백 50m, 지붕개량 74동, 하수구설치 9백 20m, 토관설치 11개소를 모두 마무리 했다.

지난 2월 15일에는 3백 70만 원을 들여 36평 짜리 2층 마을회관을 착공, 우선 1층만을 지난달 30일 완공했다.

마을 앞 1천 3백 70평의 밭이 논으로 되는 바람에 부자가 됐다는 정연몽 씨(70)는 마을 청년들이 잘살아 보려고 노력하고 있는 데 감동되어 1백 50의 옥토를 마을회관 건립을 위해 선뜻 내놓았다고 말했다.

日本 외무성의 초청으로 지난 3월 15일부터 25일까지 일본을 다녀왔다는 새마을 지도자 鄭 씨는 45가구에서 재배하고 있는 15ha의 사과밭이 수령이 많고 부란병으로 인해 수확이 형편없어 품종개량을 서둘고 있다면서 6천 평에 후지, 아오리 2호 등 신품종 사과나무 2천 그루를 심고 스프링클러 장치를 설치했는데 성공하면 온 마을에 확대설치할 계획이다.

이같이 녹전2동이 부자마을로 탈바꿈 하게되자 행정력도 미치기어렵던 양반촌인 영천읍의 북촌지구 8개동(대전1,2동, 녹전1,3동, 오미1,2동, 도림1,2동)은 뒤늦게나마 잘사는 마을로 만들어 보자면서 새마을 운동에 열을 올려 완고했던 영월 鄭 씨의 고집은 사라지게 됐다.

『모내기가 시작되기 전에 마무리를 해야 한다』면서 비지땀을 흘리면서 모래짐을 짊어지고 슬라브 사다리를 오르내리는 마을 청년들의 모습을 지켜보던 鄭연몽 할아버지는『우리 생전에 이런 기적이 올 줄은 몰랐다』고 흐뭇해했다.

【永川=尹五柄 記者】

비지땀 속 宿願 푼 軍威面 내량1동

協同의 6개월 內良橋준공

비만 오면 登校길 막혀 발 동동

0…『야, 다리가 개통됐다』경북 군위군 군위면 내량1동 학생들은 물론 온 마을 주민들은 내량교가 개통되던 지난 5일 환호성을 질렀다.

0…군위에서 북쪽으로 2km 떨어져 있는 내량1동 한복판으로 폭 1백m의 위천이 흐르고 있어 비가오는 날이면 등교길이 막혀 학생들은 눈앞에 빤히 바라보이는 학교를 보며 발을 동동 굴러야했다.

학구가 군위에 속한 이 마을은 군위중 · 고등학교, 군위여중, 군위초등학교 등에 다니는 학생이 1백 20여 명. 학생들과 주민들은 비가 올 때마다 다리가 없는 것을 한탄하면서 무엇보다도 다리부터 가설해야 한다는 여론이 빗발쳤다.

새마을 지도자 朴정식 씨(38)가『우리의 힘으로 다리를 놓자』고 호소하자 이 마을 김태철 씨(47)를 중심으로 내량교 건설계획은 본격화 되었다.

지난해 11월 1일, 이 마을 59가구는 새마을 총회를 열고 다리가설을 위한「1일지도자제」를 채택하는 한편 서로 믿고 참여하도록「1일 결산제」를 실시하고 모든 진도를 공개했다.

1일 指導者制로 박차

온 住民 똘똘 自助다져

朴大統領도 下賜金 듬뿍

59가구주는 교대로 1일 새마을 지도자가 되어 그날의 인력동원과 출납을 책임지고 박력 있게 추진해 나갔다.

인건비를 제외한 공사비 총액을 7백만 원으로 책정, 폭4.5m. 길이 1백 12m의 내량교가 착공됐다. 주민들은 성금이 걷히는 대로 시멘트와 철근을 구입하여 높이 5m의 교각을 세워 나갔다. 남녀노소 할 것 없이 온 마을 주민들이 개미떼처럼 다리공사에 매달려 비지땀을 흘리며 일했다. 이 마을의 일사불란한 협동정신은 교각 하나 하나를 굳히는 결정체가 되었다.

石鎭厚 군수는 군비 62만 원을 지원했고 이 마을 출신 임천석 씨(26. 서울)도 서독(西獨)뮌헨 기능올림픽대회에서 금메달을 타고 받은 상금 1백만원을『내량교 공사비에 보태달라』고 희사했다.

이 소식이 전해지자 박정희 대통령은 박 씨의 상금은 돌려주도록 하고 2백만 원을 하사했던 것.

착공 6개월 만인 지난 11일 주민들의 숙원사업인 내량교는 드디어 개통됐으며 마을 주민들은 폭우가 와도 위천을 건너 오갈 수가 있게 됐다.

내량1동은 올해 마을 앞 길 확장 3백 24m. 암거 3개소, 석축 1백 69m, 호안공사 84m, 지붕개량 22동 등 1백 20%의 새마을 실적을 올리기도했다.

【軍威=尹五柄 記者】

協同의 6개월

內良橋 준공

비지땀속 宿願 푼

軍威面 내향 1동

비만오면 登校길막혀 발 동동

준공을 본 內良橋。

◇ 육군 제3사관학교 생도의 열병식

部隊주변에 1百萬그루

休息시간을 善用 틈틈이

10年뒤면 68억 所得주렁주렁

육군제3사관학교의 밤나무묘목단지는 10년후에 68억원의 소득을 올릴수있는 알찬터전이되었다.

〈73년 7월 11일〉

밤나무단지 가꾸는 "정예"
육군3사관학교 「푸른 병영」 작전

육군 정예장교를 양성하고 있는 육군 3사관학교 장병들이 휴식시간을 선용, 병영주변의 유휴지에 가꾸기 시작한 밤나무단지가 10년 후에는 연간 68억 원의 소득을 올릴 수 있는 알찬 터전으로 바뀌었다.

이근양 교장(소장)이 「푸른 국토 가꾸기 운동」에 호응하여 밤나무단지조성을 생각한 것은 지난 2월. 행정부장을 위원장으로 푸른국토 가꾸기 위원회를 구성하고 학교의 주업무에 지장이 없는 범위 내에서 업무의 역량을 집중, 적극 추진할 것을 다짐한 것이다. 국토가꾸기위원회는 우선 밤나무단지조성 3개년 계획을 세우고 학교주변의 유휴지 6백만여 평에 밤나무 1백만 그루를 심어 10년 후에는 연간 68억 원의 소득을 올릴 수 있는 계획을 세웠다.

지난 3월 1일부터 오락실 입구에 모금함을 마련해 놓고 밤나무단지조성 자금 모금운동을 벌였다. 1구좌(10그루)에 1백 원씩 정하고 모은 성금은 불과 20일 만에 80만 원에 이르렀다. 이 돈으로 밤 20가마(20만 그루)를 사서 경산군 고경면 동도동 2천 2백 평 밭에 파종, 밤나무 묘목단지를 조성한 것은 지난 3월 19일, 밤 20만 개를 골라(선율) 속칭 전사골 일대에 묻게 되자 이날부터 밤알을 노린 쥐떼들이 대거 기습해 오는 바람에 장병들은 난데없는 쥐잡기 운동을 벌이게 됐다. 쥐틀 80개를 놓고 밤샘을 하며 쥐잡기 운동을 벌인 장병들은 밤알이 발아되어 뿌리가 성해질 때까지 무려 4백여 마리의 쥐를 소탕하는 전과(?)를 올렸고 알맞게 급수하고 정성들여 관리한 탓으로 80%인 16만 2천 개의 밤알이 파란 묘목으로 바뀌어 갔고 현재는 20~50cm 크기로 자라났다.

옥녀봉 서쪽에 자리 잡고 있는 밤나무 묘목단지에는 3개의 저수지와 3천 갤런짜리 물탱크를 설치하고 3단식 급수시설을 했으며 살충제 살포와 요소 80kg으로 적기 시비를 마쳤다.

부대 주변에 1백만 그루

휴식시간을 선용 틈틈이

10년 뒷면 68억 소득 주렁주렁

자조축산단지 조성에도 힘써

밤나무 묘목단지관리관 김종점 중위는 예상외로 발아율이 좋았고 잘 자라고 있어 보람을 느낀다고 했으며 고향인 경산군 고산면 내환동에서 포도원을 관리했다는 장기배 하사(28)는 무럭무럭 자라고 있는 새싹이 대견스럽고 보람 있어 피로한 줄 모른다며 온갖 정성을 쏟고 있다.

내년 4월 초쯤에는 이 묘목들에 내충성이 강한 도입산 우량종을 접목하여 75년도까지 3년 동안에 밤나무묘목 1백 10만 그루를 만들어 학교 영 내외와 훈련장 부근 등 모두 6백여 만 평 부지에 그루당 7평 간격으로 심을 계획이다.

푸른 병영으로 탈바꿈 시킨 밤나무는 4년 후부터 밤을 딸 수 있으며 82년부터는 그루당 6천 8백 50원을 수확할 수 있다는 것이다.

또 제3사관학교는 소나무 등 일반수 6만 그루, 밤나무 등 유실수 7천 그루를 이미 심었고 3만3천여 평의 잔디밭 조성과 가로수식목 39,4km 사방공사 29개소 15만 1천 7백㎡제방공사 2개소 1천m 속성수 8만 4천 그루 장기성 종수 22만 그루를 심을 계획이다.

이근양 교장은 이 밖에도 자조 축산단지를 조성하여 장병들의 급양향상에도 힘쓰고 있다. 밥 찌꺼기, 뜨물 등을 버리지 않고 각종 가축을 기르는데 소 5마리, 돼지 3백 마리, 양 6마리, 닭 1천 5백 마리, 오리 1천 마리 등을 사육하고 있다.

틈만 있으면 밤나무 묘목단지를 둘러보고『매일같이 달라지는 밤나무 묘목이 대견스럽다』는 참모들은 처음 시도할 때는 성공하기 어렵다고 생각했으나 이제는 성공할 수 있다는 확신을 갖게 되었다며 꿈에 부풀어 있다.

【忠誠臺=尹五柄 記者】

〈黃海民報〉 ===시 론===

맥아더 동상 철거 안 된다

◇맥아더장군 동상

"노병(老兵)은 죽지 않고 다만 사라질 뿐이다" 맥아더 장군의 퇴임 명언이다.

이 노병의 퇴임식의 변은 전후한국사회의 유행어처럼 번져갔으며 풍전등화(風前燈火)와 같이 꺼져가던 우리나라의 운명을 되살려 낸 인천상륙작전을 되새기게 한다.

맥아더장군의 인천상륙작전은 한반도의 공산화를 극적으로 반전시키는데 결정적인 역할을 했으며 오늘의 자유수호에 큰 몫을 했기 때문이다. 이래서 인천광역시는 세계적 전사에 기록된 인천상륙작전으로 빛나는 호국간성의 도시라고 자부하면서 자유공원에 맥아더장군 동상을 세웠던 것이다. 그런데 이 맥아더장군의 동상 존치 여부를 두고 크게 생각을 달리하는 두 집단이 모임을 갖고 대치사태를 빚었다.

지난 7월17일의 일이다. 우리는 그를 구국의 은인, 영웅으로 기려왔는데 이제 와서 그를 민간을 학살한 전쟁범죄자라 규정하고 미군을 내쫓는 것이 모든 문제의 뿌리를 뽑는 것이며, 맥아더동상을 철거해야 한다니 이상한 일이다. 왜 맥아더장군의 동상이 철거논쟁에 휘말려야 하는지 이해할 수가 없다. 동상을 지금 세우자고 토론하는 것도 아니고 거의 반세기 동안 시민의 관심 속에서 역사적 유물로 자리매김하고 있는데 이제 와서 철거를 운운하는 것은 이해할 수가 없다.

6 · 25전쟁 때 중학교 2학년이던 필자는 순위도와 보름도 등 옹진반도 앞 섬들을 전전

하면서 피난생활을 하다가 인천상륙작전으로 서울이 수복되고 임진강 도강작전이 한창일 때 국군 1사단 마크가 선명한 도요다트럭을 타고 폐허가 된 서울시가지를 거쳐 서부전선 최전방인 파주시 탄현면 낙하리에서 소년병으로 편입됐다. 그리고 임진강을 도강해 장단지구 전투에 참전했으며 특히 고랑포 104고지 전투에서는 트럭 적재함에 푸른 밤나무가지에 덮혀 후송되는 전사자들의 모습을 수없이 보았으며 반세기가 넘도록 잊을 수가 없다.

휴전을 앞두고 한 평의 땅이라도 더 차지하려던 남북의 발악이기도 했다. 치열했던 막바지 전투에서 사라진 전우들의 모습을 되새겨 보면서 자유의 중요성을 실감했다. 그래서 맥아더장군 동상을 철거해야 한다는 데는 동의할 수 없다. 전선이 밀리고 밀리던 6 · 25전쟁 때 갈망하던 자유와 굶주리던 배고픔을 상상해 보자.

수없는 국민들이 먹을 것을 찾아서 방황하던 혼란기, 시장가에 쭈구려 앉아 전방 미군부대에서 모아 온 음식쓰레기로 끓인 꿀꿀이 죽을 먹어야 했던 그 시절. 담배꽁초와 껌 조각을 걷어내면서 끼니를 때우던 실향민들에게는 더욱더 그렇다. 언론보도에 따르면 맥아더 장군동상을 철거해야 하다는 단체의 주장은 맥아더장군이 점령군의 수장이고 양민을 학살했기 때문이라고 한다.

그러나 맥아더장군의 인천 상륙작전이 없었다면 훨신 많은 양민학살이 있었을 것이고 오늘의 자유는 보장되지 못했을 것이다. 그리고 이 지경이 된 현실을 원망하면서 더 이상의 소모적인 이념적 논쟁이 우리 한반도에서 없어져야 한다고 생각했다.

직접 6 · 25전쟁을 겪어 보지 못한 세대는 참된 자유와 배고픔을 이해할 수 없을 것이다. 인권이 중요하다면 북한동포를, 독재가 지상최대의 악(惡)이라면 북한의 1인통치 체제를, 전쟁이 일류 최악의 죄라면 6.25 민족상잔의 장본인에 대해서 문책의 규탄을 보내야 마땅하지 않겠는가.

【尹五柄 中部日報 상무이사】〈황해도 옹진군 북면〉

◆16대국회에서 국방위원장을 역임하고 집권여당인 열린우리당 장영달의원이 맥아더장군의 동상철거에 대해 동조하는 발언이 문제

陸海空 國軍과의 對話

整備에서 修理까지.....安全비행 異常없다

航空機의 綜合병원...空軍 제2982部隊

항공기의 종합병원, 공군 제2982부대 장병들은 부품 수만 종을 마음대로 분해했다가 결합할 수 있는 특급기능공.

장병들은 항공기는 물론 보기(補機)의 기술적인 문제라면 무엇이든지 해낼 수 있는 군복 입은 기술자인 것이다. 이 부대에는 6 · 25전쟁때 우리공군 최초의 전투기인 무수탕에서 지금의 팬텀기까지 어떤 병이 나든 고칠 수 있는 완벽한 시설과 기술을 자랑하고 있다. 불의의 사고로 산산 조각난 기체도 50~75일간이면 당초의 설계성능을 그대로 유지할수있도록 정비 재조립할 수 있는 자립군수체제를 갖추고 있는 것이다.

◇항공기정비를 하고있는 공군제2982부대 수리창 장병들. 특급기능공인 이들은 부품 하나하나에 온갖 정성을 쏟고 있다.【鄭楠泳 記者찍음】

『정비 없이는 작전수행을 할 수 없습니다. 항공기의 전술적 목적대로 성능을 유지할 수 있도록 수리, 개조, 재생하는 것이 우리의 임무입니다』라고 말한 石鉉洙 대위(30.공사 18기생)는『이륙하면서 부터 사고의 요인을 갖고 있는 항공기의 정비는 보이지 않는 극렬한 전투행위와 같다』고 말했다.

石 대위는 비행 전후 점검은 물론 매월 정기적으로 정밀검사를 하게되는데 기체 어느 부분에 녹이 스는 등 변화의 여부를 X레이로 찍어 건강진단(?)을 하며 기종에 따라 2~3년 사이에 1회씩 완전 분해하여 이상유무를 확인한다고 말했다.

자동차처럼 가다가 고장 나면 세워 놓고 수리할 수 없기 때문에 기관은 물론 보기(補機)의 제반부품, 그리고 유류의 검사까지 비파괴검사를 철저히 해야 한다는 것.

가벼운 부대정비와 기관교환 등 야전정비, 그리고 일반 전투운용부대 정비와는 달리 주로 재생을 위한 정비로서 항공기의 조립, 대파기의 수리 등 당초의 설계대로 일치되게끔 공학적 측면에서 계산하고 기술적으로 보강하여 수리하는 것이 창정비라고 石대위는 설명한다.

"보이지 않는 戰鬪" 使命感

萬의1 誤差도 不容....機體조립 50일이면 거뜬

정비창에서 18년 동안 기관수리를 맡아 이제「귀신」(숙련공)이 됐다는 吳判甲 상사(40)는『수만 개의 부품을 세측검사, 재생, 조립하여 기능검사를 거쳐 완전무결하게 가동시켰을 때의 쾌감은 이루 표현할 수 없다』고 말하고 RNTC로 지난 3월 입대했다는 윤은모 하사(20.금오공고 기계공작과 출신)는『학교에서는 기술을 배우는 교육적 목적에서 물건을 만들었으나 이제는 직접 만든 물건(부품)이 실제 사용되며 더욱이 영공방위를 위해 쓰여진다고 생각할 때 가슴 벅차다』면서 다양한 장비는 기술배우는 데도 큰 도움이 된다고 말했다.

또 통신전자분야의 장비수리를 맡고 있다는 洪斗杓 소령은『장거리 통신장비 등 각종 통신전자장비는 운반이 어려운 여러 가지 이유가 있고, 고지에 산재하고 있기 때문에 때로는 눈사태를 무릅쓰고 높은 고지에까지 올라가 긴급출동을 해야한다』고 말했다.

공사 15기로 미국에서 특수교육을 받은 李정국 소령은 형광침투법을 비롯 자력 및 와류검사 등 각종 정밀검사를 통해 부품 내외에 대한 결함여부를 발견해야 하는『병원 중의 병원』이라면서 기관 오일 안에 1백만 분의 1단위로 철분검사를 하고 베어링 등을 체크하는 등 비파괴 검사를 한다고 했다.

『우리나라 육해공군은 물론 미군까지 기술지원을 하고 있으며 현대 조선 등 일반 산업계에 기술교육 및 지원을 한다』는 李 소령은 우리공군의 기술진은 이란과 사우디아라비아 등 여러나라보다 적어도 6년은 앞질렀으며 제대한 우리 기술진들이 정부 및 산업기관 또는 해외에서 크게 활약하고 있다고 자랑했다.

완전 분해했던 부품이 많은 손을 거쳐 조립되고 완전무결하게 검사과정을 거친 후 조정사의 손에 넘어가 시험비행을 하게 되는데 육중한 기체가 서서히 움직여 이륙한 후 멋지게 선회비행을 하고 다시 착륙하여 조정사가『성능 만점』이라고 손을 흔들어 줄 때는 가슴 뿌듯하다고 정비사들은 말한다.

육군은 적의고지를 점령하고 조정사는 목적물을 폭파했을 때 용맹을 떨칠 수 있으나 정비사들은 이런 쾌감은 없다. 나사 하나하나를 죄며 숨어서 일하고 있으며 만의 하나라도 오차가 있어서는 안 되기 때문에 책임감과 충성심은 더하다.

군인이기 전에 인간이어야 한다는 말이 있다면 기술자이기 전에 군인이어야 한다는 정훈관 실장 김선규 중령은『북괴의 남침야욕을 분쇄시키기 위해서 투철한 멸공정신, 올바른 국가관 및 사명감을 갖고 일단 유사시에 조국의 하늘에서 우리를 요구할 때 즉각 출동할 수 있도록 뒷받침하는 군인정신이 투철해야 한다』 고 말하며 각 분야별로 순회교육을 통해 정신함양과 사기앙양에 노력한다고 밝혔다. 완전무결한 항공기의 창정비를 위해 오늘도 기술장병들의 손은 쉴 새가 없다.

【空軍00基地=尹五柄 記者】

경향신문 1988년 1월 21일 자

聞慶 새재 새 丹粧 옛 선비 발길따라 道路… 3關門 복원

酒幕자리엔 李朝式 숙박시설도 세워

문경새재의 고갯길이 훤히 다듬어졌다.

이와 함께 임진왜란 때 申砬(신립) 장군의 숱한 애환이 담긴 사적 제147호 문경관문의 복원 및 정화사업이 착공 4년 만인 오는 5월 말 준공예정으로 마무리 손질에 들어갔다.

경북 분경군 문경읍 상조리 主屹山(주흘산)계곡을 따라 새재 산중턱에 있는 문경관문은 이조 숙종 34년(1708년)에 축성된 것으로 제1관문인 주흘관과 제2관문인 조곡관 제3관문인 조령관 등으로 나눠져 있다. 모두 4km 간격으로 떨어져 있는 이 새재 고갯길은 옛날 영남지방의 선비들이 한양으로 과거를 보러 가려면 으레 넘던 곳으로 문경군이 이 일대의 정화사업에 나선 것.

문경군은 지난 74년부터 문경관문 복원 및 정화사업에 나서 8천 7백만 원을 들여 3개 관문을 보수했으며 2억 2천 7백만 원으로 문경읍~서울 간 국도에서 제3관문까지 좁고 험준한 계곡길 10km를 관광도로로 확장했다.

또 1억 5천 5백만 원으로 4.2km의 소하천 정비와 소교량가설, 주변조림, 비석정돈, 인근 불량주택 정비 등을 하여 관광지로서의 면모를 갖추었다.

새재의 길이 트인 것은 선조 25년(1592년) 임진 왜란 때.

3개관문의 도면이 완성되면서부터 길이 닦아졌다.

울창한 숲속에서 암벽사이로 내려치는 듯 쏟아지는 옥계수는 이곳을 지나는 길손들의 구슬땀을 씻겨 주었다.

지금도 옛날처럼 맑은 물이 계곡을 한없이 흐르고 홍두깨비 방망이를 만들었다는 박달나무가 이 3개 관문 주변산에 빽빽이 들어차 있어 운치를 더해 주고 있다.
이곳은 임진왜란 때 신립장군의 패전터로도 알려져 우리들의 심금을 울려주기도 한다. 신립장군이 천험(天險)의 요새인 이 조령관문에 진을 치고 왜적과 한바탕 싸움을 벌이려고 벼르든 때 전날 밤 꿈에 백발의 노인이 나타나"왜적과 싸우지 말라. 격전을 벌이면 참패를 당할 것이다"고 말했다는 것. 이래서 신립장군은 병사를 이끌고 후퇴, 왜적들은 승전을 기록했고 신립장군은 패전자로 낙인이 찍혔다.
또 인근에 있는 성종(成宗)때 현감 신승명(愼承命)이 건립했던 교구정(交龜亭)은 신.구임 관찰사가 교인(交印)하던 곳으로 축대와 잡초만이 무성했던 것이 완전히 새 모습으로 탈바꿈했다.
이 밖에 大成탄좌가 2천만 원을 들여서 물물교환 및 여인숙(주막)으로 이용됐다는 원터에 이조식 숙박시설을 건립, 관광객에게 편의를 주기로 했다. 아무튼 문경새재에 찻길이 훤히 트인 것은 근대화 물결의 뜻깊은 산물이 아닐 수 없다.

【聞慶=尹五柄 記者】

◇2017년 대한민국 한류대상시상식에서 문경시는 문화관광부문 대상을 수상했다. 〈문경시 제공〉

◇문경시 여성단체 사업성과 보고 및 여성 신년하례회 열어

◇문경시, 스탬프 체험여행 홍보 팸투어개최

◇문경시, 지방세정 종합평가 우수기관 수상

◇고윤환 문경시장은 작은 취임식으로 민선7기를 출발했다.

◇고윤환 문경시장은 민선6기 성과를 인정을 받아 2018년 지방자치행정 대상을 받았다. 〈문경시제공〉

◇문경시 대한민국 한류대상서 문화 관광부문 대상 수상〈문경시제공〉

◇문경새재 KBS 스튜디오 〈문경시 제공〉

1976년 12월 18일자 사회면 톱

「세모대목」30억 잿더미로

삽시간에 532개 점포 태워
"내 물건"아우성... 5명 중경상
개장 후 23번째---대구 서문시장 화재상보

【大邱=尹五柄, 李吉雨, 朴正鎭 記者】 17일 하오 7시 35분 쯤 대구시 중구 대신동 115 서문시장 3지구 1층에 있는 돗자리점 동남상회(주인.안경용.35)에서 불이 나 1.2층 5백 32개 점포(연건평 2천 5백 75평)를 태우고 3시간 만인 하오 10시 40분 쯤 불길이 잡혔다. 이 불로 연말 대목에 대비했던 과자류, 문구류, 건어물, 아동복, 메리야스, 피복류 등을 불태웠고 물건을 건지려던 상인 김사연 씨(32.비산동 4구) 등 5명이 중경상을 입었다. 경찰은 피해액을 11억 4천 1백 80만 원으로 추산했으나 상인들은 30억 원이 넘는 다고 주장하고 있다. 경찰은 처음 불을 목격한 경비원 장종호 씨(32)와 불이 처음 발견된 동남상회 주인 안경용 씨, 인접한 동산 철물점 한대수 씨(57.여) 등 3명을 연행 조사 중이다.

3지구 돗자리점서 발화
열화 3시간 3백m 뻗쳐
절도, 보험노린 방화 수사

한편 경찰은 그동안 대도시의 백화점과 시장 등에서 불이 났을 때 절도범들이 들끓었다는 점. 지난 7월 3지구 의류점포와 지난 8월 5지구의 이불점포, 지난 9월 시장번영회 사무실에서 일어난 화재사건 등으로 미루어 절도범들의 방화나 일부 상인들이 보험을 타기 위해 불지른 것이 아닌가 보고 수사를 벌이고 있다.

거센 바람이 몰아치던 날, 발화된 불은 이날 하오 7시 35분쯤 제3지구 경비원 장종호 씨(32)가 순찰 도중 동남상회에서 검붉은 연기가 셔터 사이로 나오는 것을 발견, 현장에 달려갔을 때는 이미 불길이 치솟기 시작했다.

장 씨는 즉시 119에 신고를 했고, 15분 만에 한 · 미 소방차 33대가 출동했으나 불어닥친 거센 남서풍 때문에 현장 접근에 애를 먹었다.

인파 속 소화 애먹어

〈현 장〉 상인, 인근 주민들은 치솟는 불기둥을 쳐다보며 발을 굴렀고 불길을 뚫고 물건을 건지러 들어가는 상인들 틈에 도둑까지 날뛰어 아비규환을 이루었다.

상인들의 울부짖음과 소방차의 사이렌 소리로 수라장을 이룬 현장은 몰려든 인파 때문에 소화작업에 애를 먹기도 했다. 불의 열기가 3백m 떨어진 동산동까지 미쳤다.

불길을 뚫고 물건을 건지러 들어갔던 상인들이 열기와 연기로 질식되어 쓰러져 경찰과 소방대원들에 의해 구조되기도 했다. 이틈에 도둑들도 들끓어 물건을 훔치려던 절도 용의자 30여 명이 붙잡히기도 했다.

1지구 3백 20호 형제상회 주인 조경희 씨(43)는 불이 났다는 소식을 전해 듣고 현장에 달려가 가게 안의 상품을 인근 건물에 날라다 두었는 데 모두 도둑 맞았다(50만 원어치)고 울상을 지었다.

소방차는 모두 동원

〈진화 작업〉 불이 난 뒤 15분쯤 뒤에 신고를 받은 소방본부는 대구시내 소방차량을 모두 동원, 진화 작업을 벌였다. 그러나 많은 점포의 셔터가 굳게 잠겨 있었고 점포 사이가 나무로 칸막이가 돼 있어 불길은 무섭게 번져 나갔다. 이 때문에 소방대원들은 처음부터 불길을 잡지 못하고 있다가 3지구를 몽땅 태우고 4지구와 1지구로 옮기려는 순간에 집중적으로 물을 뿜어대 불길을 잡기 시작했다.

장사 길 열어 주기로

〈대 책〉 대구시는 대신1동사무소에 대책본부를 설치, 점포를 잃은 상인들에게 4지구 3층, 1천 2백 평과 2지구 1층 및 3층에 있는 빈 점포, 서문시장 옆 달서천 변에 임시점포를 마련, 복구될 때 까지 장사를 하도록 결정했다.
또 불탄 3지구를 철거하고 복구작업을 위한 자금지원과 국세 등의 감면, 보험료의 조기지급, 불에 탄 화폐의 교환 및 상거래상의 선의의 부도등을 너그럽게 처리해 줄 것을 관계당국에 요청했다.

14억 정도 가입한 듯

〈보 험〉 불이 난 서문시장 3지구는 지난 5월 27일 한국화재 보험협회에 건물보험 2억 4천 5백 69만 원을 들었으며 3백 84명의 상인들은 동양화재 등 8개 보험회사에 11억 6천 5백만 원의 보험을 들었다.

좁은 소방도로. 거미줄 전선
화마 복병은 곳곳에

대구 서문시장 화재의 문제점

셔터 굳게 닫혀 진화 늦어 화재탐지기 작동 안 해
전기장판 등 마구사용 시설 점검 철저히 해야

1922년 공설시장으로 개설된 후 23번째 불이 난 대구 서문시장은 화마의 대명사가 붙을 정도의 화재 취약지구로 인위적인 허점이 너무나 많았다.
그동안 억대의 피해액을 낸 불만도 10차례. 이번 화재도 연말 대목을 노린 30억대의 상품을 전소시킨 대화재이다. 서문시장의 경우 불이 날 때마다 유난히 불조심과 화재예방에 힘을 써 왔다는 사실을 생각하면 전국의 다른 화재 취약 지구들도 철저히 예방대책을 다시 점검해야 겠다.
서문시장에는 소방도로(폭 5m)가 좁아 차량 2대가 비켜갈 수 없는 점과 각 지구를 잇는 구름다리(높이 3m)가 낮아 최신 소방차가 지날 수 없는 점이 이번 경우 큰 불로 번지도록 된 결정적 원인으로 지적된다.이 때문에 소방차들은 1대씩 교대로 현장을 접근할 수밖에 없었고 33대씩이나 동원된 한 · 미소방차들이 시장 주변에서 기다려야 했다.

하오 7시 철시 후 점포를 굳게 닫은 셔터도 재빠른 소화작업을 막는 또 하나의 치명적인 원인. 도난 방지만을 생각한 셔터는 서문시장뿐 아니라 전국의 다른 시장, 연쇄상가, 백화점들이 똑같은 상태이므로 앞으로 화재 시에 대비한 특별한 대책이 마련돼야 할 것 같다. 화재예방을 위한 조치는 서문시장의 경우 오히려 수없이 겪은 불 때문에 다른 시장들에 비해 매우 우수한 편이었다. 지난해 1차로 전기, 소방시설 등을 개체했고 3천만 원을 들여 스프링쿨러를 설계 중에 있었다.

또 대구시는 지난 4월 2천 2백만 원을 들여 서문시장 일대의 상수도관을 큰 것으로 바꾸어 수압을 높였다. 현재 경보기 10대, 자동화재탐지기 77대, 포말소화기 72대, 탄질 1백 10개 등의 소화기가 있고 모래통 2개, 물통 1백 82개 등 소방시설을 갖추고 있다. 그러나 이 같은 방화 및 소화시설 등을 갖추기만 한 것으로 만족해서는 안 된다는 것이 이번 불이 준 큰 교훈이다. *서문시장 화재일지 생략.

【大邱=尹五柄, 李吉雨, 朴正鎭 記者】

「歲暮대목」30億 잿더미로

삽시간에 532개점포 태워

開場후23번째…大邱西門시장 火災상보

"내물건"아우성

◇ "夜好"(야호) 10만 인파. 꽉 찬 西門 夜市場(서문 야시장)
잇따른 큰 불로 어려움을 겪던 대구 서문시장 상인들이 지난 2016년 6월 3일 350m의 야시장이 개장되면서 활기를 되찾고 있다. 서문시장은 1922년 9월 28일 공설시장으로 개설, 그동안 억대 이상 피해액을 낸 큰 불만도 11번을 겪고 시장이 여러 번 개축되었다. 〈본문참조〉 개장되던 날 약 10만 명의 대구시민과 관광객들이 몰려들어 다양한 먹거리와 볼거리를 즐겼다. 〈매일신문 김영진 기자 찍음〉

◇ 새롭고 멋진 디자인으로 단장된 서문시장 간판

◇ 불타는 서문시장

〈주말르포〉 해풍따라 마을따라

울진군 평해면 직산리
어제와 오늘 탈바꿈하는 어촌 화백제도 전통 이어 마을 일 함께
동해안 제1부촌 한 가구 한해 116만 원 수익

동해바다가 한눈에 보이는 경북 울진군 평해면 직산리는 마을 노인들이 앞장서 빈곤과 퇴영)을 추방하고 자립마을을 이룩했다.
"동민의 기본질서를 더욱 공고히 하고 자손만대의 행복과 번영을 위해서…"라는 전문과 동민의 권리, 의무, 상벌에 관한 48개조의 동규(洞規)를 동민총회의 결의를 거쳐 제정, 이를 엄격히 집행하고 있으며 1주일에 한 번씩 동회의를 열어 마을 일을 의논하는 철저히 민주적이며 법치행정을 하는 색다른 고장이기도 하다. 마치 희랍시대의 민주적 도시국가 아테네의 축소판을 연상시킨다고나 할까?

기자는 이 직산리를 찾아 포항에서 울진행 버스를 탔다.
1백km의 비포장 도로를 달리는 버스는 몹시도 흔들리지만 차창을 비껴가는 짙 푸른 동해의 시원한 수평선과 해안선의 절경에 정신이 팔리다 보니 2시간 남짓한 버스여행이 오히려 짧다. 이따금 지나치는 야산에 가려졌다가 이내 다시 그 모습을 드러내는 동해바다. 억겁의 세월을 성난 파도에 물리고 뜯겨 멋대로 모습이 형성된 괴암 괴석들에 정신이 팔려 눈이 퍼래지도록 바다풍경만 바라보고 있노라니 어느덧 버스는 평해에 도착한 것이다.
평해에서 냇둑을 따라 동쪽 해변으로 4km쯤 가면 1백 35가구 7백 50명이 살고 있는 직산마을이다. 정연하게 다듬어진 마을 한가운데 쯤 3층 현대식 건물이 서 있는데 이곳이 이 고장의 의회에 해당되는 마을회관.

마을 지도자 박병영(朴丙玲) 씨(40)를 만났다. "우리 마을이 지난날의 가난과 퇴패에서 벗어나 동해안 제일의 부촌이 되고 예의와 염치를 귀중히 여기는 모범마을이 된 것도 다 마을 어른들 덕분"이라고 옆에 앉아 있는 정영문(鄭永文) 옹(82)을 가리킨다. 박 씨의 설명인즉 정옹이 회장으로 있는 이마을 40명의 경로회원들이 지난 70년부터 앞장서서 퇴폐와 빈곤을 추방하고 오늘의 자립마을로 탈바꿈하는 기틀을 잡았다는 것.

그때까지만 해도 이 고장에는 술과 도박과 싸움질로 날이 새고 밤이 지샜으며 빈곤의 악순환이 거듭되어 희망없는 나날로 퇴락해 가기만 했었다. 마을 지도자 박 씨와 정 옹 등 경로회원들은 궐기했다. 젊은이들의 철없는 짓을 꾸짖기도 하고 보다 나은 내일을 위해 힘을 합쳐 일해보자고 꾸준히 설득도 했다. 이들은 도박하고 술주정하고 싸움질 하는 것을 벌하고 저축과 효행을 표창하는 등 48개조의 상벌 규정을 정한 동규를 만들어 이를 엄격히 지켜서 신풍토로 바꿔 놓은 것이다.

다음은 주민소득증대 사업에 역점두어졌다. 마을 앞 바닷가 백사장 1천 평에 방풍림을 조성, 뿌리는 약재로 팔고 잎은 소먹이로 활용하고… 마을 앞 바다 미역바위에는 아낙네들이 미역을 공동양식했다. 아낙네들은 또 집안 살림도 알차게 꾸려 절미운동을 벌였고 1가구 1통장제로 저축이 이 마을의 의무가 되었다. 동회의에서 만장일치로 결의된 마을 일들은 주민의 단합된 실천력으로 착착 해결 되어 갔다. 몇 년 만에 2백 50만 원이란 공동기금이 마련됐다.

환경개선사업이 추진됐다. 마을길도 넓히고 하수구와 개천도 정비되고 담장과 지붕을 개량하고 회관과 창고를 짓고 목욕탕과 간이 상수도도 만들었다.
"금년 가구당 소득이 1백 16만 원이고 내년에는 1백 60만 원이 목표입니다." 박 씨는 이렇게 기염을 토했다.

이 마을 북쪽에 있는 월송정은 신라 때 영랑, 술랑 등 화랑들이 동해에서 떠 오르는

달을 보며 활쏘기를 하며 즐겼다는 고사가 얽힌 곳.

이 마을의 민주적 풍토는 바로 이곳이 신라의 원시적 민주형태인 화백(和白)제도의 전통을 이어받았기 때문인지 하고 상상해 보기도 했다.

박씨는 10일 대전에서 열린 새마을지도자 대회에서 새마을훈장 협동장을 받았다.

【直山마을=尹五柄 記者】

◇초가집 한 채 없이 말끔하게 기와집으로 단장 된 직산마을【직산마을에서 윤오병기자찍음】

◇월송정은 신라 때 화랑들이 놀았던 곳으로 이 마을의 민주적 풍토의 요람인지도 모른다.

◇울진군, 새마을운동 종합평가 우수상 수상 〈울진군 제공〉

◇울진군. 2015 대한민국 대표 브랜드 대상받아...

◇따뜻한 울진, 넘치는 情 모였다. 〈울진군 제공〉

消日거리로 시작한 石築 쌓기가 가난한 水害常習마을 밤골에 變革을....

경북도내 최우수 청도 덕촌마을을 가다 5인의 老益壯 새마을 旗手로

"해마다 장마철이 되면 이웃 밤 골에서 흘러내리는 홍수로 온 마을이 물바다가 되곤 했는데 석축을 쌓고 직강공사를 했더니 수해는커녕 도리어 옥토 6천 평을 얻게 되었군요" 백발의 노인 박하인 할아버지(82)는 스스로 이룩한 새마을 사업이 무척 대견스러운 양 새롭게 바뀐 마을을 둘러보았다.

경북 청도군 각북면 덕촌1동 마을이 도내 최우수마을로 바뀐 것은 바로 80대노인 5명의 힘이 컸다.

청도에서 서쪽으로 22km 떨어진 이 마을은 경남북 경계지역인 산골마을로 주민들은 산에서 나무를 해다 팔아 생계를 이어가는 가난에 찌든 곳이었다. 그러나 주민들에게는 가난보다도 비만오면 이웃 밤골에서 흘러내리는 흙탕물로 온마을이 홍수지는 일이 더 큰 고통이었다. 한번 홍수가 지면 생계에까지 위험이 미쳤고 뒤치다꺼리가 채 끝나기도 전에 또 홍수가 휩쓰는 재해가 거듭되었다. 한차례 홍수가 있었던 71년 여름, 박하인 옹 등 이마을 80대 노인 5명은 갠날을 받아 석축을 쌓기로 했다.

옥토 6천여 평까지너도 나도 힘찬 의욕의 삽질… 송이버섯 재배 등으로 소득증대 꿈 부풀어

힘이 부치겠지만 젊은이들은 생업 때문에 바쁘니 우리가 노는 시간을 활용해 보자고 나선 것이다. 노인들은 개천에 나가 돌을 등에지어 날랐다. 우선 밤골로 이어지는 곳부터 축대를 쌓아 갔다.

80이 넘은 노인들의 작업을 본 마을 젊은이들은 처음에는 그저 노인들의 소일거리로 지나치려 했으나 작업이 계속되어 나가자 남의 일처럼 방관할 수 만은 없게 되었다. 생업도 중요하지만 허리 굽은 노인들의 힘겨운 작업이 눈물겨웠던 것이다. 먼저 젊은이들이 나섰고 뒤이어 부녀자들과 어린이까지 이 작업에 참여하자 온 마을은 "내 마을은 내 손으로 가꾸자"는 힘찬 의욕에 휩싸이게 됐다.

이때부터 마을 모습은 하루가 다르게 바뀌기 시작했다. 길이 400m의 개천 양쪽에는 높이 2m의 석축이 쌓였고 폭 7m의 하천에는 너비 4m의 새마을교가 가설됐다. 새마을교 건너에는 8백여 평의 널따란 새마을 광장이 생겼고 그 한복판에서 시원하게 물을 뿜어대는 분수대며 빽빽이 들어찬 느티나무 벚꽃나무 사이에 마련된 어린이놀이터, 배구대 등은 마을 환경을 더없이 아담하고 산뜻한 것으로 바꾸어 놓았다.

한 번 불붙기 시작한 주민들의 의욕은 좀처럼 꺼질 줄을 몰랐다. 마을 안길이 넓혀지고 지붕 개량, 변소 개수, 부엌 개량, 하수구 개수 등 주택환경 조성과 간이 급수시설이며 빨래터까지 새로 갖추게 되었다. 마을환경을 가꾼 주민들은 내친 걸음에 소득증대에도 힘을 기울여 조상 대대로 생업이 되어 온 나무꾼 생활을 청산하는 일대변혁을 일으켰다. 직강공사로 얻은 하천부지 6천 평에 4년생 사과나무 3백 그루를 심었고 이곳 명물인 송이버섯은 1만 5천 평의 임야에 가꿀 수 있게 되어 5년 후에는 연간 8백여만 원의 소득을 내다보게 되었다.
이 밖에 25대의 가마니틀과 새끼틀 등으로 부업을 갖게 되자 마을사람들은 이 마을이 부자마을이 되어간다는 생동감에 부풀었다.
매일 새벽 5시반이면 이 마을에 울려퍼지는 방송소리에 잠을 깬 주민들은 배구장에 모여 간단한 조기체조를 한 다음 하루 일과를 위한 힘찬 출발을 시작하는 것이다.

【淸道=尹五柄 記者】

청도군-베트남
새마을 시범마을 조성현장 방문
이승율 군수, 군의원 등 기관 단체장들

청도군은 2017년 11월 27일부터 12월 2일까지 6일간의 일정으로 이승율 군수를 비롯하여 군의원, 기관단체장, 청도군 새마을회원과 함께 베트남 새마을운동 시범마을 조성사업장을 현지 방문 했다.

청도군은 2014년 12월부터 베트남 딩화현과 새마을운동 시범마을 조성사업에 대한 양해각서를 체결하고, 새마을운동 세계화사업단과 함께 베트남 또마을에 새마을 운동 정신의 보급과 새마을사업을 지원하고 있다.

이승율 군수 등 방문단은 올해 지원사업으로 또마을 새마을회관의 방송시설 준공식을 갖고 이 군수가 직접 마을 방송을 시연하는 행사를 가졌다.

이날 청도군 일행은 새마을 세계화사업의 추진 성과와 향후 계획을 보고받고 청도군과 새마을세계화재단의 지원사업으로 조성된 새마을공장에서 국수 생산 과정을 보고 현대화된 토끼 사육장을 들러 현지 마을 이장을 격려했다.

베트남 딩화현의 르엉 반 난 당서기장은 이날 환영 행사와 간담회에서 "청도군의 뜨거운 관심과 지원에 깊은 감사를 드린다"며 "딩화현에서도 또마을에서 시작된 새마을 운동이 이웃 마을인 바이호이 마을로 퍼져나가 새로운 새마을 운동이 확대 시행되고 있으며, 새마을 운동의 확대를 위해 양 도시간의 돈독한 관계를 지속해 나가기를 희망한다" 고 밝혔다.

한편 이승율 군수는 "새마을운동의 세계화가 이제 확실히 자리를 잡아 가고 있는 모습을 보며 새마을발상지 청도군의 자부심을 몸소 느끼고 온 소중한 시간 이었다" 며 "이번 딩화현 또마을의 성공경험을 정부에서 추진 중인 새마을운동 세계화사업의 모범사례로 삼을 수 있도록 하겠다."고 밝혔다.〈청도군 제공〉

25전쟁 67주년 기념
2017. 6. 25.(일) 11:00
청도군
나라를 위한 고귀한 희생
하나되는 대한민국으로

◇청도군 6.25전쟁 67주년 기념행사를...〈청도군제공〉

청도군

◇청도군 노블랙데이 이벤트〈청도군제공〉

◇청도 복숭아 수확〈청도군제공〉

◇청도 감 수확

◇새마을운동 발상지 청도 〈청도군제공〉

◇경상북도 16년 자원봉사 우수군 평가에서 청도군이 최우수상을 수상했다. 청도군은 자원봉사 부문 8년 연속 수상한 것이다. 〈청도군제공〉

◇청도군, 여성대학 제25기 수료식 〈청도군제공〉

1974년 10월 2일 사회면 톱

명예 되찾고 숨진 전 포항시장 裵秀剛 씨

"나는 결백하다" 집념의 유언

투서 한 장에 30년 공직 오명
가재 팔아 무죄 항변 복직 두 달 뒤 옥고 등 겹쳐
5년 만에 대법 무죄 확정

한 장의 투서로 박탈당한 명예를 되찾기 위해 5년 동안 법적투쟁을 벌여 명예를 되찾은 한 집념의 공무원이 복직 2개월 만에 숨졌다. 30년 공직생활에서 오명을 벗은 배수강 전 포항시장(경북도 지방공무원 교육원장) 배 씨는 그동안에 옥고와 살을 에는 듯한 고생으로 지난달 30일 "나는 결백하니 죽어도 한이 없다"는 말 한마디를 남긴 채 조용히 눈을 감았다. 거짓 투서로 인생을 망친 한 공복의 억울한 죽음 앞에 병실을 지키던 가족과 친지들은 다시는 이런 불행이 없기를 빌었다.

배 씨는 포항시장으로 있던 지난 69년 11월 11일 "싯가 5억 원 짜리의 포항시 죽도동 죽도시장 부지를 1억 7천만원에 불하했다"는 내용의 투서로 특정범죄 가중처벌법 위반 혐의로 검찰에 전격 구속 됐었다. 서울로 압송된 배씨는 무죄를 호소했으나 허사였다. 70년 5월 8일 서울지법에서 징역3년(구형 10년)의 유죄 선고를 받았다. 30년 공직생활에 오점을 남기게 된 배 씨는 어처구니없는 판결에 항고를 제기, 집을 팔고 친지들 에게 빚을 얻어 억울하게 빼앗긴 명예를 찾겠다고 결심했다.

H씨 명의의 투서 한 장으로 문제가 됐던 죽도시장은 시유지 9천 8백평 가운데 3천 9백평에는 주택이 있었고 5천 9백 평이 시장으로 된 신흥시가지였다. 이 시유지는 해방 후 귀환동포와 6 · 25 사변 때 월남한 동포들이 매축, 시장을 만들었 던 것이다. 배

씨는 포항시장으로 부임한 후 이 부지를 팔아 포항제철 유치에 따른 도시개발 사업에 쓰기로 했다. 68년 1월 당시 양택식 경북도지사의 승인을 얻어 시장 상인을 상대로 매입권유를 시작했다. 그러나 상인들은"우리가 메운 땅을 현 시가대로 사라는 것은 부당하다"면서 매입을 반대했다.

1년 동안 끈질긴 설득 끝에 배 씨는 결국 1억 7천만 원에 낙찰계약을 하고 포항시 개발을 시작하려 했다. 불하가격은 당시 경찰서장, 시 자문위원, 세무서장, 감정을 한 은행장, 부동산 소개업자 대표, 시 관계자 등 10명으로 구성된 불하가격 심사위원회에서 결정한 금액이었다. 매입자들로부터 차 1잔 얻어먹지 않고 행정상 아무런 하자 없이 불하했던 것이 배씨의 일생을 망친 것이라고 동료 공무원들은 애석해했다.

73년 10월 10일 서울고법에서 드디어 결백함이 밝혀져 무죄판결이 내렸으나 검찰의 상고로 대법원의 최종적인 판결을 기다리고 있던 배 씨는 지난 7월 17일 드디어 대법원의 무죄판결을 받고 잃었던 명예를 되찾은 것이다. 이 소식을 전해들은 이곳 공무원들은 "배수강 만세"를 불렀고 끈질긴 배 씨의 집념에 탄복했었다.

지난 8월 1일 경북도 지방공무원 교육원장으로 복직된 배 씨는 오랜 옥고와 가산을 잃은 고생으로 황달병까지 얻어 3주일 전부터 병세가 악화되자 서울 성모병원에 입원 중 숨진 것이다. 배 씨는 44년 일본 동경 명교중학을 졸업, 그해 경남도 회계과에 서기로 들어와 공무원 생활을 시작한 후 30년 동안 부산시 교육위 재무과장, 내무부 행정과 서무계장 영일군수, 포항, 경주시장을 역임했다.【大邱=尹五柄 記者】

서기1974년10월2일 (수요일)

"나는결백하다"執念의遺言

명예되찾고 숨진 前浦項市長 裵守剛씨

投書한장에 30년公職汚名

家財팔아 무죄항변

復職 두달뒤 獄苦등 겹쳐

5년만에 大法확정

〈註〉=="나는 결백하다"전 포항시장 배수강씨==

동해안 전통시장으로써 오감이 만족스러운 관광명소로 크게 발전하고 있는 포항시 죽도동 죽도시장. 죽도시장은 반세기 전인 1969년 11월 11일 "싯가 5억 원짜리 죽도시장 부지를 1억 7천만 원에 부정 불하 했다"는 내용의 투서로 당시 포항시장 배수강 씨가 특정범죄가중처벌법 위반혐의로 검찰에 전격 구속됐었다.

박탈 당한 명예를 되찾기 위해 5년 동안 법정투쟁을 벌여 명예를 되찾은 집념의 공무원 배 씨가 대법원의 무죄판결을 받아 경상북도 지방공무원 교육원장으로 복직됐으나 그동안 옥고와 살을 에는 듯한 고생으로 74년 9월 30일 "나는 결백하니 죽어도 한이 없다"는 말 한마디를 남긴 채 조용히 눈을 감았다.

이 같은 기막힌 사연은 1974년 10월 2일자 경향신문 사회면에 「명예 찾고 숨진 전 포항시장 배수강 씨. "나는 결백하다"집념의 유언. 투서 한 장에 30년 공직 오명. 가재 팔아 무죄항변, 복직 두 달 뒤 옥고 등 겹쳐. 5년 만에 대법원 확정」이란 제목과 「공무원교육원장 배수강」 명패 옆에 소복하게 쌓인 전국에서 보내 온 「축전」, 그리고 주인 잃은 자리를 곁들여 사회면 머릿기사로 다루었다. 〈본문참조〉

그리고 "주간경향"에 대서 특필했다.〈사진참조〉

전국 공무원들은 배씨의 죽음에 슬픔을 같이 하고 유가족 돕기운동을 대대적으로 벌였으며 당시 내무부장관은 배 씨 딸을 비서로 특채했던 그때 그 시절 그 사연이 생각난다. 반세기가 지난 죽도시장의 오늘을 상상해 보면서… 〈필자=윤오병〉

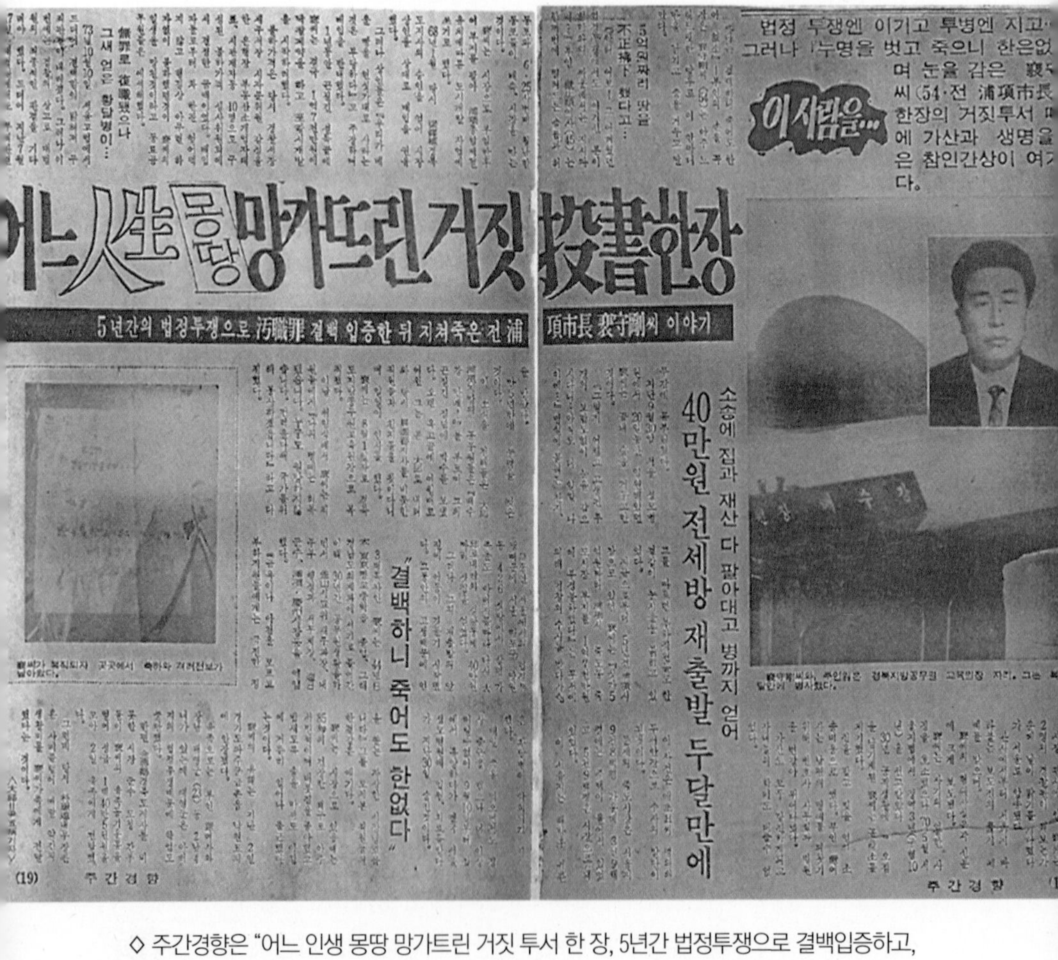

법정 투쟁엔 이기고 투병엔 지고… 그러나 누명을 벗고 죽으니 한은없

이사람을…

어느 人生 몽땅 망가뜨린 거짓 投書한장

5년간의 법정투쟁으로 汚職罪 결백 입증한 뒤 지쳐죽은 전 浦項市長 裵守剛씨 이야기

소송에 집과 재산 다 팔아대고 병까지 얻어

40만원 전세방 재출발 두달만에

"결백하니 죽어도 한없다"

5억원짜리 땅을 不正拂下 했다고…

無罪로 復職됐으나 그새 얻은 황달병이…

(19) 주간경향

◇ 주간경향은 "어느 인생 몽땅 망가트린 거짓 투서 한 장, 5년간 법정투쟁으로 결백입증하고, 지쳐서 죽은 전포항시장 배수강 씨, 40만 원 전세방에서 복직하여 재출발 두 달 만에…" 란 제목으로 대서특필 했다.

◇ 포항시 죽도동 죽도시장은 동해안 전통시장으로서 시,청,후,미,촉, 다섯감각이 만족스러운 관광명소로 발전하고 있다.

◇포항 죽도시장 맛집 「삼형제 횟집」〈포항시 제공〉

◇ 이강덕 포항시장이 국비 확보를 위해 국회에…

◇ 죽도시장의 청정해수공급시설 통수식이… 〈포항시 제공〉

◇ 포항시는 제2회 서해수호의 날 기념식을 거행했다

◇ 포항시는 워터폴리 준공…

◇ 포항시는 2018년 일자리, 민생시책 개발을 위한 도내 지역경제 담당공무원 워크숍에서 지역경제 활성화 평가 최우수상을 수상했다. 〈포항시 제공〉

猛虎主力 1陣도 凱旋

어제 大邱基地에 駐越軍 本格的 철수

◇ 철수 주월군 제1진으로 개선한 맹호 장병들이 시민 학생들의 환영을 받고 있다.

【金榮一, 鄭楠泳 記者 찍음=大邱전송】

【大邱=李載仁, 尹五柄, 李任修 記者】주월 국군은 3일 영예로운 철수작전을 시작, 철수국군 본진 제1진이 국민의 열광적인 환영을 받으며 대구00공군기지에 개선했다. 이날 하오 2시 개선장병환영식이 2군사령관, 경부도지사 등 2만여 군. 관 시민들이 참석한 가운데 대구공군기지에서 베풀어졌으며 주월 국군은 이날부터 계속해서 군용기편으로 귀국, 오는 3월까지 8년의 월남 지원을 종료, 철수 작전을 매듭짓는다.

철수 제1진은 맹호사단 0연대 장병000명으로 이날 상오 8시부터 정오사이 미국 민간항공기 BCA8기 0대에 분승 대구기지에 도착, 피곤한 기색도 없이 검게 탄 얼굴로 환영식에 참석했다. 개선 장병들은 식장에 모인 환영인파의 따뜻한 환영을 받으며 먼저 박원근 2군사령관에게 귀국 신고를 했다.

박 사령관은 이들을 맞는 환영사에서『국군이 월남에 파견된 이래 연전연승, 자유를 수호하는 한국의 얼을 심어 놓고 평화의 십자군으로 개선하게 됐다』고 치하하고『이제 월남전에서 얻은 전기와 정신으로 조국방위 대열에 앞장서고 조국건설의 일꾼이 되라』고 당부했다. 이어 구자춘 경북도지사가 부대장에게 환영 선물을 전했고 20명의 대구여고 학생들이 지휘관들의 목에 화환을 걸어 주었다.
5백 명 대구여고 합창단의 개선의 노래가 울려 퍼지는 가운데 합창단원들이 올린 5색 풍선이 환영식장을 수놓았다.

하오 2시반 환영식을 끝낸 장병들은 00부대의 군 트럭에 분승, 동대구역까지 카퍼레이드를 벌이며 연도에 늘어선 수많은 시민들로부터 열광적인 환영을 받았다. 장병들은 하오 3시40분 특별열차편으로 수용지인 00지구로 이동했다.

〈1976년 2월 6일〉

金壽鶴 〈慶北知事〉

김수학 경북도지사

大學 문턱 안 넘어도

健康이 유일한 밑천, 郡 書記로 公職 길에 무슨 책이든 20번 이상씩 通讀

人生과 社會를 보는눈,선배들의 體驗的적 忠言

인간에게는 누구나 자기 발전을 위한 시련과 노력이 있게 마련이다. 한 인간의 성장은 저마다 자기 발전을 위한 노력의 결과이겠지만 때로는 노력만으로 극복하기 힘든 벽과 한계에 부딪치기도 한다. 어떤 사람은 노력과 인내로서 이 벽을 넘어서 새로운 발전을 갖게 된다. 개개인의 인간으로써의 성장 속도와 거리가 생기는 것이 아닌가 생각 된다.

내가 이런 글을 쓰게 된 것도 이와 같은 벽의 정도와 빈도가 많았던 인생경력을 가진 사람의 하나로 여겨졌기 때문인 것 같고 그래서 크게 자랑하거나 남에게 내세울 만한 일이 못되는 줄 알면서 그동안 내가 성장해 온 과거를 있는 그대로 소개해 볼까 한다. 나는 1927년 경북 경주시 황남동 3308의 5에서 태어났다. 겨우 기백 평의 논밖에 없는 가난한 농가의 3형제 중 맏이인 나는 8살 때 보통학교에 입학 정상적으로 6년을 졸업했다. 졸업기가 되자 친구들은 진학의 꿈에 들떠 있었다. 워낙 가난했던 나는 아버지에게 진학하겠다고 말을 못하고 눈치만 보았다. 진학시킬 생각도 못하고 있는 부모님의 괴로움을 이해할 수 있었던지 설음도 분함도 꾹 참아야겠다고 마음을 다졌다. 이웃에 사는 동급생들이 중학생이 되었다고 기뻐하고 우쭐거릴 때 무엇인가를 꼭 해내고 말겠다고 이를 악물었다. 진학을 포기한 나는 한문 공부를 열심히 했다.「혼자서도 노력하면 성공할 수 있다」는 고모부의 가르침을 항상 새겨두며 2년간 한학에 몰두했다. 그리고 틈틈이 아버지의 농사일을 돕고 상금으로 받은 1전짜리 푼돈을 모아 중학교 과정의 교과서를 사서 독서를 했다.

19세가 되던 해다. 경주군청에서 서기 1명을 뽑는 공채 시험이 있어 30명의 경쟁자를 물리치고 합격한 나는 서무과에 첫 보직을 받고 공무원 생활의 첫발을 디디었다. 군 서기가 된 뒤에도 책을 계속 읽었다. 박봉을 털어 법률서적 1권을 사면 20회 이상 읽어 박사별호가 붙을 정도로 읽은 것이다. 그래서 49년 9월 24일 변호사 예비시험에 합격했다. 그러나 다음 해 본 시험에서 낙방의 고배를 면치 못했다. 이때 처럼 실망이 컸던 일은 없다. 돈 많은 환경 좋은 다른 사람에 비해 여러 가지로 불리한 조건에서 성장한 나는 시간의 최대선용을 생활 지침으로 했다. 남보다 덜 자고 더 공부 하고 더 근면 하고 더 성실 하고 더 정직 하고 인내력이 더 강해야 했다. 나의 강한 집념과 의지는 헛되지 않아 52년 12월 29일 고등고시 예비 시험에 합격했던 것이다.

이때부터 나의 공무원 생활은 본격화되었다. 건강한 신체를 유일한 밑천으로 공무원 생활을 시작했던 나는「이상은 높게 생활은 검소하게」를 생활신조로 계속 노력에 노력을 했다. 10년 만에 지방의 지방 주사가 된 나는 경상북도 내무국 지방과로 전보됐으며 9년만에 사무관이 되어 지방과 행정계장이 되었다. 공무원 생활 20년 만에 내무부로 올라가 지방행정과 감사기획계장이 되었다. 경북도와 내무부를 네 번 오르내리면서 지방행정을 익혔고 서울을 오르내릴 때 마다 한 등급씩 승급을 거듭했다. 내무부 법무관(62년) 기획감사과장(63년) 행정과장(66년) 전남부지사(68년) 대구시장(69년)을 거치면서 내무행정의 대도를 몸에 익혔다. 12년 만에 사무관에서 이사관까지 4등급이 오른 나는 73년에 충남지사로 발탁되었고 74년 9월에 경북지사로 전보되었다.

나는 이렇게 생각해 본다. 인간의 머리는 노력 여하에 따라 좋고 훌륭하게 발전할 수 있다. 나는 자조에 일관하여도 도지사가 됐다. 현 정부는 노력하는 사람을 돕고 출세할 수 있는 길을 열어주고 있다. 모든 공무원의 공채시험에 학력이 관계없고 실력만 있으면 된다. 무슨 책이든 20번 이상 읽어보면 박사 안될 리 없다. 페이지마다 눈에 환하게 비치는 것이다. 진학 못했다고 낙심할 것 없다. 과거와 현재의 환경을 잘 비교해 보라. 야간대학이 있고 방송통신대학이 있다. 각종 직업 훈련소가 얼마든지 있고 배우고 싶은 무엇이든지 배울 수 있는 기회를 마련해 주고 있다. 시간을 최대로 선용하여 남보다 덜 자고 더 공부하여 근면하고 성실하고 정직하게 살자.

【文 責.尹五柄 記者】

朴三中 법사가 펴낸 사형수 이야기 "통곡의 벽"
철창에 넘치는 새 삶의 의지 생생한 옥중 생활기록.

8년 전부터 대구교도소에서 재소자를 대상으로 설법을 해 온 박삼중 법사(42.대구시 중구서문로2가1)가 사형수와 무기수들의 옥중생활을 엮은 「통곡의 벽」이라는 책을 발간한다. 이「통곡의 벽」은 박 법사가 재소자들을 설법하기 시작한 68년 3월부터 사형수 나윤찬 씨(49.감형으로 무기수), 이윤식 씨(52)와 무기수 정동축 씨(49) 등 20여 명의 장기 복역수들과 같이 설법과 대화를 통해 발견한 새로운 삶을 정리, 2백60여 페이지에 수록한 것으로 과거의 악몽을 씻고 새사람이 되어가는 과정이 기록됐다.

이들 3명 중 정 씨는 지난 57년 대구 근교에서 일어난 강도 살인사건의 주범으로 검거되어 무기형을 받고 복역중 모범수로 뽑혀 교도관 보조역인 "지도"란 직책을 맡고 있으며 20년으로 감형된 후 교도관의 중매로 74년 4월 12일 귀휴를 받아 오수진 씨와 옥중 결혼, 이들 신혼 부부는 달성공원으로 가서 신혼여행을 즐겼으며 오는 9월 초순 출소를 앞두고 가슴 설레고 있다. 나 씨는 20년 동안 복역하면서 재소불교신도 회장직을 맡고 있는데 모범수로 감형되어 4년 후에 출감된다. 이 씨는 입소 9년 6개월 만에 모범수가 되어 무기수로 감형됐으며 4년 후에는 출감된다. 옥중 26년 만에 황소 한 마리 값을 마련했다는 이 씨는 당시 유복자였던 아들에게 황소를 사주고 손자들에게 소 한 마리씩 사주기 위해 일당 3백 원씩 받고 열심히 일하고 있다.

박 법사는 이「통곡의 벽」을 단행본으로 발간하여 그 수입금을 모두 장기 복역수를 위해 쓰겠다고 말했다. 달성군 옥포면 용연사 주지로 있다가 지난 70년 환속한 박 법사는 매월 5회씩 대구교도소에서 수인들의 집회를 갖고 설법해 왔는데 수인들의 수의사를 엮어 「통곡의 벽」을 발간하는 것이다.

【大邱=尹五柄 記者】

鐵窓에 넘치는 새삶

朴三中法師가 펴낸 長期囚이야기

8년전부터 大邱교도소에서 재소자를 대상으로 설법을 해온 朴三中법사(42·大邱시中구 서문로2가1)가 사형수와 무기수들의 옥중생활을 엮은 「통곡의 벽」이라는 책을 발간한다。

이「통곡의 벽」은 朴법사가 재소자들을 설법하기 시작한 지난68년3월부터 사형수 緋뉴찬씨(49·감형으로 무기수) 李兀씨씨(52)와 무기수 鄭巢旭씨(49)등 20여명의 장기복

朴三中법사는 매달5회씩 大邱교도소에서 설법하고있다。

박삼중 스님은 76년 봄 대구교도소에서 사형수와 무기수를 대상으로 교화운동을 하면서 기자와 처음 만났다.「박삼중 법사가 펴낸 장기수 이야기, 철창에 넘치는 새 삶의 의지, 생생한 옥중 기록, 손자들에 황소선물」이란 제목에 박 법사의 교화 사진을 넣은 BOX기사는 1976년 4월 24일자 경향신문에 보도됐다. 언론에 소개된 것이 처음이라는 박 법사는 토기조각 몇 점을 신문지에 쌓아 갖고 찾아 온 기억이 난다. 그때 42세의 스님은 또래의 기자에게 "줄 것이 없어서"라며 고마움을 …

부산 자비사 주지를 거쳐 서울 역삼동으로 올라와 반세기 동안 사형수의 대부로, 정신대 할머니 돕기, 재일동포 김희로 구명운동, "사형수의 눈물 따라 어머니의 사랑 따라", 그리고 지난해에는 청주여자교도소에서 노래자랑 행사를 마련하는 등 반세기동안 몸과 마음과 글로서 어두운 세상을 밝히는 데 생을 다하고 있다.

목타는 農村을 돕자 가뭄 誠金

물 끌기 안간힘 낙동강 물을 끌어들이기 위해 굴착작업을 벌이고 있는 주민들 도시 사람들의 뜨거운 성원이 잇따라

【大邱】 연일 폭염이 계속되고 있는 가운데 혹심한 가뭄에 시달리고 있는 농촌을 돕자는 농촌 한해 돕기 성금 운동이 대구시를 중심으로 도시민에게 번져 가고 있다.
갈라진 논바닥에 물을 대려 불볕 더위속에 가뭄과 싸우는 농민들을 돕기 위한 경북도민의 성금은 30일 현재 4백 72만 원이 기탁해 경북재해대책본부는 이 성금을 우선 도에서 가장 가뭄피해가 큰 의성군에 40만 원, 칠곡, 군위, 선산군에 각각 30만 원씩 전달, 양수작업에 쓰일 중장비 대여 및 호스, 비닐 구입비에 쓰도록 했다.

대구 시민들이 앞장선 농촌 한해 돕기 성금운동은 근래에 없던 일이다. 한해 성금운동은 지난 25일 하오 반상회를 열었던 대구시 중구 삼덕 1,2,3,5반 김홍식 씨(52) 등 주민들이 가뭄피해가 막심한 농촌을 외면만 할 수 없다고 결의 성금 5만 원을 모아 김수학 경북도지사에게 전달한 것으로 비롯된 것이다. 이어 대구시 서구 내당5동 7통 2반(반장 이길자) 반원들도 5만 원을 모아 정채진 대구시장에게 전달했다. 성금운동은 실업인 들에게도 번져 영남 라이언즈클럽(회장 김홍준)은 20만 원을 김 지사에게 전했고 아시안산업 김주호 사장은 양수기 10대(싯가 1백10만원 상당)를 한해지구에 전달 했다. 30일 현재 성금 기탁자는 다음과 같다.

▲ 대구 한일산업 김종구 사장 1백만 원 ▲ 경북탁주관리위원회 50만 원▲ 한국주유소협회경북지부장 김병화 씨 13만 1천 원 ▲ 대구상고 학도호국단 12만 9천 원 ▲ 구국여성봉사단 10만 원 ▲ 대구은행 임직원 87만 6천 7백 원 ▲ 대구연초제조창 8만 원 ▲ 영남대 새마을교육수료자 일동 1만 원 ▲ 영남일보사 10만 원 ▲ 경남여객 양수기 4대, 고압호스 1백 20m

도시인의「이웃 溫情」

嶺南곳곳에서 메아리

揚水機 대여, 호스, 비닐 등 구입비도 보내
11ha의 마른 논에 물, 바닥난 개울에서 자갈 헤쳐
14단계 강 물줄기 끌어올려 양수기 73대 연결
"이젠 두려움 없다" 3천 여m 떨어진 논에 물대고
영농비 비싸게 먹혔지만 배 이상 효과

한 방울의 물이라도 더 찾는 농민들의 집념은 거북등처럼 갈라지고 타 들어가던 논바닥에 물을 채우는 기적을 낳았다. 자갈을 파 헤쳐 지하수를 찾고 물줄기에 댄 관을 통해 10여 단계씩 수 km를 잇는 다단계 양수작전에 성공한 농민들은 이제 속없이 기우제나 지내던 시절은 지났다고 기쁨을 감추지 못했다.

▲ 갈라진 논바닥을 들여다 보며

李熺逸청와대 경제제1수석비서관㊥이 29일 한해가 막심한 지역을찾아 갈라진논바닥을 들여다보며 가뭄실태를 살펴보고있다。왼쪽에金壽鶴慶北도지사가 서서 이를 지켜보고있다。【慶北達城군화원면천내동에서 尹五柄기자찍음】

==관정==

경북 군위군 효령면 장기1동은 계속된 가뭄으로 논 11ha가 타들어가고 있었다. 1개월 동안 퍼 올린 사청천 바닥은 이미 고갈 된 지 오래고 이 지역의 유일한 젖줄인 기계 관정 3개도 말라 붙었다. 그러나 새로운 물줄기를 찾는 집념은 끝내 가뭄을 이겼다. 지난 27일 경북도에서 보내준 포크레인이 4시간 동안 사청천 자갈바닥을 파헤친 끝에 차고 맑은 물이 콸콸 솟아오른 것이다.

주민들은 평당 19원씩 60만 원을 모아 양수기 및 파이프를 사들이고 1백 20명이 동원되어 1백m의 집수암거를 마련했다. 10마력짜리 양수기가 5인치 파이프로 퇴수로까지 물을 끌어 올리면 경운기 등 단계 양수시설로 1천 5백m 물을 끌어 11ha의 마른 논을 적시기 시작했다. 지난 6월 16일부터 물을 퍼서 2천 평 논에 모내기를 했다는 김봉구 씨(58)는 영농비가 평당 19원이 비싸게 먹혔으나 백배 이상의 효과를 볼 수 있는 기적이라고 기뻐했다.

==다단계 급수==

경북 고령군 다산면 월성동과 벌지동의 경우 낙동강에서 3천 2백 50m나 떨어진 38,4ha의 논에 물을 대기 위해 양수기 73대를 동원, 14단계에 걸쳐 물을 끌어 올리느라 1백 50여 농민들이 비지땀을 흘리고 있다. 낙동강에서 논까지 폭 10m, 깊이 2m의 물길을 만들고 하천굴착 2백 30m에 직경 4~6인치짜리 쇠파이프를 묻어 거북등처럼 갈라진 논바닥에 물줄기가 콸콸 쏟아져 나오고 있는 것이다.

밤낮없이 작업을 계속, 갈라진 논바닥 4천 5백 평을 가뭄으로부터 구해 낸 배봉호 씨(45.고령군다산면벌지동)는 “이제 가뭄정도는 두려울 것이 없다”며 3천 5백 여m나 끌어올려지는 물줄기를 지켜보기도 했다. 이런 방법으로 가뭄을 벗어날 수 있는 면적은 경북도 내에서 피해면적(1만 6천 8백 21ha) 중 70%나 되는 1만 2천ha라 한다.

【경북 군위.고령=윤오병기자】

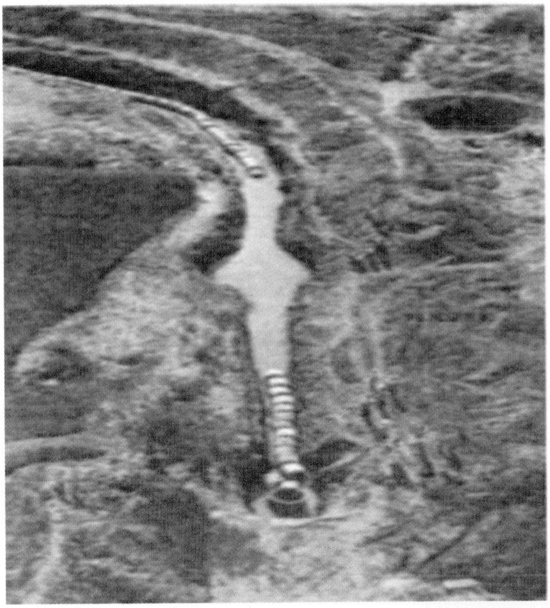

◇ 물을 찾는 농민의 의지 하늘에서 본 가뭄을 이겨내는 농민의 의지, 물을 찾아 들판에 관정을 파고 토관을 묻어 논에 물길을 내고 있다. 경산, 영천, 선산, 고령 등 경북 가뭄 지역마다 관정과 다단계 작전으로 가뭄피해를 줄여가고 있다.
【육군 제5799 부대소속 OH-23헬기상에서 주홍행 기자 찍음. 노호현 대위 조종】

◇한 방울의 물이라도 아끼려고 깐 비닐 도수로. 오리 떼 가 무더위를 식히려 놀고 있다.
【慶北 慶山郡 南川面 大明洞에서 尹五柄 記者 찍음】77년 7월 28일

“난데, 헬機 한 대 더”

오늘도 30도를 오르내리는 폭염 속에 거북등처럼 갈라진 논바닥이 타고 있다. 우물파기와 다단계 급수작전을 벌리고 있는 경북 내륙지방의 농민들은 고달픈 나날이 계속되고 도시민들의 양수기 등 급수장비 지원운동도 이어진다.

記者는 가뭄으로 목 타는 의성, 선산, 고령, 경산, 영천 등 현지보고를 위해 헬機 지원을 받기로 생각하고 육군 제5799부대 정훈부에 전화를 걸어 京鄕新聞 尹五柄 記者가 도내 극심한 가뭄 현장 취재를 위한 헬機 지원을 바란다고… 약 30분 후에 부대장이 OK 했으니 부대로 들어오라는 연락이 왔다. 慶北道廳 記者室에서 슬그머니 빠져 나왔다. 그리고 大邱 MBC 보도국장에게 전화를 걸어 15분 후에 카메라맨이 현관에 대기하면 같이 갈 곳이 있다고 전하고 MBC에 가니 가방을 멘 카메라맨은 물론 보도국장등 4,5명이 나와 기다리고 있었다.

가뭄 피해지역에 헬기를 타고 간다는 말을 전하고 부대로 갔다. 정문 헌병은 이미 지시를 받았는지 京鄕新聞 깃발을 단 지프를 확인하고 통과시켜 안내병을 따라 사령관실에 들어가 3성장군의 영접(?)을 반고 잠시 커피 타임을 가졌다. 그런데 사령관이 우리 일행이 3명인 것을 보고 “아! 세 분이 오셨군요. 헬기에 두 명 밖에 탈 수 없는데…” 하고 난색을 표하더니“부관! 항공대장 대” 그리고 전화를 받아들고“난데 헬기 한 대 더 대기시켜” 그리고 늦기 전에 빨리 출발하라고 한다.

그 순간 놀라고 고맙고 또 기쁘고 기자임이 자랑스러웠다. 우리는 바로 동촌 공군 00기지 약속장소에서 헬기를 타고 취재한다는 기대와 흥분 속에 연락오기만 기다렸다. 그러나 10분 20분 30분이나 지나서야 헬기가 나타나 두 팀으로 나누어 올라탔다. 카메라맨들은 군위 의성 선산 칠곡 고령등 대구 근교를 두루 헤매고 記者는 영천과 경산 금호강 주변을 돌아 논둑 새참 먹는 공터에 착륙했다. 논두렁에 헬機가 착륙하는 것을 보고 헐레벌떡 숨 가쁘게 달려 온 군수 일행이 記者를 보고 깜짝 놀라기도…

들판에 전선줄이 너무 많아 조마조마하여 조심스럽고 불안했다는 조종사와 헤어져 기사를 송고하고 저녁 9시 TV 앞에서 MBC 뉴스데스크를 기다렸다. 그런데 뜻밖에도 경북지방의 가뭄 피해와 한해극복 작전기사는 청와대를 출입하는 하순봉 기자의 헬기에서의 리포터로 마무리 됐다. 알고 보니 헬機를 타고 한해 지구를 시찰하는 박정희 대통령을 MBC 하순봉 기자가 헬機에 동승 수행 취재했으며 이 때문에 우리들의 취재 헬機는 이륙하지 못했던 것이 뒤 늦게 밝혀졌다.
결국은 大邱 MBC는 헛수고(?)를 했고 京鄕新聞은 "육군 제5799부대소속 OH-23 헬機 상에서 周弘行 記者 찍음. 盧鎬鉉 대위 조종." 그리고 경북 군위. 고령에서 尹五柄 記者의 한해지구의 "現地 報告"는 14단계 6단 항공사진과 함께 사회면 톱으로 다루었다. 〈본문참조〉

백여 상이용사 호텔봉쇄
김영삼 총재 한때 감금상태
윤여준 대구 현판식 늦어

【大邱=尹汝儁, 尹五柄 記者】 경북지구 상이용사회 박태근 회장(47) 등 1백여 명의 상이용사들은 27일 金泳三 신민당총재등이 묵고 있는 대구 금호호텔에 들어가 출동한 기동경찰과 대치하고 있어 상오 10시로 예정된 개헌추진 현판식이 늦어지고 있다. 상이용사들은 이날 새벽 5시 50분쯤 금호호텔로 들어가 현관 등 모든 출입문을 봉쇄하고 병신육갑운운 발언에 항의하는 구호를 외치면서 데모를 벌였다.
호텔 1층 로비를 점거한 상이군인들은『국가 유공자를 모독하는 발언을 공개 사과하라』고 쓴 머리띠를 두른 채『누구를 위한 병신이냐. 이 울분 못참겠다』는 플래카드와 피켓을 들고『우리의 애국 애족을 정치도구화 하지 말라』는 등의 구호를 외치며 김총재와의 면담을 요구, 2층 계단에서 이들을 제지하는 신민당원 20여 명과 한때 승강이를 벌였다.
이날 상오 10시 50분 박병훈 도경국장은 호텔을 점거 중인 상이용사들 앞에 나타나『법과 질서를 위해 해산해달라』고 요구했다. 그러나 이들은『김영삼 총재가 공개 사과하지 않는 한 물러날 수 없다』면서『만일 경찰이 강제 해산시킬 경우 5층(김총재 투숙한 곳) 에 올라가 모종의 행동도 불사하겠다』고 강경히 맞섰다.

낮 12시쯤 박 도경국장과 임차재 대구경찰서장은 호텔안에 들어가 상이용사들과 면담, 해산해 줄 것을 요청했으나 묵살당했다.
이날 하오 2시 10분 경찰당국은 소방서 고가사다리를 동원, 박 국장과 김창환 의원이 사다리를 통해 4층으로 들어가 김총재를 만나 『호텔 뒷문으로 나가자』고 했으나 김총재는『정문으로 나가겠다』고 버텨 박 국장 일행은 도로 호텔 밖으로 나왔다.
경찰은 하오 4시 3분 호텔 안으로 페퍼포그를 쏘았으며 상이용사들은 4시 10분 마침내 호텔 밖으로 빠져 나왔다. 이들은 거리에 나와서도 김 총재의 사과를 요구하는 구호를 외치며 농성을 벌였다. 이날 새벽 6시부터 하오 4시 50분까지 10시간이나 넘어서 호텔에 연금되다시피 했던 김 총재는 기자들이 호텔 안으로 들어가자『생명의 안전을 보호 하기 어려운 상황에서 감금되어 있었다. 어떤 박해를 받더라도 개헌투쟁은 계속하겠으며 꼭 승리할 것을 확신한다. 현판식을 거행하지 못하는 한 서울에 올라가지 않겠다』고 강경한 태도를 보였다.
김창환 신민당 개헌추진 경북도 지부장은 이날 상오 8시 30분 대구시 덕산동 도지부당사에 남대구경찰서 사복경찰 50명이 와서 개헌 현수막을 찢고 이날 현판식을 위해 당사에 마련한 마이크장치를 철거시켰다고 밝히고 경찰에 신병보호 요청을 한지 5시간이 경과했는데도 김 총재가 연금상태에 있는 것은 경찰책임이라고 주장했다.

新民議員들 大邱로

신민당의 김형일 총무 등 소속의원 11명은 27일 하오 4시 대구로 내려갔다.

신민당 경북도당사 상이군경들 점거
1백여 명, 기물 등 파손, 폭행

【大邱=尹汝儁, 尹五柄 記者】 신민당은 28일 상오 10시 대구 경북도당사에서 개헌추진 경북도지부 현판식을 가질 예정이었으나 상이군경 1백여명이 27일에 이어 이날에도 도 당사를 점거,현판식을 갖지 못했다.
김영삼 총재는 이날 상오 9시 숙소인 금호호텔에서 현지 의원 총회를 열고 개헌추진 현판식을 강행키로 방침을 정했으나 1백여 명의 상이군경들이 이곳 덕산동에 있는 도 당사에 들어와 기물을 파괴하고 당원들을 폭행해 경북도경 당국에 질서와 신병보호를 요청했다.

김 총재는 의원총회에서『상이 용사와 충돌하는 것은 원하지 않는다』고 말하고 김수한, 김창환, 황명수 의원 등을 도경국장에게 보내 첫번째, 도 당사에 들어간 상이군경을 즉시 해산하고 두 번째, 당사에서 현판식을 할 수 있도록 질서회복과 신병보호를 요구한다고 밝혔다. 이날 아침 관광버스로 대구에 내려온 이들 상이용사들은 휠체어를 탄 20명으로 하여금 당사 입구를 막게 하고 당사 주변과 2층 옥상을 완전 점거한 뒤 유리창 1백여 장을 부수고 책상 걸상 등 기물을 닥치는 대로 부숴 버렸다.

대한상이군경회라고 쓴 현수막과『국가 유공자를 모독한 망언을 공개 사과하라』는 등의 플래카드를 당사 옥상에 내걸고『명예 회복』이라고 쓴 수건을 머리에 두른 이 상이용사들은『병신운운 웬말이냐. 순국 선열 통곡한다』『김영삼 신민당 총재 망언에 붉은 무리 춤을 춘다』등의 구호를 외쳤다.

◇부산-거제간 연결도로 준공기념식에 참석한 김영삼 전대통령과 이명박 전대통령

〈79년8월27일〉

마의 산사태. 6가구 18명 매몰 부둥켜 안은 채

鎭海서만 34명 사망
20시간에 486mm폭포처럼

공포의 남부 폭우 정전 겹쳐 칠흑 속에 아비규환

【鎭海=尹五柄 記者】 평화로웠던 진해시는 순식간에 폐허로 변했다. 산사태로 전국에서 가장 큰 피해를 본 진해에는 지난 25일 하오 8시부터 번개TV를 시청하던 6가족 18명 등 모두 34명이 숨지고 4명이 실종, 6명이 중경상을 입었다. 온 시가지는 때마침 정전으로 암혹 속에 아비규환을 이루었다.

진헤지방의 강우량은 25일 히오 8시~26일 하오 4시까지 20시간 사이 4백 86mm를 기록, 진해시 제황동 제황산이「와르르」하는 소리와 함께 무너져 내려 산밑 축대를 쳐, 축대 밑에 최일선 씨(62.진해시송학동40)의 일가족 5명 등 6가구 25명을 덮쳐 18명이 숨지고 4명이 부상했다. 또 진해시 경화동1315의 장복사가 산사태로 매몰돼 승방에서 잠자던 여승 김정순(56) 등 4명이 압사했고 마진검문소에서 근무중이던 헌병과 전투병 등 5명이산사태가 막사를 덥쳐모두 숨지기도 했다.

이 날 폭우로 진해서쪽에 있는 장복산(해발 865m)정상에서부터 12개소에 산 사태가 나 마산~진해 간 국도 2개소를 동강낸 후 집채만 한 바위와 40~70년생 나무등이 뒤섞인 흙더미를 2km 떨어진 진해시가로 덮치게 했다. 물동이를 뒤 엎듯이 내려붓는 폭우가 걱정되어 제황산 산행도로에 나갔던 송학동 6통 1반장 金仁植 씨(42)는"산에서 내려 밀리는 빗물이 산책도로 밑 낙석방지 안전망을 넘쳐흐르는 순간 쾅 하는 소리와 함께 수라장을 만들었다"고 악몽의 순간을 되새겼다.

진해시청에 성치된 재해대책본부는 군, 경, 예비군. 민방우대원, 공무원들을 동원, 시체 발굴 작업 및 시가지 정비 등 응급조치에 나섰으나 교통이 두절되어 장비 투입이 불가능해 마산~진해 간 국도의 복구작업은 손도 못쓰고 있다. 진해에서도 인명피해가 많은 송학동 6통1반의 산사태 현장은 처참하다. 숨진 최일선 씨(62.여)집에 세든 양후순 씨(52) 일가족 6명 등 한 집에서 12명이 떼죽음 당한 최 씨 집은 제황산 공원에서 밀어 닥친 황토, 뿌리째 뽑힌 나무와 가재들 로 뒤범벅 된 채 폭삭 내려앉았다. 순식간에 목숨을 잃은 가족들은 서로 껴안고 흙속 2~3m에서 발굴되어 구조작업 반원들의 눈시울을 뜨겁게 했다. 26일 하오 1시쯤 진해시 송학동 40 집단참사 현장에서 8시 37분을 가리키고 있는 벽시계가 나와 축대가 무너져 18명의 목숨을 앗아간 시간은 25일 하오 8시 37분으로 확인됐다. 26일 상오 10시쯤 마진고개를 걸어서 넘어온 양후순 씨(52.사망) 2녀 경숙 양(21.마산 수출자유지역 근무)은 부모와 4남매 등 6식구를 한꺼번에 잃고 기절하기도 했다.

魔의 山사태…6家口 18명 埋沒도

공포의 南部폭우 停電겹쳐 漆黑속 아비규환

TV보다 부둥

鎭海만 34명死亡 20시간

山沙汰현장

79년 8월 28일

水災 휩쓴 南道의 自助의 불꽃

황토빛 폐허에 통곡은 멎고

절망의 대지 땀으로 재건

정부지원아래 복구작업에나선 수해지구주민들。【羅州에서 鄭橋泳기자찍음】

◇철야복구.... "밤이 짧다".

주민, 민방위 대원, 공무원이 삼위일체가 되어 밤이 새는 줄도 모르고 복구작업을 펼쳤다

【河東=尹五柄 記者】 암흑과 절망의 하동군 하동읍에도 28일 새벽부터 재기의 몸부림이 폐허의 거리를 메웠다. 갑자기 밀어닥친 수마에 쫓겨 겨우 몸만 대피했던 하동읍민들은 날씨가 개자 옷가지와 가재를 널어 말리고 챙기는 등 삶의 의지를 불사르고 있다.

5백 9,7mm의 폭우가 내려 14명이 숨지는 등 25명의 인명피해와 40억 원의 재산피해를 낸 재앙의 현장엔 전화위복의 기틀을 다지려는 결의에 차 있다. 하동읍은 赤良면고절리 앞 제2방수제가 터지면서 1천 5백 2동의 가옥이 침수되고 53동이 전파, 73동이 반파됐으며 논경지 1천 4백 50ha가 침수됐다.

그러나 이같은 막심한 피해를 당한 하동군민들은 읍내 9개동 민방위대원 3천 50명과 하동종합고교 학생 1백 20명, 공무원 30명 등 5백여 명을 동원, 유실된 제2방수제 복구장에 나가 땀을 흘리고 있다. 이들은 빈 가마니 3천 장에 돌과 흙, 모래를 넣어 제방복구에 안간힘을 쏟고 있으나 논바닥에서 2m가량 파내려 간 제방은 주민들의 자력복구로써도 엄청난 시련이며 도전이다.

김길홍 씨(34.하동군 고전면 전도리) 등 주민들은 산사태로 덮여 있는 남해고속도로의 진입로에 쌓여 있는 돌과 흙더미를 경운기로 끌어 나르면서 "너무나 벅찬 복구"라고 말했다. 하동 새마을 봉사단장 정창순 씨(55.여) 등 2백여 명은 하동시장 주변을 청소하는 등 정비하고 하동군청과 경찰서 등 기관 단체가 보유하고 있는 10여 대의 트럭은 쓰레기로 변해 버린 하동시장의 상품들을 실어 날랐다.

〈경향칼럼〉

「天然鄕愁」타고 脚光받는 蠶業

뿌듯한 農家所得·輸出에도 큰몫

京鄕칼럼

천연 향수 타고 각광받는 잠업

뿌듯한 농가소득 수출에도 큰 몫

그 전아한 광택과 보드라운 결, 질기고 가쁜하며 온갖 희활한 빛깔을 다 낼 수 있어 세상의 어떤 직물보다 사랑받는 것이 바로 능라금수의 비단이다. 이 견직물을 짜내는 누에치기의 발상은 이미 신석기시대 중국 은나라 때 비롯되어 3천 년 전에 황제와 그의 비서 릉이 양잠과 견직 기술을 휘하에 가르쳤다고 전한다. 기원전부터 고도의 견직기계를 사용했고 문양 짜는 기술 등을 창시했던 중국의 비단은 한 대 이전에 동서에 걸친 비단길(실크로드)을 만들어 서방에 수출했고 그 양잠기술은 한반도를 거쳐 일본으로 전파되었던 것이다. 우리나라는 예부터 길쌈은 소홀히 할 수 없는 여자의 일로서 신라 때에는 가배절(嘉俳節)을 맞아 부락끼리 영예를 걸고 길쌈대회를 열기도 했다.

고치를 만드는 누에는 고온다습한 조건에는 저항력이 아주 약한데 올해는 기후조건이 알맞은 데다가 뽕잎이 잘 자라 크게 성공을 거두었다. 고치를 목적으로 사육되는 누에는 번데기로 변하면서 타액선의 일종이라고 할 수 있는 견사선이 입부분에서 방출되며 공기와 접촉하여 누에고치를 생산하게 되는 것이다. 이러한 고치는 품종에 따라 원형 장고모양이 있고 빛깔도 백황색 등 다양하다. 이 고치에서 생사를 뽑아내는데, 1개에서 무려 1~1.5km에 달하는 긴 실을 뽑아내는 것이다.

20세기에 들어 화학섬유의 눈부신 세계재패에 밀려 양잠은 사양길에 접어든 듯 했으나 이제 다시 천연 섬유에로의 항수와 붐을 타고 세계의 견직물 수요는 점차 늘어 연간 73만 톤을 소비한다. 우리나라도 수출과 관광 붐을 타고 연간 3만 1천 톤의 고치를 생산 한다. 이중 경상북도에서만 올해 총 생산량의 32%인 1만여 톤의 고치를 생산해 경북 잠업은 72년도 뽕밭면적 2만 1천 1백 76정보를 확보했고 농가의 3분의 1이 넘는 1만 5천여 호의 양잠농가에서 누에를 치고 고치를 생산하여 동남아에 생사를 수출, 3천만 달러의 외화획득을 함으로써 대구의 명물 사과 소득 1백억 달러를 훨씬 앞지르고 있는 것이다. 이래서 경상북도는 행정력을 동원"잠업증산 5개년 계획"이 끝나는 76년도까지는 양잠농가 뽕밭 고치생산 등을 더욱 늘려 1백50억 원의 소득을 목표로 치닫고 있다.

【글 尹五柄 記者】

70년 9/12

洛東江 下流 범람
전답 7백 정보 침수

【達城=尹五柄 記者】 지난 10일부터 내린비로 洛東江 하류가 범람, 12일 상오현재 달성군 화원면 성산동과 논공면 위천리 등 전답 7백 정보가 침수된 채 물이 빠지지 않고 있다.

달성농지개량조합에 의하면 낙동강 하류 설화동 제방 수문 등 10개의 배수문이 낡아 배수가 안되는 바람에 범람했는데 개화기인 벼가 심한 피해를 입고 있으며 일부 지방은 폐농상태라고 한다.

김호근 씨(49. 설화동)의 경우 1천7백평의 논이 완전 침수되었다고 한다.

洛東江下流범람 7백정보 浸水

강물이 넘어 물바다를 이룬 설화동일대 전답.

◇洛東江 하류가 범람하면서 벼 개화기를 맞은 논이 침수되어 있다.

고려시대 명장 尹瓘장군의 묘

뜻있는 주민들의 성금과 노력으로 묘소와 영당 등이 복원돼

京畿道 坡州시 廣灘면 분수리 뒷산에 있는 고려시대 명장 尹瓘 장군의 묘는 옛 모습을 잃고 방치되어 왔었다. 尹瓘 장군의 묫자리는 풍수지리설로 명당자리라 알려져 옛날이나 지금이나 권력과 돈이 있는 사람들은 조상의 묫자리로 탐내는 대상이 되고 있는 실정. 그런데 尹瓘 장군의 묘가 있는 분수리 뒷산 일대는 당시 왕의 사냥터로 지정(?)되면서 일반 서민들은 출입이 통제되어 묘지기가 자주 돌보지 못하는 틈을 타 장군의 묘는 완전히 훼손되고 비석 등 구조물은 없어졌다는 것.
그리고 장군의 묫자리 바로 위에 당시 영의정 청송 沈 씨인 沈지원의 묘와 부친 묘 등 가족묘가 있었다고… 〈週刊京鄕 참조〉

이처럼 尹瓘 장군의 묘가 옛모습을 잃고 방치돼 있는 사연을 안타깝게 여겨 온 뜻있는 주민들의 성금과 노력으로 새로 단장하게 됐다. 당시 尹祺永 파주군수와 윤기완 파주경찰서장 등 坡平 尹 씨들과 1백여 명의 주민들이 성금 2백여 만원을 들여 묘소 주위의 정지와 울타리를 비롯 도랑에 처박혀 있던 묘비, 분수영당 등을 복원, 착공 5개월 만에 준공했다는 것. 〈본문 참조〉

그리고 사적 제323호와 경기도 기념물 제12호 등 문화재로 지정되면서 당국의 관리 및 지원을 받게 되고 97년 7월 31일 장군의 묘역을 복구한 기념으로 추모식을 가졌으며 그해 12월 13일 尹瓘 장군이 12월의 호국의 인물로 선정되기도 했다.
문수공 尹瓘 장군은 고려 중기(명종 6년)의 문신이자 군인으로 본관은 坡平 尹 씨, 시호는 문숙으로 문과에 급제하여 문하시중에 이르게 됐다.

尹瓘 장군은 1107년 20만 대군을 이끌고 여진족을 정벌하고 9성을 설치하여 고려영토

를 확장한 고려시대의 명장.

그런데 尹瓘 장군 묘역의 복구공사가 끝날 무렵 취재하려고 記者가 현장을 답사할 때 울타리 담을 임시로 쌓았는데 沈 씨의 묘 상석이 봉분 앞에서 동쪽 옆으로 옮겨져 있는 것을 본 기억이 난다. 沈 씨네 묘와 담벽 사이가 너무 좁아서 제를 지낼 수 없을 것으로 생각됐다. 결국 청송 沈 씨네 묘는 이장되고… 파평 尹 씨와 청송 沈 씨 간의 분쟁은 4백년 만에 화해를 했다고…

◇사적 제323호 윤관 장군의 묘

◇尹瓘 장군의 추향제에 참석하려고 헬리콥터를 타고 온 任仕彬 京畿道知事와 尹五柄 京畿日報 政治部長이 헬기에서 내려 尹瓘 장군의 묘소를 향하고 있다.

◇尹瓘 장군의 추향제에 참석 한 任지사와 尹부장

◇추향제를 마치고 헬기를 타러 가는 任 지사와 尹 부장을 배웅하는 坡平尹씨 大宗會 임원들과 제관들
〈글. 사진=尹五柄 記者〉

◇孫在植 釜山市長의 釜山市廳 出入記者 간담회. 이날 孫 市長 간담회에는 京鄕新聞 尹五柄 記者. 서울신문 공하종 기자 등 중앙지 8개사와 釜山日報. 國際新聞 그리고 KBS. MBC 기자 등이 참석했다. 〈간담회 사진〉 孫 市長은 서울대 법대와 대학원을 졸업한 행정학박사로 76년 京畿道 知事, 80년 釜山市長, 82년 국토통일원 장관을 역임했다.

◇사진은 윤오병 기자 등 부산시청 기자단이 부산 앞바다에 정박중인 미 미드웨이 항공모함에 승선, 취재했다.

◇ 서울신문 김한길, 경향신문 윤오병 기자 등 경북도청 출입기자들이 해양경찰 경비정을 타고 동해 울릉도를 순회하고 있다.

◇ 조선일보 김팔용, 서울신문 김한길, 경향신문 윤오병 기자 등 경북도 출입기자단이 중부전선 38선과 부근 땅굴 등 안보 교육을 다녀왔다.

◇ 70년대 대구, 부산 중앙지 기자단 축구대회가 대구 제일모직 잔디구장과 부산 연합철강 잔디 구장에서 오고 가며 축구를 통해 친선을 도모. 좌로부터 조선일보 권영웅, 경향신문 윤오병, 동아일보 정만진, 경향신문 이길우 기자 그리고 여직원 들.

◇ 부산시장과 경북도지사 등 기관장들이 참여하는 축구대회 본부석.

◇ 서울신문 공하종, 경향신문 윤오병 기자 등 부산시청 출입기자단이 89년 일본 동경을 비롯하여 나라, 시모노세키와 타이페이. 마닐라, 홍콩 등 동남아 주요 도시를 다녀왔다.

◇ 1988년 8월 8일 창간된 경기일보 제1회 체육대회. 창간 동료들이 보고 싶다. 이연섭 수습기자가 정치부장과 편집국장을 거쳐 논설위원이… 〈사진 경기일보 제공〉

◇ 채수안 회장이 운영하던 안양자동차학원을 비롯한 중부, 광명, 반월 등 4개 자동차학원은 80년대 마이카 시대를 맞으며 수도권의 명문자동차학원으로 인기몰이를 했다. 가수 노사연씨 등 유명 인사들이 안양학원에서 자동차 운전면허증을... 필자는 채수안 회장을 만나 인생철학을 톡톡이 터득했다. (우측 첫 번째 채수안 회장)

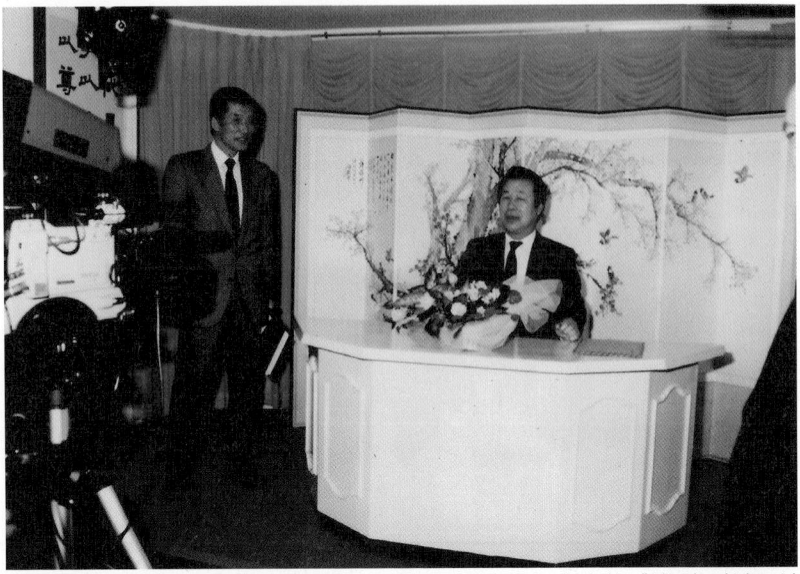

◇ 이상용 안산시장이 신설한 스튜디오 시설을 설명하고 윤오병 기자는 "아! 아! 마이크 실험 중…"

◇경기일보 정치부 박흥석 기자가 부원들과 같이 자리를 옮긴 윤오병 부장의 아파트를 방문, 기념패를 전하고 있다. 그는 경기일보 정치부장을 거쳐 편집국장을 지냈다.

◇ 경기도 농촌지도자의 프랑스, 네덜란드 등 유럽지역 선진 농촌 연수를 동행 취재한 경기일보 윤오병 기자(정경부장)는 네덜란드의 꽃 경매장과 목장의 치즈 생산공장 등을 거쳐 李寯 열사의 묘원을 참배했다. 그리고 경기도 이인제 씨(전 파주 부시장) 등 일행은 프랑스 파리 에펠탑 등 유럽지역 명소를 다녀왔다.

◇ 중부일보 편집, 업무, 제작국 간부들은 타이페이 중앙일보의 신문제작 시스템을 들러보고 중국 고대문화의 보고 박물관을 관람 했다.

◇ 황해도민회는 한강둔치에서 5월 5일 어린이날 황해도민대회를 갖고 안응모 회장 등은 실향의 한을 달래며 옛 친지도 만나 통일을 염원했다. 방송인 이상벽 경향신문 사우가 사회를 보기도…

◇모처럼 휴가를 위해 설악산 정상에 오른 윤오병 기자 부부

◇ 두고 온 산하! 옹진군 북면 최일리 문중석 씨의 부부와 윤오병 부부가 인천 송도 옹진군민회에서… 문씨는 고향 윤.문촌(尹,文村) 이웃 친구이며 6 · 25 때 서해 순위도 토담 방에서 피난생활을 같이 하기도…

◇단삼회 회원이 또 줄었다. 단삼회는 단대 부고 3회 졸업생 모임으로 처음부터 부부동반이지만 이제는 20여 명이 겨우 모이고 있는 실정… 참으로 안타까운 일이다.
〈충남 수덕사에서 김근택, 윤병찬, 이완복 동창의 명복을 빈다.〉

◇ 1975년 11월 1일 ㈜문화방송.경향신문은 문화체육관에서 통합창사 1주년 기념식을 갖고 국내 최대 종합 매스컴으로 사명을 다할 것을 다짐했다. 이날 10년 근속상을 받은 兪珍五. 李在允. 裵宙璿. 徐昌錫. 千上烈. 尹五柄 記者가 상패를 들고 10대 가수가요제 간판이 걸린 문화체육관을배경으로 기념사진을…

◇ 자유로를 통해 임진각에 도착한 필자, 평양. 개성으로 가는 이정표 앞에서...

◇ 1970년 7월 경향신문 윤오병 기자가 대구 전보 발령을 받고 지프를 운전, 새로 개통된 경부고속도로를 통해 대구로 가고 있다.

제5부

도약하는 대한민국

※이 책의 수익금 전액은 노인 복지를 위해 쓰여집니다

朴信興
京畿道議會事務處長의

70년대
흑백사진
예스터데이

예스터데이
YESTERDAY
추억의 1970년대
사진·글
박신흥
눈빛

◇박신흥이 펴낸 추억의 1970년대 「예스터데이」

박신흥 처장은 기자가 경기도청을 출입하면서 가깝게 지냈다.

행정고시 출신인 그는 지방과에 근무할 때나 시 군을 오르내리며 안양부시장 등 지방자치행정의 중심에서 바이스(Vise) 역할을 잘해 언론과의 유대가 남다르게 좋았다. 그래서 퇴직 후에도 고양 킨텍스, 대한기계설비건설협회 경기도회 상임부회장을 맡고 있으며 틈틈이 비무장지대(DMZ)를 드나들며 셔터를 누르고 있다.

그는 72년 부친으로부터 물려받은 카메라(Contax 3a)로 70연대 사진을 찍기 시작하여 동아국제사진살롱 등 각종 콘테스트 20여 회 입상 및 입선했으며 개인전과 초대전 10여회에서 그의 작품이 널리 알려졌다.

특히 그가 펴낸 추억의 1970년대 흑백사진 「예스터데이」는 6 · 25 전쟁 후 우리 모두가 어렵고 힘들게 지내던 배고픈 그때 그 시절을 한눈에 볼 수 있는 듯싶어 종군기에 몇 컷 넣어 보았다.

◇달동네에 물차가 왔다. 어린이는 양손에 큰 물통을 들고 아기를 업은 젊은 엄마도 물차에 모여 물 받기에 여념이 없다. 달동네의 모두가 모여 물난리다. 달동네 70년대 그때 그 시절…〈박신흥의 「예스터데이」 에서〉

◇1976년 경기도 부천 구멍가게. 엄마 대신 주택복권과 신문, 주간, 월간 잡지등 잡화를 팔고 있는 꼬마. 그래도 공부를 열심히 하며 희망이 보인다. 〈박신흥의 「예스터데이」 에서〉

판문점 JSA(공동경비구역)

판문점은 서울에서 62km, 평양에서 215km 거리에 있으며 파주와 개성의 중간지점으로 생각이 된다. 필자는 1964년 경향신문 특파원으로 사령받아 70년 6월 대구로 전근될 때까지 7년 동안 파주기지촌과 판문점, 서부전선 일대를 대상으로 취재활동을 했다. 그래서 미군부대의 출입기자증과 카 패스를 소지하고 있어 지프를 타고 미군부대를 출입. 취재활동을 할 수 있어 서부전선 비무장지대(DMZ)안에 있는 판문점과 자유의 마을(대성동)에서 행사나 사건이 있을 때는 취재차 드나들었다. 그때만 해도 북측 경비병들과 만나 이야기를 주고받을 수 있었고 그래서 기자가 판문점 정전위 회의실 인공기가 있는 북측 대표석에 앉아 사진을 찍기도 했다.(12P.) 북한 중앙통신 부사장 이수근이 판문점을 통해 넘어 오던 날에도 판문점에 있었고 경의선 미 군수품 수송열차 폭파사건과 납북됐던 KAL機 승객, 미 정보함 푸에블로호 승무원 송환 그리고 1.21 사태 김신조 사건 등 그때 그 시절 판문점과 서부전선 비무상시내의 큰 사건마다 현장 취재했다.

그런데 북한은 76년 8월 18일 판문점 도끼만행 사건 후 6 · 25 때 포로교환의 상징이던 "돌아오지 않는 다리"를 폐쇄하고 "72시간 다리"로 대체했다. 그 후 냉전이 계속되던 지난 2017년 11월 13일 북한군 오청성 씨(25)가 지프를 운전해 "72시간 다리" 검문소에서 멈추는 듯 했다가 달려 JSA에 도착했으나 차가 도랑에 빠지는 바람에 내려 뛰어서 군사분계선(MDL)을 넘어 극적으로 귀순했다. 북한군 추격조의 무차별 총격을 받고 중상으로 쓰러졌으나 아군의 결사적인 구조로 자유대한으로 넘어왔다. 아덴만의 영웅 석해준 선장을 살린 아주대병원 이국종 교수의 집도로 두 번의 수술 끝에 탈북병사 오청성 씨의 목숨을 또 살렸다. 브룩스 유엔군사령관은 북한군을 구출한 경비대대장 권영한 중령과 송승현 상사 노영수 중사 등 6명을 표창메달을 수여했다. 송영무 국방장관도 판문점 JSA 북한군 탈북현장에 들러 경비대대장 권영한 중령으로부터 당시 상황보고를 받고 장병들과 식사를 같이하며 격려했다.

그리고 문재인 대통령도 이국종교수와 오씨를 구출한 장병들을 청와대로 초청, 격려했다.

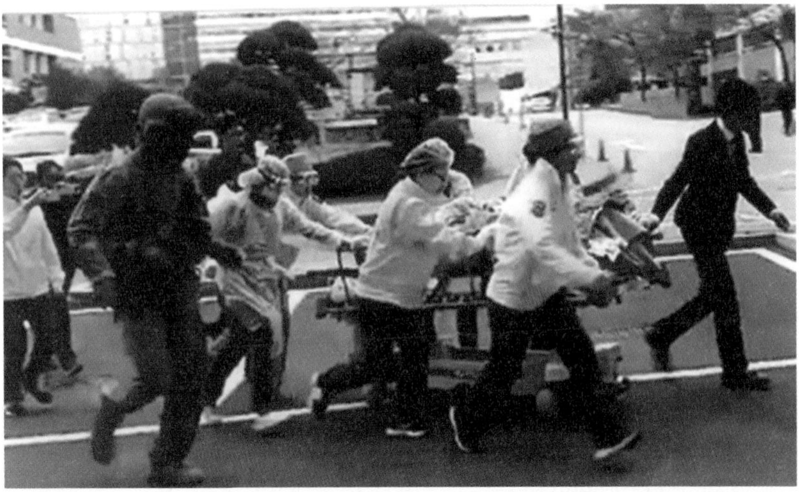

◇판문점에서 헬기로 아주대 병원 까지 후송된 오청성 씨(25세)를 의료진이 응급실로 옮기고 있다.

◇문재인 대통령이 판문점 jsa를 통해 탈북귀순한 북한병사 오청성 씨를 구출한 한미 장병과 아주대 병원 이국종 교수를 청와대로 초청, 격려하고 있다.

평창 동계 올림픽 "성공"

대한민국 당당히 7위. 여 컬링팀 인기 최고

평창 동계 올림픽이 2018년 2월 9일부터 25일까지 강원도 평창과 강릉에서 92개국 2천 9백 20명의 선수들이 참가한 가운데 17일간의 대장정 끝에 막을 내렸다. 이번 올림픽에서 노르웨이가 금 14, 은 14, 동 11개를 따 1위를 했으며 독일, 캐나다, 미국, 네덜란드, 스웨덴에 이어 대한민국이 금 5, 은 8, 동 4개 등 17개의 메달로 7위를 했다. 우리나라는 중국, 일본, 러시아 등을 제치고 아시아 국가 중 1위로 개최국으로서의 시설과 경기운영, 그리고 자원봉사 활동과 함께 국격을 높이는 데 충분하다는 내 외신 언론의 평이다.

또 한반도 기를 들고 남북선수단의 입장, 여자 아이스 하키팀의 남북 단일팀, 북한 미녀 응원단과 예술단의 공연, 그리고 북한 김정은 노동당 위원장의 여동생 김여정 노동당 제1부부장과 미국 도널드 트럼프 대통령의 딸 이방카 트럼프 백악관 보좌관의 대회장 참석은 세계 언론의 주목을 끌었다.

자랑스러운 스켈레톤 황제 윤성빈 선수의 금빛 질주와 스피드 스케이팅 1만 m 이승훈 금메달리스트의 경기모습은 온 국민이 기립박수를 아끼지 않았다. 특히 김은정(28), 김영미(27), 김경애(24), 김선영(25) 등 여자 컬링 팀은 세계 1, 2위인 캐나다와 스위스에 이어 종주국 영국(4위)과 일본을 연파하고 사상 최초로 결승에 진출 하면서 올림픽 기간 동안 국민 모두의 가슴을 설레고 기쁨과 즐거움과 행복을 선사하는데 충분했다. 경기장인 얼음판 잡티란 잡티는 모조리 쓸어버리면서 "영미! 영미!"를 외치며 비질하던 이들 컬링선수 팀의 은메달은 금메달보다 더 빛나고 값지며 국민 모두의 가슴 속에 길이 길이 기억될 것이다.

그리고 인구 5만의 경북 의성군은 특산품 마늘에 이어 컬링 성지(聖地)란 새 이름과 올림픽 은메달 유명세를 탔다. 한편 의성여고 출신 여자 컬링선수들의 "영미! 영미!"하고 외치면서 잡티를 모조리 쓸어버리는 이들의 비질 모습은 청소기 제조업체의 "러브 콜"이 쇄도 될 전망이고 마늘을 원료로 하는 식품업계도 뒤따를 것으로 기대되어 컬링선수들의 새로운 모델 업이 떠오를 것이 분명해 보인다.

◇스피드 스케이팅 1만 미터 금메달리스트 이승훈 선수가 태극기를 휘날리며 환호하는 관중에 답하고 있다. 〈경향신문 제공〉

◇평창 겨울 올림픽에서 관심과 최고의 인기몰이를 한 컬링선수들의 경기 모습. 〈경향신문 제공〉

◇결승 진출이 결정되는 순간 기뻐하고 있다. JAPAN이란 흰 유니폼을 입은 일본선수가 지켜보고 있다. 〈경향신문 제공〉

한국, 5천만 명 이상 국가 중 국민소득 7번째로 3만 달러

한국은 인구 5000만 명이 넘는 국가 중 역대 7번째로 올해 1인당 국민소득 3만 달러를 돌파할 것으로 전망된다. 세계에서 가장 가난했던 우리나라는 1945년 광복 후 73년 만에 1인당 소득 3만 달러를 넘어서며 선진국 이정표를 하나 더 세우게 됐다.
지난해 12월 31일 국제통화기금(IMF)에 따르면 1인당 소득 3만 달러가 넘는 나라는 세계 190개 국가 중 28개 국가이다(2017년기준). 한국의 지난해 1인당 소득은 2만 9730달러로 세계 29위다. 인당 소득 3만 달러 이상인 나라는 30개이나 룩셈부르크 등 소국과 카타르 등 중동 산유국을 제외하면 극히 소수이다. 미국, 일본, 독일, 영국, 프랑스, 이탈리아, 한국 등 인구 5000만 이상 국가 중 한국은 7번째 국가가 된 것이다.

4월 판문점 남북 정상회담…

북 · 미 정상회담은 5월에. 한반도 평화?

방북 특사단 남북정상 핫라인 가동 등 합의

남북 정상회담이 오는 4월 말경 판문점 남측 평화의 집에서 열릴 전망이다. 북한 김정은 노동당 위원장은 김씨 3대 지도자 중 처음으로 대한민국 땅을 밟게 되는 것이다. 남북 정상회담은 평창 겨울 올림픽 때 온 김정은 북한노동당위원장의 여동생 김여정 제1부부장이 돌아간 뒤 문재인 대통령의 특사단이 5일 김 위원장을 만나 전격 이루어 진 것. 또 북한 김정은 노동당위원장과 미국 도널드 트럼프 대통령의 북미 정상회담도 5월에 갖게 된다고 한다. 정의용 청와대 국가안보실장, 윤건영 국정상황실장, 서 훈 국가정보원장, 천해성 통일부차관 등 대북 특사단은 김정은 직무실이 있는 노동당 본관 진달래관에서 문재인 대통령의 친서를 전달하고 만찬을 함께 했다. 판문점 평화의 집에서의 남북 정상회담을 계기로 한반도 평화가 이루어진다면 이는 또 하나의 올림픽 성공 중의 큰 성공일 것이다. 북미 정상회담과 같이 세계의 관심이 집중되고 있다.

◇청와대 상춘제 만찬에서 문재인 대통령과 도널드 트럼프 미국 대통령의 딸 이방카 트럼프 백악관 보좌관.

◇문재인 대통령 내외분과 북한 김여정 노동당 제1부부장이 경기장에서 박수를 치면서 응원하고 있다.

"한반도, 전쟁 없는 평화가 보인다."

문 대통령, 올 가을 평양에 가고, 개성에 연락사무소

문재인 대통령과 김정은 북한 국무위원장은 4월 27일 판문점 남측 평화의 집에서 남북 정상회담을 갖고 올해 종전선언을 채택, 정전협정을 평화협정으로 전환하기로 했다. 문 대통령과 김 국무위원장은 이 같은 내용을 담은 "한반도의 평화와 번영, 통일을 위한 판문점 선언"에 서명하고 세계만방에 공표했다.

남북 정상은 완전한 비핵화를 통해 핵 없는 한반도를 실현한다는 공동의 목표를 문건으로 일단 재확인했으나 핵시설에 대한 강화된 사찰 및 대륙간 탄도미사일(ICBM)을 포함한 기존 핵무기 폐기 등 구체적인 비핵화 조치에는 합의하지 못했다. 그러나 김 위원장은 한반도의 완전한 비핵화를 언급하고 한미 핵전문가와 언론인에게 공개 확인시킨다는 것이다.

이날 두 정상은 "한반도에 더 이상 전쟁은 없을 것"이라며 이를 위해 남북미 3자 정상회담 또는 남북미중의 4자 정상회담을 추진하기로 했다. 그리고 북미 정상회담도 6월 중에 실현되고 개성에 남북 공동연락사무소 설치와 함께 문 대통령이 올가을 평양을 방문하기로 했다는 것. 이날의 남북 정상회담은 세계 3천여 명의 취재기자가 몰려든 판문점의사건 중 온누리의 눈과 귀가 집중된 가장 큰 사건으로 기록될 것이다.

◇ 문재인 대통령의 부인 김정숙 여사와 김정은 국무위원장의 부인 리설주 여사 등 4명이 건배를 하고 있다.〈판문점에서 사진 경향신문 제공〉

◇ 기뻐하는 남북 정상.〈판문점에서 사진 경향신문 제공〉

◇ 문재인 대통령과 김정은 북한 국무위원장은 27일 판문점 평화의 집에서 "한반도의 평화와 번영, 통일을 위한 판문점 선언"에 서명하고 포옹하고 있다.

◇ 문 대통령과 김 국무위원장이 손을 잡고 판문점 군사분계선 북측에 넘어 갔다가 다시 넘어오고 있다. 〈경향신문 제공〉

◇ 문 대통령과 김 위원장이 보도다리 산책 후 30분 동안 사실상 단독회담을 하고 있다.

◇ 문 대통령과 김 위원장이 "한반도의 평화와 번영, 통일을 위한 판문점 선언"을 발표하고 있다. 〈경향신문 제공〉

도널드트럼프 미 대통령 방한
한 · 미 정상회담 국회에서 연설

도널드 트럼프 美 대통령이 17년 11월 7일 국빈 방한했다. 문재인 대통령은 평택 캠프 험프리에서 트럼프 대통령 내외를 맞았으며 청와대에서 정상회담을 가졌다. 방한 중인 도널드 트럼프 대통령은 8일 국회 연설에서 6 · 25전후 한반도 남쪽 大韓民國이 이룬 기적에 대해서는 무한한 찬사를 보냈다. 트럼프 대통령은 "한국은 전쟁 이후 두 세대 만에 지구상에서 가장 부강한 국가의 반열에 올랐다"면서 경제적 탈바꿈과 정치적 탈바꿈 으로 이루어졌으며 경제발전과 민주주의를 동시에 이룬 점을 극찬했다. 한편 트럼프 대통령은 북한 실정을 상세히 설명하고 김정은을 겨냥하여 "잔혹한 독재자"라고 강하게 비판했다.

◇트럼프 미 대통령이 국회에서 연설

◇트럼프 대통령과 문재인 대통령이 정상회담 후 악수

◇트럼프 미 대통령이 청와대에 도착하여 어린이들의 환영을… 〈경향신문사 제공〉

이필운 안양시장
"안양 누리기"책으로 펴내

이필운 안양시장은 고향인 안양의 구석 구석을 누비며 보고 느낀 점 등 모든 것을 진솔하게 책으로 펴냈다. 안양시민의 정서와 함께하였고 개천이 썩고 또 썩어 악취 때문에 방치되고 있던 안양천을 살리고 세계적으로 이름난 방범시스템 U-통합상황실 운영, 그리고 전국 최초의 정부지정 인문교육특구를 이루는데 큰 몫을 한 안양의 토박이 이 필 운.

안양에서 태어나 성장한 그는 행정고시 출신으로 중앙과 경기도 내 지방자치단체를 오르내린 행정 전문가로 2004년 6월부터 안양부시장에 부임, 당시 신중대 시장과 호흡을 맞춰 안양천 살리기와 예술공원 명소화 사업, 안양공공예술 프로젝트에 전력을 다했다. 2007년 12월 19일 안양시장 보궐선거에 당선되어 안양시정을 맡아 "섬김행정"을 적극 추진했으며 2014년 6월 4일 민선6기 안양시장 선거에서 당시 시장과 피를 말리는 혼전 양상으로 엎치락뒤치락하기를 반복하다 50.2%를 얻어 49.8%인 상대후보를 누르고 60만 안양시의 시정을 맡게 된 것.

이 시장은 중점공약으로 "제2의 안양부흥"을 실현하기 위해 전력을 다했다. 안양U-통합상황실은 4천 7백여 대의 CCTV를 통해 수집된 방범, 교통, 방제등의 정보가 모이고 축적되는데 경찰서, 소방서, 소방차, 군부대 등과 연계되어 도시안전 컨트롤 센터 역할을 톡톡히 하고 있다. 차별화 된 U-통합상황실은 청와대, 국정원, 행안부, 경찰청 등 9백여 중앙 관련기관과 지방기초단체, 그리고 미국, 일본, 중국, 러시아 등 해외 1백 34개국 4백 20개 도시 3천 5백 96명이 견학 또는 벤치마킹을 위해 다녀갔다.

안양시는 행정제도개선 우수사례 경진대회 대통령상, 생활불편개선 우수사례 대통령상을 비롯하여 정부혁신 우수사업 공모에서 거점자치 1위로 선정되었으며 스마트시티 우수사례 국토교통부장관상, 대한민국 우수특허 대상 등을 수상했다.

◇ 안양을 깊이 보는 아홉 개의 창, 「이필운의 안양 누리기」

◇ 안양시, U-통합상황실의 운영으로 대통령상 등 수상내역 〈안양시 제공〉

◇이필운의 「안양 누리기」출판기념회에서 이 시장과 악수하고 있는 필자.

◇ 박해진 이사장과 신선철 이사장 등 참석자들이 기념사진을… 〈경기일보 제공〉

"규제혁파, 노동유연성 확보가 일자리정책 성공의 열쇠다"

문재인정부

박해진 경기도경제과학진흥원이사장 경기언론인클럽에서

박해진 경기도 경제과학진흥원 이사장은 12월 12일 수원 이비스 앰배서더호텔에서 열린 제84회 (사)경기언론인클럽(이사장 신선철 경기일보회장)초청강연회에서 "문재인 정부의 일자리 정책이 성공하려면"이라는 주제로 강연했다. 이날 강연회에는 신선철 경기언론인클럽 이사장(경기일보회장)과 홍기헌 경기다문화사랑연합 이사장, 한기열 농협 경기지역본부장, 윤여찬 경기도중소기업CIO연합회 회장, 최규진 경기도체육회 사무처장, 한규택 수원월드컵경기장 관리재단 사무총장, 유용근 전 국회의원, 유동준 (사)정조대왕기념사업회장, 박수영 전 경기도부지사, 이기우 전 경기도사회통합부지사, 김수홍 경기국악원장, 강동구 재한외국인지원협회장 등 내,외빈 150여 명이 참석했다.

박 이사장은 이날 강연에서 "수출과 외환보유고의 지속적 증가, 주가지수 상승 등으로 현재 우리의 경제 상황은 낙관할 수 있지만 이것은 하나의 착시일 수 있다"고 경고 했다. 이어 박 이사장은 문재인 정부의 일자리정책 주요 내용으로 ▲ 공공일자리 81만 개 확충 ▲ 사회적기업 육성으로 일자리 창출 ▲ 산업경쟁력 제고. 신산업/서비스 육성으로 꼽으며 이는 "기업이 주축이 되는 일자리 창출 전략이 아니다"라고 지적했다. 그러면서 박 이사장은 문재인 정부 일자리 정책의 해법으로 ▲ 규제 혁파 ▲노동시장의 유연성 확보 ▲ 시간당 최저임금인상 정책안 점진적 추진 ▲ 법인세 인상 신중검토 ▲ 기업의 투자여건 획기적 개선 ▲ 기업인과 기술인력의 사기진작 우대 등을 제시했다.

특히 박 이사장은 "정부의 각종 규제가 국내 기업활동을 저해하고 해외이전을 유발할 수 있다."면서 규제혁파를 주장하는 동시에 노사정 위원회 활성화를 통한 노동 유연성 증대를 함께 주장했다. 아울러 박 이사장은 경기도의 일자리 정책에 대해서도 "

청년 일자리 미스매치 해소를 위해 경기도는 일하는 청년시리즈를 추진하고 있는데 이와 함께 사회 전반이 중소기업에 대한 긍정적인 인식을 가질 수 있도록 노력해야 한다"며 조언을 아끼지 않았다.

신선철 이사장은 "박 이사장이 어려운 상공인들을 위해 무담보 보증을 비롯해 지역경제와 어려운 경영인들을 지원하는 데 다양한 정책을 펼쳤다"면서 "오늘 강연은 경기도 내 기업의 발전과 노사 상생의 미래를 가늠해 보는 유익한 시간이었다"고 말 했다. 한편 "박이사장의 특강은 문제인식과 현실인식이 정확했다"는 박수영 생활정책연구소장은 "노사정 대타협으로 유연 안정성이 제일 중요하다는 점을 감명깊게 들었다" 고 말하며 동의하시면 박수 한번 더 쳐 주시라하여 박수를 받았다.
경기도 행정1부지사를 지낸 박 소장은 그동안 각계 유명인사들의 강의를 많이 들었으나 박 이사장처럼 데이터에 따라 일일이 지적하면서 옳은 말만 하는 경우는 보기 드물다며 경기도 경제발전에 희망이 보인다고 말했다. 【글=경기일보 구연모 기자】

◇ 박해진 경기도경제과학진흥원 이사장이"문재인 정부 일자리정책이 성공하려면"이라는 주제의 강연을 하고 있다.

◇ 박 이사장의 강연장을 꽉 메운 참석자들의 국민의례

◇ 박 이사장의 특강을 감명 있게 들었으며 경기도 경제발전에 희망이 보인다고 말하는 전 경기도부지사 박수영 소장.〈사진=경기일보 김시범 기자〉

기업인 목소리 진지하게 경청하고 법인세 인상 신중히 검토 돼야,

朴海振 경기도 경제과학진흥원 이사장 인터뷰

◇ 인터뷰하는 박해진 이사장과 필자 윤오병.

박해진 경기도 경제과학진흥원 이사장은 지난해 말 경기언론인클럽 초청 강연회에서 "정부는 대기업에 대한 압박과 규제 분위기를 해소하고 중소기업에서도 일할 만 하다는 분위기를 만들어야 한다"고 강조했다. 박 이사장은 이날 "문재인 정부의 노동정책과 기업의 목소리" 란 주제의 강연에서 이같이 말하고 "법인세와 금리인상이 예측되고 복지수요가 폭발하면서 가계부채가 늘어나 걱정"이라며 "기업이 어려워 하는 규제를 근본적으로 바꿔야 한다"고 강조했다. "공공일자리 정책은 미온적임으로 대기업에서 일자리문제 해결이 바람직 하다"는 박 이사장은 "대한민국은 기술 먹고 살아야 하는데 기능올림픽에서 금메달 딴 기능공들이 공항에서부터 카 퍼레이드 환영받던 때가 사라졌다"고 아쉬워했다. 다음은 박 이사장과의 일문일답…

Q. 최근 우리나라 경제상황은?

A."수출호조로 외화보유액이 늘어나고 증시상황도 양호하다. 그러나 가계부채가 늘어나 걱정이다. 폭발하는 복지정책과 국가채무까지 늘어나 국가신용의 위험성이 걱정 된다. 그런데다가 세계 최저 수준의 출산율로 신생아수가 줄어들면서 미래성장 잠재력이 줄어들 수 있으며 따라서 양극화가 심화되고 중산층이 몰락할 수 있다. 또 OECD 선진국 기술경쟁력 강화와 중국의 부상으로 한국 글로벌 경쟁력이 감소되어 실업율이 늘어나고 IMF에 준하는 금융위기가 재현될 우려가 있다. 특히 청년 실업율이 늘어나 만성적 경기침체 국면에 이르는 반면 일본과 독일의 경제 고용률이 늘어나는 추세다."

Q. 문재인 정부의 일자리 정책 주요 내용은?

A. "첫째 공공일자리 81만개 확충, 둘째 사회적 기업 육성으로 일자리 창출하고, 셋째 산업경쟁력 제고, 신산업/서비스 육성 등 (일자리정책 5년 로드맵 핵심 아젠다)이다. 5년간 소방, 경찰, 군인, 교사 등 17만 4천개(16.7조 원), 국공립 병원, 어린이집 등 사회서비스 공공기관 35만 개(5조 원). 근로시간 단축, 정규직 전환 등 30만개 등 21조 원으로 81만 개의 일자리를 만든다. 하지만 공공부문 일자리는 채용 이후에 구조조정이 어려운 상황이고 경찰 군인 소방등 사회적 필요에 따른 공공 일자리 확충은 바람직하지만 경제 사회 도시환경 변화에 따른 공공 일자리 개편 또는 조정하여 병행하는 것이 필요하다. 또 사회적 기업은 최소한의 이윤을 추구하거나 영세한 경우가 대부분이어서 청년 취업에 제약적인 요소가 많은 상황으로 양질의 일자리를 찾는 청년 구직자가 사회적 기업으로 유입될지는 미지수다. 대기업, 중견기업의 일자리 창출을 위한 전략 부재로 구체적인 대책마련이 시급한 실정이다."

Q. 경기도 일자리 정책 추진 상황과 성과는?

A. "경기도는 판교테크노밸리의 성공사례를 들 수 있다. 민선 6기 일자리 성과는 판교테크노밸리 조성으로 15년 말에 1천1백21개 기업이 입주하여 7만 2천 8백 20명, 16년 말에 1천 3백 6개 기업이 입주하여 7만 4천 7백 38명이 일자리를 창출했다. 그리고 2년

간 의 매출액은 1백 47조 원에 달한다. 또 새 일자리 창출은 4차 산업혁명 혁신클러스터를 통해 신산업육성, 경제성장 및 일자리 확대를 촉진시키고 있으며 광교 바이오스타트업 캠퍼스를 추진하고 있다.”

Q. 일자리 정책을 추진하는데 걸림돌이 있다면?
A.“각종 규제와 노동시장의 경직성 그리고 기업의 투자환경 악화 및 기업인의 사기위축을 들 수 있다. 각종 군사보호구역, 수도권 규제, 환경규제, 서비스/의료사업과 제약산업 규제 등 규제와 관련해서 산업 전반의 상황을 다시 들여다보아야 한다.
최저 임금인상과 노무감독 강화 노동시장 경직성 가속화 특히 법인세 인상 압력 등은 미래예측이 불투명하고 경제정책의 불확실성 등 정치 경제환경의 불안심리가 팽배하여 기업인의 사기를 위축 시킨다.”

선진국은 내리는데 기업과 기술인력 사기진작

Q. 혁신적 대처 방안이 있다면?
A.“우선 기업인들의 목소리를 진지하게 경청해야 한다. 기업 활동을 저해하는 규제, 부처 이기주의에 따른 규제, 수도권 규제, 지방확산의 마중물이 되지 않고 해외이전 등 부작용 확대를 들 수 있다. 따라서 한시적이라도 획기적인 규제 철폐가 요구된다. 또 노동시장의 유연성 확보를 위해서 경직성 탈피방안을 발굴해야 하고 내국인 외국인 간 최저임금 역차별 해소, 외국인 근로자 장기 고용 방안마련이 필요하다. 우리가 지난 IMF 위기 때에도 노사 상생방안을 만들어 낸 “노사정위원회”를 활성화하여 노사협의로 노동유연성을 확보해야 한다고 생각한다. 그리고 시간당 최저임금인상 정책안은 기업이 정책안을 수용보다 회피 심리가 크게 작동하여 공장 자동화 또는 해외이전 등의 우려가 됨으로 점진적 추진이 바람직하다 고 생각된다. 특히 법인세 인상문제는 신중히 검토되어야 한다. 정부는 실질법인세가 상대적으로 낮다고 보고 기업들은 기업규모와 상관없이 일괄적용 정책으로 대기업과 중소기업간 변별력 없고 오히려 중소기업에 부담이 가중된다.

상속세, 증여세, 보유세 등 양극화 주범은 강화하되, 기업투자와 관련된 법인세 등은 인상문제에 신중을 기해야 한다. 신규 투자나 일자리 창출에 대한 법인세 감면 등 인센티브 부여가 필요한 때다. 기업의 투자여건 개선문제는 고정거래 감독 강화는 양날의 검/ 공정성 확보와 기업 투자의 위축이 동시에 영향을 받는다. 대기업과 협력업체간 현실적 수익배분을 위한 투자유인책 발굴이 시급하다.
방법은 대기업 수익을 협력업체도 공유할 수 있는 상생협력기금 조성을 제안하고 대기업이 수익의 일정부분을 기금에 제공하면 인센티브 부여하는 정책이 필요하다.
기금은 세법상 손비처리(중앙/지방)하고 정부예산 명칭 (출연) 등 공공재 운영으로 비영리재단이 운영토록 법제화하여 기금운영의 투명성, 공공성을 확보해야 한다"

기능올림픽 메달 따면 카퍼레이드 하던 때가 아쉬워

Q. 끝으로 기업인과 기술인력의 사기진작을 위한 우대하는 정책은?
A. "경제정책 컨트롤타워를 경제부총리로 일원화하여 기업이 관리감독 대상이 아닌 경제의 근간이자 일자리 창출의 주축임을 우선 정책에 반영하고 경제의 주역인 대기업에 대해 과거의 부정적 이미지만 강조할 것이 아니라 기업인 사기진작을 통해 일자리 창출, 투자 확대 등 국가 시책에 적극 부응할 수 있는 분위기 마련이 시급하다.
중소기업은 기업 경영 전반을 배우고 창업의 기반을 다지는 훌륭한 기회라는 인식을 확대하여 우수한 청년 일자리 확충과 과학기술 혁신을 통해 도전하는 대한민국을 만들어야 미래가 있음을 강조한다. 현재처럼 우수한 인력이 안정적인 공공부문, 전문직으로만 집중되는 상황에서는 미래가 없다는 사실을 명심 또 명심해야 한다.
지난날 기능 올림픽 우승자의 카퍼레이드 같은 국민의 박수 갈채가 그리운 때 다."

古稀體典에 헬機 2대 지원받아

체전사상 처음 있는 성화봉송 헬機 퍼레이드

1989년 9월 26일 부터 10월 1일까지 경기도에서 열린 제70회 전국체전과 세계한민족체육대회 성화가 강화 마니산 참성단에서 채화되어 봉송을 시작. 시흥을 통과할 때 하늘에서는 헬기로부터 경기일보가 제작한 체전 축하와 경기일보 창간 전단이 뿌려져 축제분위기가 더욱 고조되었다. 이날 경기일보는 경기도 헬기와 육군 제0000부대 헬기 등 헬기 2대를 지원받아 A.B 코스로 나뉘어 경기도 내 전역을 순회 성화 봉송과정을 하늘과 지상에서 입체 취재하며 홍보전단을 뿌려 도민들의 열렬한 환영을 받았다.

이처럼 신생 경기일보가 고희(70회)체전에서 헬기 2대를 지원받아 체전 취재와 홍보활동을 하여 「으뜸체전」으로 이끄는 데 크게 기여했으며 「포토경기」 의 "京畿. 榮光의 순간들"(화보) 발간은 경기일보와 포토경기 애독자들에게 기쁨을 안겨 주고 경기도민의 사랑을 받는 데 충분했다. 그리고 당시 임사빈 경기도지사는 청와대를 방문, 「으뜸 체전」 결과 보고를 하면서 전 종목 경기 과정을 신속하고 완벽하게 발간된 체전 화보 "京畿. 榮光의 순간들"을 노태우 대통령에게 보여 주기도…

경기일보를 지원하는 헬기 2대가 경기도청 기자실 바로 앞 헬기장에 번갈아 내리고 뜨는 우렁찬 엔진소리에 놀란 각 언론사 출입기자들은 물론 공무원들, 그리고 방문객들의 시선을 끌었으며 카메라를 메고 헬기를 타고 내리는 전형민 기자 등 경기일보 기자들을 우러러보기도 했다. 그때는 경기도에는 소방본부 헬기 1대가 있었다.〈헬機〉 창간 1년차의 경기일보가 전국 체전에서 취재용 헬機 2대를 지원 받았다는 놀라운 사실은 체전사상 처음으로 지방언론사의 화제가 되었으며 경기일보 가족의 영원한 자랑이기도 하다. 【글=윤오병 (체전당시 경기일보 정치부장)】

제70회 전국체육대회

榮光의 순간들

세계한민족체육대회

京畿日報社

⇧의정부공설운동장에서 일박한 성화가 남양주주자에게 인계되기 위해 26일 오전 송산 고갯길을 오르고 있다.

⇧성화가 시흥을 통과할 때 하늘에서는 헬기로부터 본사가 제작한 체전축하전단이 뿌려져 축제분위기가 더욱 고조되었다.

◇ 고희제전 성화봉송, 상공에서 체전과 경기일보 창간을 홍보하는 전단지를 뿌리는 헬기 퍼레이드 〈경기일보제공〉

“당신의 고귀한 희생을 잊지 않겠습니다”

고 최규식 경무관. 고 정종수 경사 50주기 추도식

1 · 21 사태때 북한 124군 특수부대 김신조 등 31명의 유격대가 청와대 부근까지 쳐들어 오는 것을 죽음으로 막은 고 최규식 경무관과 고 정종수 경사의 50주기 추도식이 1월 19일 오전 서울 종로구 청운동 자하문고개 현충시설에서 열렸다. 최 경무관과 정 경사는 1968년 1월 21일 밤 10시쯤 청와대를 습격하려 침투해 인왕산을 타고 넘어온 유격대원들을 대통령 직무실과 약 5백 미터 거리에 있는 초소에서 만나 검문하면서 저지하다 총격전 끝에 전사한 것. 〈본문 참조〉

이날 추도식에는 최 경무관의 장남 최민석 씨(56) 부부와 정 경사의 아들 정창한 씨(62) 형제 등 유가족과 이주민 서울경찰청장, 김기현 청와대경호처 경비안전본부장, 윤종오 서울북부보훈지청장, 전몰군경미망인협회 이남숙 지회장. 종로재향경우회 양재순 고문 등 임원들과 베화어고 학생들이“당신의 고귀한 희생을 잊지 않겠습니다”란 검은 추모 리본을 달고 자리를 같이 했다.

최 경무관의 장남 최 씨는 추도사에서 “아버지의 호국정신이 경찰정신으로 이어지길 바란다” 고 했으며 정경사의 아들 정씨는 “1.21사태 의 주요한 역사를 잊어서는 안 된다”고 말했다. 이 청장은 “오늘날 우리나라가 이처럼 발전할 수 있었던 것은 수많은 순직 경찰의 희생 덕분”이라면서 “그들의 죽음이 헛되지 않으려면 후배들이 잊지 않고 기억해야 한다”고 추도했다.

한편 서울 종로재향경우회 최효섭 경우는“승천하신 50주년 추모제전에서 두 분 영웅님들의 고귀한 희생정신을 받들며 영면하기를 기원한다”며 “우리 경찰도 국가의 근간이 되는 고 최규식 경무관 등 호국영령들의 혼이 담긴 유업사업으로 안보전시관, 도서관 건립 등 역사에 남길 것을 고민해야 된다”고 강조했다.

◇고 최규식 경무관, 고 정종수 경사 50주기 추도식을 마치고

◇고 정종수 경사 흉상앞에서 "당신의 고귀한 희생을 잊지 않겠습니다"란 검은 추모리본을 달고 추도식에 함께 한 배화여고 학생들. 〈사진제공 서울북부보훈지청〉

◇고 최규식 경무관 50주기 추도식에서 이주민 서울경찰청장이 분향하고 있다.

◇정종수 경사의 흉상이 현충시설로 제막됐다.

| 정찬민 용인시장 |

◇ 정찬민 용인시장은 중앙일보 기자와 수도권취재본부장으로 근무할 때 경기일보 정치부장인 기자와 만났다. 용인출생으로 경희대 글로벌경영학과(석사)와 테크노경영대학원을 나와 경희대 테크노경영대학원 겸임 교수를 지냈다.
용인시 문화재단 이사장을 비롯해 줌마렐라축구단 총 단장, 의용소방대 연합회 명예회장, 장애인체육회장, 세계태권도선수권대회 국가대표 단장 등 지역 사회개발 및 봉사활동을 하고 민선 제7대 용인시장의 영예를 안았다.

◇용인시는 전국에서 처음으로 공영주차장 하이패스를 구축하여 실시했다. 〈용인시 제공〉

◇용인시는 쓰레기 감축 전국 최고로 선정되어, 환경부로부터 대통령상을 수상했다. 〈용인시 제공〉

◇용인시는 쓰레기 감축 전국 최고로 선정되어 환경부로부터 대통령상을 수상했다.

경향
Kyunghya

발행 편집인 : 이원창 04518 서울 중구 정동길3 (경향신문사 10층)

경향이여, 다시 날자꾸나!

50, 60년대 '신문 중의 신문'
경향신문은 그 제호처럼
경향 각지로 복음이라도 되는 듯
흩어졌다.

"경향! 경향신문!"
그 소리와 함께 세상은 달라졌다.
그 소리와 함께 역사는 그려졌다.

그 시절 이제 다시 돌아오리!
그 시절 이제 다시 돌아오리!

– 경향신문 창간 70주년 축시 중에
(박정진 회

이동현 경향신문 사장 연임

3년 연속 흑자 경영 이끌어

연임에 성공한 이동현 사장

이동현 현 경향신문사장이 차기 대표이사 사장 후보로 선출됐다.

경향신문사는 사원주주회의(5월 14 · 15일)를 열어 차기 사장 후보 투표 결과 총 유권자 438명 가운데 이 후보가 261표를 얻어 166표에 그친 정
식 후보(전 경향신문 부사장)를 95표
로 누르고 사장 최종 후보에 선출됐
고 16일 발표했다.

경희대 국어국문학과 출신인 이 사
장 후보는 경향신문에 입사한 뒤 종
편집부장, 특집기획부장, 광고국장
거쳐 2015년 6월 사장에 선임돼 3
연속 흑자 경영을 이끌어 왔다.

이 후보는 6월 12일 열리는 주주
회에서 공식 추인을 거쳐 임기 3년
새 사장직을 수행하게 된다.

우회
nior Club

발행처 : 경향사우회
직통 02)3701-1680,
1681
안내 02)3701-1114
FAX 02) 733-2769
제 57호
2018년 5월 25일

류선환 서울시 중구 퇴계로 37길 18 (충무로 4가, 기종빌딩 별관 2층)

반갑다~ 매출 UP! 위상 UP!

렸다. 그 시절이 다시 돌아오고 있다. 향신문의 그 파워, 경향의 저력이 다시 나타나고 있다.
해 독립언론 스무 돌을 맞은 경향 이 3년 연속 80억 원대의 흑자를 했다. 흑자란 우연히 거저 이루어 것이 아니다.
문의 위상이 높아졌기에 가능했을 다. 신문의 위상이 높아졌다는 것 신문의 질이 그만큼 좋아졌고 독자가 많이 늘었다는 뜻이다. 신문이 파워가 있기 때문에 그에 걸맞은 광고가 또한 따라주었기에 흑자가 될 수 있었다고 보아야한다.

경영난의 늪에서 헤어나지 못하는 최근의 언론계 상황을 볼 때 얼마나 대단한가.

반갑다~ 매출 UP! 위상 UP!
경향이여, 다시 날자꾸나!

이동현 사장의 연임을 축하하며

새로운 飛翔의 기회 함께 결단의 지혜를

이원창 사우회 회장

민주사회는 선거로써 사회적 가치를 창출한다.

능성을 제시하고 있다. 경향신문사의 현 경영상황은 최악의 상황을 탈출해 이제 치고 올라가는 상황의 변곡점에 서있다고 평가할 수 있기 때문이다.

이 같은 중요한 시점에서 경향신문사는 5월 14, 15일 양일간 최고경영자를 선출하는 선거에서 이동현 사장의 연임을 선택했다.

경향신문사 사원들은 이동현 사장의 지난 3년간 회사 경영 치적을 높이 사며 앞으로 3년간 경향신문

이동현 사장의 연임을 축하하며

새로운 飛翔(비상)의 기회 함께 결단의 지혜를

민주사회는 선거로써 사회적 가치를 창출한다.
국가든 회사든 최고경영자가 세습되는 권력구조는 역사적으로 부패했고 쇠락해왔다. 독립언론 20년을 지켜온 경향신문사의 사원주주제는 숱한 고난과 역경 속에서도 민주적 발전을 기해 왔다. 자본주로부터 홀연히 독립해 광야에서 모진 비바람과 혹한을 견디며 끈질긴 생명력을 이어왔다.

경향신문이 쌓아온 이러한 실험적 경험은 무엇과도 바꿀 수 없는 자산이며 미래에도 새로운 가치를 창출해 낼 수 있는 제도로서의 가능성을 제시하고 있다. 경향신문사의 현 경영상황은 최악의 상황을 탈출해 이제 치고 올라가는 상향의 변곡점에 서있다고 평가할 수 있기 때문이다. 이같은 중요한 시점에서 경향신문사는 5월 14,15일 양일간 최고경영자를 선출하는 선거에서 이동현 사장의 연임을 선택했다.

경향신문사 사원들은 이동현 사장의 지난 3년간 회사 경영 치적을 높이 사며 앞으로 3년간 경향신문사의 명운을 맡긴 것이다. 사원들의 바람은 지난날 겪었던 시련을 되풀이하지 않는 회사, 사원들 모두 자신만만하고 자랑스러운 회사, 타 언론사와 어깨를 나란히 하고 경쟁할 수 있는 회사 환경을 만들라는 것일 게다. 사장 임기 3년은 결코 긴 시간은 아니다. 하지만 사원들은 이 기간 동안 이동현 사장을 비롯한 경영진에게 모든 것을 기대할 것이다.

이동현 사장은 지난 3년 동안 어려운 환경에서 흑자경영을 달성해 사원들의 보수 인상과 함께 미루어 왔던 성과급을 지불하는 탁월한 경영능력을 보여 왔기 때문이다.
이러한 주문과 기대는 비단 경향신문 사원들만의 욕구는 아니다. 쓰든 달든 오랜 세월 경향신문을 지켜 온 독자들과 경향신문의 창간정신을 기리며 참고 견뎌 온 경향 선후

배 사우들의 오랜 바람이기도 하다. 경향신문은 독재정권과 맞서 싸우다 폐간과 정간을 잇달아 당하는 역경속에서도 굴하지 않고 끈질긴 생명력을 이어 온 세계언론사에 길이 남을 우리 모두가 지키고 보존해야 할 가치이기 때문이다.

경향신문은 너무 오랜 기간 중요한 시간을 낭비하고 빼앗겨 왔다. 독립언론으로 20년을 싸워온 경향은 홀로 외로웠다. 자본과 방송매체 등 양손에 무기를 든 경쟁사와 활자 하나만을 들고 경쟁해야 하는 경향은 힘든 고난의 세월이었다. 경향신문은 다시 결단을 내려야 할 중대한 시점에 서 있다. 〈이원창 사우회장〉

-이하 생략합니다.-

◇경향신문사우회(회장=이원창)는 6월 28일 한국프레스센터 20층 내셔널프레스클럽에서 2018년 제11기 2차 정기총회를 개최, 이원창 현 회장을 만장일치로 다시 선출했다. 이날 총회에는 김경래 명예회장을 비롯하여 이형균, 강한필 등 원로회우들과 연임된 경향신문 이동현 사장이 자리를 같이했다. 〈경향신문 제공〉

제6부

100세시대 시니어의 이모저모

※이 책의 수익금 전액은 노인 복지를 위해 쓰여집니다

=100세 시대 "시니어의 이모저모"=

세계 2차 대전과 6 · 25전쟁 그리고 1 · 21 사태 반세기를 맞은 80대 노장들.
우리들(필자) 세대는 난국 속에 태어나 나라 없는 슬픔과 가난에 찌들어 어렵게 살아온 약소민족 표상으로 우여곡절 끝에 잘사는 나라로 건설한 대한민국의 애국자이며 산증인이다. 고사리 손으로 소나무 뿌리를 캐고 관솔을 따서 세계 2차 대전에 발악하던 일제에 바쳐야 했던 우리들. 8.15 광복을 맞았으나 38선이 남북으로 갈라져 6. 25의 전장 중심에 서서 나라를 지켜야 했던 우리들. 담배꽁초와 씹다 버린 껌조각이 나오는 꿀꿀이 죽도 먹기 어려웠던 보릿고개를 새마을운동으로 물리치고 세계 7대(인구 5천만 명 이상) 부강한 나라, 행복한 이 나라를 만들어 낸 우리들이다.
이제 황혼기를 맞은 우리들, 하나둘씩 이웃과 친지들의 헤어짐을 슬퍼하는 우리들, 그래도 건강유지를 위해 조국의 장래를 걱정하며 발버둥치는 우리들은 오늘도 경로당의 벗을 믿고 의지하며 백세시대 행복을 찾아 가장 어려운 때에 태어 난 우리들이지만 풍요롭고 행복스러운 황혼기의 이미지를 「지방기자의 종군기」"시니어의 이모저모"에 담아 보았다.

◇대한노인회 수원권선구지회 이종화 회장이 신임 윤오병 서수원 자이 경로당 회장에게 등록증을 교부하고 "어르신들이 편하고 즐겁게 지낼 수 있도록 잘 부탁한다"며 커피타임을...

위풍당당 인생 3모작 ①

전 국무총리 정운찬 동반성장 연구소장

'노인복지 정책방향과 한국경제 미래'

(사)대한노인회는 2018년도 「시니어 위풍당당 인생 3모작」 프로그램을 마련하고 전국 노인대학 학장과 학생대표를 대상으로 유명인사의 특강을 실시하고 있다.

5월 14일 서울 부영빌딩 대강당에서 건강한 인생 3모작으로 보건복지부 이선주 사무관의 「노인복지 정책방향」, 서울대 총장과 국무총리를 지낸 정운찬 동반성장연구소 이사장의 「 한국경제 미래, 동반성장에서 찾다 」, 박상동 동서한방병원 이사장의 「 장수만이 최상이 아니다, 건강하게 오래 사는 것이 중요하다 」는 강의가 어르신들로 하여금 오래 기억케 했다.

◇전 국무총리 정운찬 동반성장연구소 이사장이 노인대학장 등을 대상으로 특강을…

위풍당당 인생 3모작 ②

'희망을 갖고 살자'와 '시니어시대의 사회적 역할'

함께하는 인생3모작은 5월 28일 부영대강당에서 제1대 천주교 의정부교구장, 서강대학교 총장과 이사장을 지낸 이한택 주교는「희망을 갖고 살자」, 성균관대학교 경영전문대학원장과 경영연구소장과 무역대학원장을 지낸 오원석 명예교수는「 西厓 柳成龍 선생의 Leadership」 그리고 대구지검장과 중수부장을 지낸 신광옥 전 법무부 차관은「노인의 법적보호와 시니어 세대의 사회적 역할」을 강의했다.
전국 노인대학 학장과 학생 대표들을 대상으로 한 이날 특강에서는 "사람답게 살자"" 물돌이 마을과 유성룡 그리고 이순신"의 이야기, 또 "시니어 어르신들은 봉사형 보호자가 되어야 한다"는 내용들이 강조됐다.

◇함께하는 인생 3모작 특강에서 수강태도가 만점인 어르신들

이중근 대한노인회장의 친서를 받고서

◇이중근 대한노인회장

〈대한노인회제공〉

존경하는 회장님!

일찍이 경험해보지 못한 폭염이 계속되는 날씨에
회장님과 가족의 건강은 어떠신지요?

제가 회사 경영상의 문제로 어려움을 겪고 있어
대한노인회장으로서의 사명에 충실하지 못하고
여러 회장님을 비롯하여 300만 회원 여러분께
걱정을 끼쳐 드리고 있어 참으로 안타깝고
송구스러운 마음 금할 수 없습니다.

이러한 가운데서도 대한노인회 회원가족 한분 한분의
따뜻한 격려의 마음은 저에게 큰 힘이 되고
용기를 주고 있습니다. 진심으로 감사드립니다.

그동안 회장님들을 비롯한
회원가족 여러분들의 단합된 힘으로
우리 조직이 흔들림 없이 안정되게 운영되고 있고
당면한 현안 업무들이 차질 없이 추진되고 있어
다시 한 번 깊은 감사를 드립니다.

앞으로 회원 여러분과 함께
대한노인회의 발전과 노인의 복지증진을 위해
더 많은 일들을 추진할 수 있기를 바라면서,
가정에 건강과 행복이 가득하시기를 기원합니다.

감사합니다.

2018년 8월
대한노인회장 이중근
李重根

유별나고 지긋 지긋한 폭염과 가뭄, 그리고 태풍소식이 지나치면서 단비가 내린 월요일(27일)아침, 한결 가벼운 마음으로 경로당에 나왔다. 그런데 이중근 대한노인회장의 친서를 받고 놀라고 반갑고 힘이 솟았다.

6 · 25 때 소년병 출신으로 감명깊게 본「6 · 25전쟁 1129일」에서 이중근 회장을 처음 알게된 초보 경로당회장 필자는 이 회장을 마음속으로 존경하게 된 것.

그 분이 바로 대한노인회장이라니…

우리 300만 회원에게 희망의 메시지로 느껴져 이날 마감한「지방기자의 종군기」한 쪽에 친서를 담아 오래 오래 기억하기로 했다.

“자치분권, 대한민국의 방향을 바꾸다”

염태영 수원시장, 경기언론인클럽 초청 강연에서 강조

“선진국에서 분권을 한 것이 아니라 분권을 해서 선진국이 된 것입니다”

염태영 수원시장은 23일 수원 이비스 앰배서더 호텔에서 열린 제87회 ㈔경기언론인클럽(이사장 신선철 경기일보 회장) 초청강연회에서 ‘자치분권, 대한민국의 방향을 바꾸다’라는 주제로 강연했다. 이날 강연자로 나선 염 시장은 “선진국이 분권을 한 것이 아니다”라며 “분권을 했기 때문에 선진국이 됐고 우리나라도 분권을 해야 더 발전할 수 있다”고 말문을 열었다.

그는 이어 중앙집권적인 형태의 행정적 구조를 비판하며, 자치분권이 이뤄져야 국가적 재난사태에도 제대로 대비할 수 있다고 강조했다. 염 시장은 “9、11테러 당시 전권을 가지고 있던 사람은 현장에 있던 소방서장이었다. 그렇기 때문에 즉시 현장에서 상황파악을 하고 명령이 내려질 수 있었고, 그 덕분에 더 큰 피해를 막을 수 있었다”고 말했다. 그는 “반면 우리는 세월호 사건과 같은 국가적 재난사태가 벌어지면 망원경을 가지고 청와대의 지시만 기다리고 있는 형국”이라며 “이러한 것들 때문에 국가적 재난이 터졌을 때 피해를 키운다”고 지적했다.

이와 함께 염 시장은 “진정한 지방자치를 위한 가장 확실한 방법은 바로 지방분권 개헌”이라며 “지방자치단체를 권리주체로 보장하고, 중앙과 지방 간 파트너십 구축을 위한 정책협의체를 신설해야 한다”고 제안했다. 신선철 ㈔경기언론인클럽 이사장(경기일보 회장)은 “이번 초청강연은 지방자치분권에 대해서 쉽고 정확하게 이해할 수 있는 시간이었다”며 “이 자리에 참석하신 분들도 이번 강연을 통해 지방분권의 당위성을 다시 한 번 확인할 수 있었던 것 같다. 경기지역의 언론계도 지방분권에 힘을 보태겠다”고 말했다.

한편 이날 강연회에는 신선철 이사장과 신항철 경기일보 대표이사 사장, 염태영 수원시장, 한창원 인천언론인클럽 회장, 홍기헌 초대 이사장, 추성원 중부일보 대표이사 사장, 박성희 OBS경인TV 대표이사, 김준기 한국은행 경기본부장, 유용근 전 국회의원, 유동준 ㈔정조대왕기념사업회장, 김훈동 대한적십자사 경기지사 회장, 남창현 농협중앙회 경기지역본부장 등 경기도내 언론인과 오피니언 리더 150여 명이 참석했다.
【글 =경기일보 김승수 기자】

◇ 염태영 수원시장은 경기언론인클럽 초청 강연에서 "자치분권으로 대한민국의 방향을 바꾸자"고 강조했다. 사진은 염태영 시장과 신선철 이사장 그리고 이날 강연회에 참석한 경기도내 기관 단체장과 언론인들… 〈경기일보 제공〉

◇ "새로운 대한민국을 여는 길은 지방분권이라고 강조하는 염태영 수원시장. 〈수원시 제공〉

◇ 할아버지, 할머니 사랑해요..

"자이 빅스맘 어린이집" 재롱둥이들

경로당서 재롱잔치

수원시 권선구 입북로 50. 서수원자이아파트 자이 빅스맘 어린이집(원장=김미숙) 재롱둥이 30여 명은 12일 자이아파트 경로당(회장=윤오병)을 찾아 할아버지와 할머니들에게 설맞이 세배를 하고 떡과 과일로 정성 어린 작은 잔치를 베풀었다.

이날 권우영 군(4) 등 슬기1반 어린이들은 봄나들이, 방서준 군(4) 등 슬기2반은 정글탐험, 김재아 양(4) 등 미소반은 파인애플, 김준우 군(6) 등 지혜반은 아라비안 밸리와 춘향 이몽룡(장구) 등 귀염둥이들의 공연은 어르신들의 즐거움과 웃음을 안겨주는데 충분했다.

특히 노래 "설날"을 합창할 때는 어르신들도 마음속 합창으로 잔치 분위기가 고조되기도 했으며 어르신들과 귀염둥이들이 함께 기념사진을 찍으며 다음 설에 다시 만날 것을 약속하고 즐거운 작은 잔치는 아쉽게 마무리 됐다.

한편 자이아파트 경로당은 과자와 귤 음료를, 그리고 어린이들의 재롱잔치 이모저모를 담은 이미지를 길이 남기고 선물하기로 했다.

◇ 어르신들에게 세배하는 재롱둥이들

◇ 어린이들의 재롱잔치를 마치고 어르신들이

대한노인회 권선구지회 자매결연 협약식
신응종합건설과 신성한의원 유공자 표창도

(사)대한노인회 수원권선구지회(회장=이종화)는 3월 13일 3층 강당에서 2018년도 정기총회 및 ㈜신응종합건설(회장=안응광)과 신성한의원(원장=신의수)과의 자매결연 협약식을 가졌다.

이날 1백 66개 경로당 회장이 참석한 총회에서 나눔을 통한 사회공헌사업을 실천하고 노인복지 증진을 위한 후원자 등 유공자 표창식이 있었고 17년도 결산 및 18년도 사업, 예산(안) 승인 등을 만장일치로 의결했다.

◇ 이종화 회장이 이응광 신응종합건설 회장과 신의수 신성한의원 원장과의 자매결연 협약식을 하고 기념사진을 〈대한노인회 권선구지회 제공〉

◇ 노인복지 증진 유공자 표창〈대한노인회 권선구지회 제공〉

◇ (사)대한노인회 수원시 권선구지회 2018년도 정기총회 〈대한노인회 권선구지회 제공〉

수원 권선노인대학 입학식

(사)대한노인회 수원 권선지회(회장=이종화) 노인대학 제20기 입학식이 4월 3일 오후 3층 강당에서 내빈 다수와 신입생 60명이 참석한 가운데 있었다.

차영부 학장은 "젊어서 못다 이룬 배움에 대한 한을 내려놓고 더불어 행복할 수 있기를 기원한다"고 환영했다.

◇ 수원 권선노인대학 제20기 입학식. 〈대한노인회 권선구지회 제공〉

새마을운동과 창조 센터

유지해야 협치 성공할 수 있다.

청와대가 12월 11일 박근혜 정부의 역점사업이던 새마을운동과 창조경제혁신센터의 명칭을 유지한다고 밝혔다는 보도다. 참 다행스럽고 기대되는 대목이다. 새마을운동의 이름으로 세계 개발도상국을 지원하는 공적개발원조(ODA)는 계속 이어질 것으로 알려졌다. 과거 정부의 사업이라도 의미 있는 사업은 이어가야 한다는 문재인 대통령의 지시에 따른 것이 라 한다.

새마을운동은 경북 청도군이 발상지로 전해지고 있다. 70년 여름, 자갈이 튕기고 흙먼지가 자욱한 비포장도로를 달리는 경북도지사 차를 뒤따라 청도군 청도읍 한 시골 농가 마당에서 김수학 지사와 윤오병 기자는 만났다. 허둥지둥 달려온 30대 후반쯤 되는 아주머니 뒤를 따라 사랑방에 들어서니 암 수탉이 후다닥 거리며 놀라 뛰어나가 도망친다.

어른들은 논밭에, 어린이들은 학교에 가고 빈집을 지키던 암 수탉이 사랑방에 들어 가정답게 놀다가 들어 닥친 안주인과 기자에게 놀란 모양이다. 빈 방 아랫목과 윗목에는 아직 마르지 않은 계분이 방치되어 있어 아주머니는 무척 미안하다며 민망해 했다. 방 윗목 다락위에 소쿠리를 내려서 자료뭉치를 꺼내 넘겨 준다. 그는 직위도 처음 듣는 새마을 지도자. 담배꽁초와 씹던 껌 조각이 나오는 꿀꿀이 죽도 제대로 먹기 어려웠던 우리나라 가난을 물리친 새마을운동의 주역이다.

반세기를 앞두고 이름도 얼굴도 기억에서 사라진 농촌의 새마을지도자들을 기자는 어렴풋이 떠오르는 그때 그 시절 수훈의 주인공들을 생각해 본다. 그리고 그들의 공적을 담아 길이 보존하고자 한다.

삼성전기 수지침 봉사팀

수원시 권선구 서호노인복지관 소속 삼성전기 수지침 봉사팀(팀장=金成泰) 10명은 4월 7일 입북동 서수원 자이아파트 경로당 남녀 20여 명의 어르신들을 대상으로 수지침 무료봉사를 했다. 이날 삼성전기 수지침봉사팀은 이성례 할머니(89)등 어르신들의 건강상태를 진맥을 통해 검진과 문진하여 통증과 불편함을 수지침, 뜸, 서금 압봉 등으로 수지침 봉사를 했다. 이들 삼성전기 수지침 봉사팀은 9월 8일 2차 수지침 봉사를 했다.

제19회 국학기공대회

서수원자이 경로당 홍익상 받아

제19회 수원시 생활체육대축전 국학기공대회가 14일 경기대학교 광교 씨름체육관에서 서수원자이 경로당 등 15개 동호회가 참여한 가운데 열렸다. 국학기공은 한민족 고유의 심신수련법인 '신선도'를 현대인에 맞게 체계화한 전통종목 생활스포츠이다. 수원시 국학기공협회 주관으로 열린 이날 신바람 나는 한마당 축제는 동호인의 자긍심과 위상을 한층 더 높이는데 충분했다. 특히 80대 어르신들의 초보 포크 댄스(Folk dance)는 모처럼의 웃음과 즐거움으로 기립박수를 받았다. 이날 선무팀 동호회가 우승기를 차지했으며 자이경로당은 홍익상을 받았다.

◇신바람 나는 어르신들의 포크댄스

◇홍익상을 받고 있는 서수원자이아파트 경로당 박풍원 부회장과 남궁명자 사무장

권선구 노인대학 학생회 첫 모임

대한노인회 권선지회 이종화 회장과 노인대학생 60명은 4월 18일 노동회관 대강당에서 박호근 박사의 100세시대 시니어 하프타임 주제의 특강을 들었다. 이어서 차영부 학장과 류인덕 회장 등 학생회 임원들은 로비 쉼터에 모여 간담회를…

경로당 회장단 산업시찰

대한노인회 권선지회(회장 이종화) 경로당 회장단은 4월 24일 여주신륵사, 목아박물관, 세종대왕과 효종대왕의 영녕릉 등으로 산업시찰을 다녀왔다.
봄비가 내린 뒤 날씨가 좋아 남한강을 가르는 수상 스키, 부처님 오신날을 앞둔 신륵사의 봄, 목아 박물관, 초등학생들의 즐거운 영녕릉 소풍 등 여러 가지 볼거리와 먹거리가 풍족한 추억의 나들이였다. 이종화 회장 등 관계자들의 완벽한 행사진행에 감사한다.

◇신륵사 대웅전 앞에서 이종화 회장과 김병문 부회장과 필자

◇신륵사 대웅전 앞에서 권선구 지회 경로당 회장들

◇세종대왕과 효종대왕의 영녕릉 입구에 있는 백송나무 앞에 선 박쾌식 사무국장과 손일주 버드내 회장 그리고 필자

경로당 초청 경로잔치

수원시 권선구 당수동 큰바위교회(목사=임상철)는 5월 24일 서수원 자이아파트 경로당 등 당수동과 입북동 내 12개 경로당 어르신 1백여 명을 초청, 갈비탕 점심과 떡, 과일, 선물로 가정의 달 경로잔치를 베풀었다.

또 예술인이 민속 고유 의상 차림에 부채춤 등 깜짝 공연으로 어르신들의 박수갈채를 받았다. 임상철 목사는 지난해 가정의 달에도 정성을 담은 경로잔치를 마련하여 어르신들에게 기쁨을 선사하는 등 이웃을 위한 봉사활동을 하고 있다.

◇예술인의 부채춤 등 깜짝공연은 어르신들을 즐겁게 하는데 충분했다

◇임상철 목사는 올해도 경로당 어르신들에게 경로잔치를 마련했다

화성행궁 역사와 문화탐방

대한노인회 수원 권선구지회 노인대학생들이 어버이날인 5월 8일 화성행궁에서 역사와 문화탐방 현장교육을 받았다. 이날 차영부 학장과 서상열 해설사의 정조대왕 치적과 지극한 효심에 대한 해설에 어르신 학생들이 새삼 감탄하기도…

◇화성행궁에서 서상열 해설사가 노인대학생들에게 정조대왕의 지극한 효심을 설명하고 있다

◇화성행궁 신풍루 앞에서 노인대학생들이…

◇차영부 학장이 화성행궁에 대한 현장교육을 하고 있다.

◇화성행궁에서 역사와 문화탐방을 하고있는 권선 노인대학 20기 어르신 학생들

기차 타고 벚꽃 놀이

서수원자이아파트 경로당 어르신들 20여 명은 4월 12일 의왕시 왕송호수 레일파크에서 맛집 알탕밥을 먹고 레일바이크 기차를 타고 왕송호수를 한 바퀴 돌면서 만발한 벚꽃놀이를 즐겼다.

◇왕송호수 레일바이크 기차를 타고 왕송호수를 한 바퀴 돌면서 만발한 벚꽃놀이를 하면서 어린이들처럼 즐거워하는 어르신들

엄옥례 여사 생신 파티

서수원자이아파트경로당 어르신들은 4월 14일 엄옥례 여사의 일흔 세 번째 생신(음 2월 29일)을 축하. 이날 자녀가 준비해 온 떡 케이크를 자르는 엄 여사는 마냥 즐겁고 행복이 가득….

서수원자이경로당 탁구 치기

◇노익장을 과시하는 양재육, 박대업 팀과 이필상, 남궁명자 팀의 탁구 복수경기가…

윤옥분 할머니 별세하시다

서수원자이경로당 윤옥분 할머니는 5월 7일 오후 5시쯤 뇌졸중으로 119 구급차로 아주대병원 응급실에 후송됐으나 19일 돌아가셨다. 향년 85세. 윤 할머니는 경로당 할머니 방의 인기가 좋은 스타. 이날도 장마당 순대와 튀김으로 간식을 하고 윷놀이와 손뼉 치며 즐겁게 노래를 부르고 귀가 길에 단지 내 장마당에서 튀김을 사 들고 경로당으로 되돌아 오다가 그만… 경로당 회원들은 부음소식에 슬픔을 같이하고 전에 살던, 고양시 화정동 명지병원 빈소를 찾아 분향 재배 하고 유가족을 위로했다.

◇윤 할머니의 빈소를 찾아 유가족을 위로 하는 윤오병 회장.

◇윤옥분 할머니는 경로당 어르신들과 늘 윷놀이를 즐겨 하고 있었다.

윤덕선 여사의 어린이놀이터의 가을

◇신형겸 사장, 윤덕선 여사 부부와 그리고 엄언년 여사가 어린이놀이터에서 한가로운 가을 풍경을 만끽하고 있다. 옆에 윤 여사의 휠체어가…

권선노인대학 20기 문화탐방

권선노인대학 20기 학생회(회장=류인덕)는 6월 21일 천안 독립기념관, 직산현 관아, 아우내 시장, 봉선홍경사 갈기비 등 천안시티 목요일코스 문화탐방을 다녀왔다. 독립기념관 서대문형무소에서 일제의 애국열사 고문실상과 만행, 유관순열사가 3 · 1운동 만세를 부르던 아우내장터에서 쌍둥이 순대로 점심을 먹고 그 유명한 천안호두과자를 선물로 받았다.

◇어르신들이 서대문형무소에서 재연된 일제의 애국지사 고문 현장을 보고 치를 떨었다.

시니어아카데미 수료식

(사)대한노인회는 6월 25일 시니어아카데미 위풍당당 인생3모작 "어른다운 노인의 인생3모작"을 끝으로 수료식을 가졌다.

◇차영부 학장이 수료패를 받고 있다.〈권선노인대학 제공〉

◇류인덕 학생회장이 수료패를 받고 있다.〈권선노인대학 제공〉

경기언론인클럽 언론인상 시상

경기언론인클럽(이사장=신선철경기일보회장)은 7월11일 경기문화재단 다산홀에서 창립 16주년 기념 및 제15회 언론인상 시상식을 가졌다. 그리고 이재정 경기도교육감의 강연이 있었다. 이날 경기일보 사회부 이호준 차장, 경인일보 이귀덕 부국장, 티브로드 수원방송 양택주 부장, OBS 경인TV 양태환 차장, 중부일보 김상희 기자, 경기신문 박미혜 기자가 경기언론인상을, 장호철 경기도장애인체육회 사무처장, 양택동 한국서예박물관장이 특별수상자로 선정돼 감사패를 받았다.

◇신선철 이사장과 이재정 교육감 등 참석 내빈들이 기념촬영을 했다.

◇영예의 언론인상 수상자들이 한 자리에...〈경기일보제공〉

자이하나 생태어린이집 귀염둥이들 재롱잔치

자이하나 생태어린이집(원장=김미정) 귀염둥이들이 8월 22일 서수원자이아파트경로당에서 어르신들을 위문하는 재롱잔치를 마련했다. 이날 수박, 복숭아, 포도 등 푸짐한 과일과 "사랑해요, 할머니, 할아버지 늦 더위에 시원하고 건강하게 보내세요"란 스티커가 붙은 부채를 선물하고 귀염둥이들이 고사리손으로 부채질을 해 주면서 노래와 율동으로 어르신들에게 웃음과 즐거움을 선사하는데 충분했다.

◇ 서수원자이경로당의 어르신들을 위한 재롱잔치

◇ 사랑해요! 할머니, 할아버지 건강하세요

이제 세 살된 박소이, 이수인, 바라스시안이, 김예린, 이현서, 그리고 네 살된 최지아, 최지한, 김하음, 오하임, 손하율, 정채원, 심도호 등 귀염둥이들은 잠시나마 어르신들에게 안겨 행복을 같이 하고 쌈짓-돈으로 마련 한 출연료(?)가 든 "씩씩하고 건강한 착한 어린이가 됩시다"란 봉투를 받아 즐거워 했다.

◇ 어르신들의 쌈짓돈으로 마련된 출연료(?)를 받고있는 귀염둥이들

청춘열차 타고…

춘천 김유정문학촌, 옥동굴 체험

◇ 춘천 옥동굴 막장에서 차영부 학장과 류인덕 학생회장 등 학생회 임원들

◇ 수원 권선노인대학생들이 춘천옥동굴 앞에서 기념사진을

◇ 김유정문학촌에서 김복순, 엄언년여사

수원시 권선구 노인대학 학생회(회장=류인덕)는 8월 17일 서울 용산역에서 춘천역까지 청춘열차를 타고, 춘천시티투어 관광버스로 춘천 옥동굴 체험과 김유정 문학촌, 그리고 소양강 처녀상 등 2차 문화탐방을 다녀왔다. 마이카 시대 덕분에 관광열차를 타본 기억이 없는 신세가 북한강과 소양강 의 강물따라 풍경따라 창밖을 스치는 동안 오랜만에 여유로움을 느꼈으며 그 유명 한 춘천명동의 우미닭갈비도 먹고… 현대화 된 춘천역은 필자가 강원지구 병사구 사령부에 근무할 때인 50년대 주말마다 군용열차를 타고 서울 여친을 만나러 드나들던 전시의 초라하던 역사(驛舍), 춘천 시내를 가로막고 있는 군용비행장 활주로, 그리고 드럼통 가마솥으로 청색군복을 검게 염색하여 널어 놓던 소양강 상류 자갈밭의 빨래터와 함께 그때 그시절 추억이 서린 곳이다.

수원 권선노인대학 20기, 강화 석모도로 수학여행

수원 권선구노인대학(학장 차영부) 20기 졸업생 60명은 10월 16일 강화군 삼산면 석모도로 졸업 수학 여행을 다녀왔다. 이날 어르신 학생들은 골드투어 관광버스를 타고 강화 고인돌과 역사박물관을 거쳐 지난 2017년 6월 개통 된 석모대교를 건너 우리나라 3대 관음성지로 신라성덕여왕 때 창건되고 내부에는 3000불이 모셔져있으며 보문사 석실, 극락보전 등이 유명한 보문사를 관람했다.

소풍나온 어린이들과 어울려 늦가을 춤추는 갈대밭 길을 따라 거닐고 고인돌 이야기와 우리나라 고대 역사가 서린 역사박물관, 그리고 보문사의 거대한 바위속의 석실은 모처럼 마련된 나들이 어르신들을 즐겁고 신나는 추억으로 기억케하는데 충분했다.

주말이 아닌데도 관광객들의 차량으로 교통체증이 심했으나 석모대교와 해안길을 달려 돌아오는 어르신 들은 흘러간 노래로 지루함을 잊고 무사히 여행을 다녀왔다.

◇ 강화역사관에서 해설사의 설명을 진지하게 경청하는 어르신 학생들.

◇ 대한노인회 수원 권선지회 이종화 회장이 권선노인대학생 김춘자, 이경자, 정광심, 김종갑. 정을순 등 5명의 어르신들에게 장학증서를 전달하고 기념사진을 촬영했다.

은빛장학금 전달식

(사)은빛사회복지발전협의회는 10월 17일 오후 수원시 대강당에서 장학금 수혜자 및가족과 대한노인회 수원 권선구지회 등 4개 지회 어르신 1백여명이 참석한 가운데 장학금전달식을 가졌다.

맺음말

「地方記者의 從軍記」를 마감 하면서…

「地方記者의 從軍記」는 할아버지(尹五柄)께서 京鄕新聞 등 言論社에 근무하시면서 서부전선 북괴도발과 만행, 보릿고개를 물리치고 부강한 나라를 이룩한 새마을 운동, 그리고 영남지방의 극심한 한수해 등 반세기 동안 보도한 주요기사를 중점 다루고 취재활동 중 에피소드를 담은 책입니다. 또 경기언론인클럽과 할아버지가 만난 사람들을 소개하고 100세 시대 경로당의 이미지를 덧붙였습니다.

사회복지학과를 졸업하고 성균관대학교에 근무하면서 편집과 디자인 등 출판 경험은 전혀 없지만, 오직 할아버지를 돕겠다는 마음으로 우여곡절 끝에 400쪽을 마감 했습니다. 편집과정에서 기사들을 하나하나 읽어 내려가면서 제가 경험 해보지 못한 그때 그 시절을 생생하게 전달받을 수 있었습니다. 기사에 담긴 메시지에 때로는 고개를 끄덕이고, 때로는 훈훈한 이야기에 웃고, 가슴 아픈 이야기에 눈시울을 붉히며 저 또한 보람 있는 시간을 보냈습니다.

한평생 기자생활을 삶의 보람으로 생각하시고 노인복지를 위한 마지막 봉사를 하고 계시는 할아버지의 기대에 작은 도움이라도 드리고 싶습니다. "하루 5분, 나를 바꾸는 긍정훈련"을 되새기며 책을 펴낼 수 있도록 도와주신 權善福 사장님께 감사드립니다.

2018. 9. 29

尹 仁 培 올림